欠損金の繰越し制度等の理論と実務

Theory and Practice of Net Loss Carried Over System. ETC

日税研論集
Journal of Japan Tax Research Institute

VOL 59

目　次

研究にあたって ………………………………………… 武田　昌輔・1

欠損金額の繰越し制度等の理論と
実務（総説） ………………………………………… 武田　昌輔・3

　まえがき ……………………………………………………………… 3
　　Ⅰ　総　　説 ……………………………………………………… 4
　　　1　税法上の繰越欠損金額の概要 ……………………………… 4
　　　2　繰越欠損金額の通算の原則 ………………………………… 6
　　　3　繰越欠損金額の控除と政策問題 …………………………… 9
　　　4　神奈川県臨時特例企業税と繰越欠損金額 ………………… 11
　　　5　欠損金額に対する税法の態度 ……………………………… 12
　　　6　親子会社における所得通算の問題と欠損金額 …………… 13
　　Ⅱ　青色申告書を提出した事業年度の欠損金額の繰越し …… 14
　　　1　損金算入の内容 ……………………………………………… 14
　　　2　効力規定でない明細書の添付 ……………………………… 15
　　　3　青色申告と繰越欠損金額（粉飾決算を含む。）…………… 17
　　Ⅲ　白色申告書の災害による欠損金額の繰越し ……………… 18
　　　1　概　　要 ……………………………………………………… 18
　　　2　災害損失の額の繰越控除の問題点 ………………………… 19
　　　3　災害損失の繰越し …………………………………………… 20
　　Ⅳ　会社更生法等による債務免除等と繰越欠損金額 ………… 21

　　　　1　会社更生法等による債務免除等があった欠損金額の損金算入
　　　　　 ……………………………………………………………………… 21
　　　　2　民事再生法の再生手続開始の決定その他これに準ずる事実が
　　　　　 生じた場合の欠損金額の損金算入 ……………………………… 23
　　　　3　本制度の問題点 ………………………………………………… 24
　Ⅴ　会社法・企業会計における欠損金額の取扱い ……………………… 26
　　　　1　会社法と欠損金額 ……………………………………………… 26
　　　　2　企業会計における欠損金額の取扱い ………………………… 27
　　　　3　会計基準・会社法における繰越欠損金額 …………………… 28
　Ⅵ　組織再編成と繰越欠損金額 …………………………………………… 29
　　　　1　総　　　説 ……………………………………………………… 29
　　　　2　合併と繰越欠損金額 …………………………………………… 31
　Ⅶ　連結納税制度と欠損金額 ……………………………………………… 36
　　　　1　連結納税制度 …………………………………………………… 36
　　　　2　連結納税制度における繰越欠損金額 ………………………… 37
　　　　3　連結納税制度における所得計算構造 ………………………… 37
　　　　4　連結欠損金額の繰越し ………………………………………… 38
　Ⅷ　特定株主等によって支配された欠損金額の繰越しの不適用 ……… 40
　　　　1　制度の目的 ……………………………………………………… 40
　　　　2　制度の概要 ……………………………………………………… 41
　　　　3　本制度における検討内容 ……………………………………… 43
　Ⅸ　その他の欠損金額の繰越し等の問題 ………………………………… 44
　　　　1　粉飾決算と欠損金額 …………………………………………… 44
　　　　2　法人課税信託と繰越欠損金額 ………………………………… 44
　　　　3　タックスヘイブン対策税制と欠損金額 ……………………… 44
　Ⅹ　欠損金額の繰戻し制度 ………………………………………………… 45
　　　　1　総　　　説 ……………………………………………………… 45
　　　　2　要　　　旨 ……………………………………………………… 46

Ⅺ　繰越欠損金額の判決例等 …………………………………………… 46

青色申告と繰越欠損金
（粉飾決算を含む） ………………………………… 原　一郎・49

　Ⅰ　欠損金の繰越控除 ………………………………………………………… 49
　　　1　青色申告書を提出した事業年度の欠損金の繰越し ………… 49
　　　2　被合併法人等の未処理欠損金額の引継ぎ …………………… 51
　　　3　合併法人等の繰越欠損金額に係る制限 ……………………… 52
　　　4　連結欠損金個別帰属額の単体納税における欠損金額へのみな
　　　　し規定 ……………………………………………………………… 53
　　　5　連結法人の単体納税における欠損金額の切捨ての規定 ……… 54
　　　6　適格合併等に係る合併法人等である連結子法人が連結グルー
　　　　プから離脱しない場合の欠損金額の引継ぎ制限等 ………… 55
　Ⅱ　欠損金の繰戻還付 ………………………………………………………… 55
　　　1　欠損金の繰戻しによる還付 ……………………………………… 55
　　　2　中小企業者等以外の法人の欠損金の繰戻しによる還付の不適
　　　　用 …………………………………………………………………… 60
　Ⅲ　欠損金と粉飾決算 ………………………………………………………… 61
　　　1　粉飾決算による過大申告に対する税制上の措置 …………… 61
　　　2　仮装経理に基づく過大申告に係る更正の特例 ……………… 62
　　　3　減額更正と欠損金の繰越控除の関係 ………………………… 65

白色申告と災害欠損金 ……………………………… 上松　公雄・69

　まえがき ………………………………………………………………………… 69
　Ⅰ　制度の概要 ………………………………………………………………… 69
　　　1　災害損失の対象となる資産 ……………………………………… 70

2　災害損失欠損金額 …………………………………………… 72
　　　3　災害の範囲 ………………………………………………… 75
　　　4　繰越控除の対象となる損失の額 ………………………… 76
　　　5　損金算入の限度（第1項ただし書）………………………… 77
　Ⅱ　災害損失欠損金額の引継ぎ又は切捨て ……………………… 78
　　　1　被合併法人等の未処理災害損失欠損金額の引継ぎ ………… 78
　　　2　合併類似適格分割型分割に係る分割法人の災害損失欠損金額
　　　　　……………………………………………………………… 78
　　　3　連結納税の下で切り捨てられる単体納税における災害損失欠
　　　　　損金額 ……………………………………………………… 79
　　　4　適格合併等に係る合併法人等である連結子法人が連結グルー
　　　　　プから離脱しない場合の災害損失欠損金額 ……………… 80
　Ⅲ　制度の沿革 ………………………………………………………… 81
　Ⅳ　特　殊　問　題 ………………………………………………… 82
　　　1　災害損失欠損金額を算定する場合の保険金等の控除 ……… 82
　　　2　保険差益について圧縮記帳等をする場合の災害損失欠損金額
　　　　　……………………………………………………………… 83
　　　3　欠損金額と災害損失欠損金額とがある場合の繰越控除 …… 84
　Ⅳ　検　討　事　項 ………………………………………………… 86
　　　1　人為等による異常な災害における「異常性」の判定及びその
　　　　　範囲 ………………………………………………………… 86
　　　2　災害損失欠損金額の確定と帳簿書類の記録及び保存 ……… 87
　　　3　所得税における被災事業用資産の損失 …………………… 88

会社更生等による債務免除等があった場合の
欠損金の損金算入制度 ………………………… 成道　秀雄・91

　Ⅰ　制度創設の理由 ………………………………………………… 91

	1	沿　　革 ……………………………………………………… 92
	2	会社更生による債務免除等があった場合の欠損金の損金算入制度 …………………………………………………………… 93
	3	民事再生等による債務免除益等があった場合の欠損金の損金算入制度 ……………………………………………………… 101
	4	法人税法第59条「会社更生等による債務免除等があった場合の欠損金の損金算入」の規定の適用，不適用 …………… 109
	5	本特例規定の検討課題 ……………………………………… 115

企業会計・会社法における繰越欠損金
………………………………………………………… 守永　誠治・121

I	企業会計における繰越欠損金 ……………………………… 121
	1　企業会計原則と会計基準 ……………………………… 121
	2　企業会計と税務会計の専門語句の比較 ……………… 126
	3　税効果会計基準の制定 ………………………………… 130
	4　わが国会計基準と国際会計基準の統合 ……………… 139
II	会社法における繰越欠損金 ………………………………… 144
	1　会社法の制定 …………………………………………… 144
	2　会社法上の会計参与 …………………………………… 149
	3　臨時巨額の損失と繰越欠損金 ………………………… 151
	4　会社法に基づく財務書類の例示 ……………………… 155

組織再編成と繰越欠損金 ……………………… 野田　秀三・161

はじめに ………………………………………………………………… 161
I	組織再編成税制前の繰越欠損金の取扱い ………………… 161
	1　合併法人の繰越欠損金 ………………………………… 162

		2 被合併法人の欠損金額 ································· 163
Ⅱ	組織再編成における繰越欠損金の引継ぎ ····················· 163
	1	青色申告法人の繰越欠損金の繰越し ····················· 163
	2	白色申告法人の繰越欠損金の繰越し ····················· 164
	3	合併等における繰越欠損金の引継ぎ ····················· 164
	4	適格合併等における災害損失金の繰越し ················· 168
	5	被合併法人等の未処理欠損金額 ························· 169
	6	合併法人等の未処理欠損金額の帰属年度 ················· 169
	7	被合併法人等から引き継ぐ未処理欠損金額に係る制限 ····· 172
	8	被合併法人等から引き継ぐ未処理欠損金額に係る制限の特例 ································· 176
	9	内国法人と特定資本関係法人との間で組織再編成をした場合の欠損金の取扱い ································· 180
	10	新設合併における青色欠損金額の引継ぎの判定 ··········· 183
	11	適格合併等に係る特定資本関係法人が2以上ある場合の特定資本関係日の判定 ································· 184
	12	連結欠損金個別帰属額の単体納税における欠損金額へのみなし規定（法法57⑥） ································· 184
	13	連結法人の組織再編成に伴う欠損金額の取扱い ··········· 185
	14	適格合併等に係る被合併法人等が連結法人である場合の未処理欠損金額 ································· 188
	15	適格合併等における被合併法人等の欠損金の切捨て ······· 189
	16	単体納税における欠損金額の切捨て ····················· 189
	17	連結子法人が被支配法人を適格合併等となる合併等を行った場合 ································· 189

むすび ································· 190

連結納税制度と繰越欠損金 ……………………… 野田　秀三・193

- Ⅰ　はじめに……………………………………………………… 193
- Ⅱ　欠損金の基本的な考え方…………………………………… 194
- Ⅲ　連結納税における連結事業年度とみなし事業年度……… 197
- Ⅳ　連結納税制度における欠損金……………………………… 198
  - 1　連結親法人の繰越欠損金…………………………………… 199
  - 2　連結親法人が非支配法人を適格合併等した場合の連結欠損金 ……………………………………………………………… 201
  - 3　連結法人が連結完全支配法人を合併又は分割した場合の欠損金 ……………………………………………………… 203
  - 4　連結欠損金として認められない欠損金…………………… 204
  - 5　連結法人が連結子法人を合併等した場合の欠損金の取扱い ……………………………………………………………… 207
  - 6　単体に引き継がれない連結欠損金額……………………… 207
  - 7　連結欠損金個別帰属額……………………………………… 207
  - 8　連結欠損金個別帰属額の単体納税の欠損金額へのみなし規定 ……………………………………………………… 211
  - 9　連結法人の組織再編成に伴う欠損金額の取扱い………… 211
  - 10　適格合併等に係る被合併法人等が連結法人である場合の未処理欠損金額 ……………………………………………… 215
  - 11　適格合併等における被合併法人等の欠損金の切捨て…… 215
  - 12　単体納税における欠損金額の切捨て……………………… 216
  - 13　連結子法人が被支配法人を適格合併等となる合併等を行った場合 …………………………………………………… 216
- Ⅴ　欠損等連結法人の繰越欠損金……………………………… 217
  - 1　株主等により支配された欠損等連結法人の連結欠損金の繰越

　　　　　　しの不適用 …………………………………………………… 217
　　　　2　欠損等連結親法人が特定支配日以後に行う合併等における未
　　　　　　処理欠損金額又は連結欠損金個別帰属額の不適用 ………… 220
　　　　3　連結納税開始前に連結親法人等が欠損等連結法人等の場合の
　　　　　　連結欠損金等の繰越しの不適用 ……………………………… 221
　　　　4　法人と欠損等連結法人等との適格合併等における連結欠損金
　　　　　　等の繰越しの不適用 …………………………………………… 221
　　Ⅵ　連結納税制度における繰越欠損金の取扱いの諸問題 ………… 222
　　　　1　検討課題 …………………………………………………………… 222
　　　　2　米国における欠損金の取扱い ………………………………… 223
　　　　3　SRLY原則における欠損金の繰越しと繰戻しの制限 ……… 225
　　　　4　SRLY原則の制限（按分比例方式） ………………………… 226
　　　　5　買収した会社のグループ加入前の繰越欠損金の制限 ……… 227
　　Ⅶ　連結納税制度の改善の方向 …………………………………………… 228

特定株主等によって支配された
欠損等法人の欠損金の繰越しの不適用 ……… 大江　晋也・231

　　Ⅰ　特定株主等によって支配された欠損等法人の欠損金の繰越しの不
　　　　適用等 ………………………………………………………………… 231
　　　　1　特定株主等によって支配された欠損等法人の欠損金の繰越し
　　　　　　の不適用制度の内容 …………………………………………… 233
　　Ⅱ　特定株主等によって支配された欠損等法人の連結欠損金の繰越し
　　　　の不適用制度 ………………………………………………………… 251
　　Ⅲ　特定株主等によって支配された欠損等法人の資産の譲渡損失額の
　　　　損金不算入制度 ……………………………………………………… 259

繰越欠損金額の判決例等 ………………………… 上松　公雄・267

取扱事例 ……………………………………………………………… 267
 Ⅰ　判決例の評釈 ……………………………………………………… 268
  ⑴　過年度における在庫の過大計上及び繰越欠損金額を是正したことを前提とする更正処分を行うべきかどうかについて争われた事例 …………………………………………………………… 268
  ⑵　合併後の合併存続法人の欠損金額を合併前の被合併法人の所得に繰り戻して法人税の還付を受けられるかどうかが争われた事例 …………………………………………………………… 274
  ⑶　特定外国子会社等の欠損金額を内国法人の損金に算入することができるかどうかが争われた事例 ……………………… 280
 Ⅱ　判決例の紹介 ……………………………………………………… 288
  ⑴　地方自治体が創設した法定外税の適法性及び有効性が争われた事例（いすゞ事件）………………………………………… 288
  ⑵　被合併法人の欠損金額を合併法人の課税所得の計算上，損金算入することができるかどうかについて争われた事例（行田電線事件）……………………………………………………… 291
  ⑶　逆合併の場合に合併法人たる赤字会社の欠損金額の繰越控除が認められるかどうかが争われた事例 ……………………… 293

研究にあたって

成蹊大学名誉教授 武田 昌輔

　法人においては，当期における企業利益に基づいて，株主に対しては配当を行い，また，その企業利益を基礎として算定される課税所得の金額に対する法人税を納付する。これは，通常のことではあるが，しかし，毎期，常に企業利益が生ずるとはいえず，欠損金が生ずることもまれなことではない。

　欠損金が生じた場合には，税法では，これを次期7年にわたって繰越控除することができ，また，1年さかのぼって欠損金の繰戻しを行うことができる（なお，この制度は，昭和59年以来，原則として停止されていたが，平成21年度税制改正において，中小企業者等に限って，解除することとされた）。

　この繰越欠損金の控除については，従来から青色申告書の特典として位置づけられてきているが，これが果して特典といえるかどうかについては問題であり，結論を先にいえば，これは課税所得の算定上，欠損金額の控除は当然のことではないかと思われる。そうすると，青色申告を要件としていることがまず問題となり，ついで，繰越期間を7年に制限していることが問題となる。これを特典としてみるときには，繰越期間を7年間も認めているということになるが，これを当然とする見解の下では7年に制限していることになる。

　このように，欠損金の取扱いについては，新たな見地から全面的に検討する必要が感ぜられていた。

　そして，欠損金額に対する課税当局の態度としては，納税者がこの欠損金額を利用して，租税回避を行う傾向があることに着目して，これを防止することに意を用いていたところである。この点は，それなりの理由は存すると

は思われるものの，自社において発生した欠損金額を，その後に生じた自社の所得金額と相殺することは当然のことであるとする考え方の下では，この欠損金額の控除ということに対しては，寛容の態度で臨むべきものと考える。

ところで，ここ100年に一度といわれる経済危機の状況の下で，優良企業といわれているもののなかでも，かなりの欠損金額が生じているものも少なくないようである。この点からは，本研究のテーマ「欠損金の繰越し制度等の理論と実務」は，いわば脚光を浴びるテーマとなるように思われる。

本共同研究の各研究項目と担当研究員は，下記のとおりである。

研 究 項 目	担当研究員
1　欠損金額の繰越し制度等の理論と実務（総説）	武田　昌輔　名誉教授
2　青色申告と繰越欠損金（粉飾決算を含む）	原　　一郎　税理士
3　白色申告と災害欠損金	上松　公雄　税理士
4　会社更生等による債務免除等があった場合の欠損金の損金算入制度	成道　秀雄　教　授
5　企業会計・会社法における繰越欠損金	守永　誠治　名誉教授
6　組織再編成と繰越欠損金	野田　秀三　教　授
7　連結納税制度と繰越欠損金	野田　秀三　教　授
8　特定株主等によって支配された欠損等法人の欠損金の繰越しの不適用	大江　晋也　税理士
9　繰越欠損金の判決例等	上松　公雄　税理士

各担当研究員等によって，それぞれの項目を分担して執筆しており，できるだけ重複しないように統一を図ったものの，若干重複する点も見受けられるが，執筆の流れを尊重して，そのままとした。また，見解の分かれる点は，共同研究会において統一の方向を示したものの，最終的には，それぞれの意見を尊重し格別これを調整しないこととした。読者においては，それなりに理解されて参考とされれば幸である。

欠損金額の繰越し制度等の
理論と実務（総説）

成蹊大学名誉教授　武田　昌輔

まえがき

　本共同研究は，法人税法における繰越欠損金額の控除について，その控除の意義，目的等について解明することを目的とするものである。つまり，過去の事業年度において生じた欠損金額を当該事業年度の所得金額の計算上，何故に控除すべきであるのかについての理論と実務に関する研究である。税法上は，当事業年度の欠損金額を前1年内の事業年度に繰り戻すことが認められているが，この欠損金額の繰戻しの考え方も基本的には同一であるが，これは所得計算の問題ではなく，法人税額の還付である。この点は技術的な意味においては異なっている。これについても，一応取り扱っている。

　本研究の内容については，目次において明らかにされているが，欠損金額の繰越しの制度等において，まず，総説としてこれら制度の概要について全体的な立場から以下に述べることとする。

I 総　　説

1　税法上の繰越欠損金額の概要

　企業は，事業経営において，毎事業年度において継続的に利益が生じるとは限らず，欠損金額が生ずることもある。欠損金額が生じた場合には，企業の処理としては，もし，利益積立金額があれば，これをもって補てんすることになる。企業会計上では，この処理について，利益剰余金等をもって補てんすることになる。この意味では，過去における欠損金額は当期の損益には直接関係がない。

　これに対して，税法上では，この繰越欠損金額については，じ後7年間の繰越しが認められる。また，当期において生じた欠損金額は1年間の繰戻しが認められる。この場合の「欠損金額」というのは，税法上定義が定められている。すなわち，「各事業年度の所得の金額の計算上当該事業年度の損金の額が当該事業年度の益金の額を超える場合におけるその超える部分の金額をいう。」としている（法2XIX）。

　この定義は重要である。これは，税法上の規定に基づいて算定された益金・損金が前提となっており，企業会計上の欠損金額とは，まず異なった金額である。極端な場合としては，企業は3,000万円の欠損金額が生じたとしても，税法上は欠損金額1,000万円ということもあり得る。要するに，税法上の欠損金額である。

　税法上は，この欠損金額を7年にわたって繰り越すことができる（これは，平成18年の改正により，従前5年であったのを7年とした）。7年に限定しているので当然のことながら，7年を経過した事業年度の欠損金額は打ち切られることになる。そこで，企業としては，打ち切られる前に，この欠損金額を有効に使用することを考える。

　また，7年に限定しているために，特別の理由（会社更生法等）がある場合には，これを復活せしめる措置が行われている（法59）。これは，繰越期間

を限定したことから生ずる措置である。繰越期間を限定しなければ、このような措置は必要でない。

次に、繰越欠損金額の引継ぎの問題がある。これは、組織再編成と欠損金額との関係となる。たとえば、合併した場合に、合併法人が被合併法人の有する繰越欠損金額を引き継げるかどうかの問題がある。これについては、適格合併等を行った場合で一定期間特定資本関係を有している場合には、その引継ぎが認められることになる。なお、合併法人が繰越欠損金額を有している場合の合併については、一定の条件の下で、その繰越欠損金額はないものとみなされる規定（従前の逆合併の場合の欠損金額の引継ぎの否認）が存することにも留意する必要がある（法57⑤）。

以上は、合併について述べたが、会社分割について、分割法人が資産、負債及び欠損金額を被分割法人に引き継いで、直ちに解散する分割、すなわち、合併類似適格分割型分割を行った場合には、一定の条件の下で、その分割会社の繰越欠損金額を引き継ぐことができる。これに対し、現物出資、事後設立、株式交換、株式移転等については繰越欠損金額の引継ぎの問題がないのはいうまでもない。

欠損金額の繰越しは、自社の有する過去の事業年度に生じた欠損金額を自社のじ後の事業年度における利益と相殺することであり、このことは当然である。しかし、上述の合併のように被合併法人の有する繰越欠損金額が、他人である合併法人に引き継がれることに対して、税法は慎重である。この点に関して、特定支配株主等によって支配された欠損等法人の欠損金額の繰越しの不適用は、その法人が実質的に他人のものとなって、当該繰越欠損金額が活用されることになることを防止する規定である（法57の2）。いわば租税回避行為の具体的防止規定である。

合併の場合は、その繰越欠損金額を有する被合併法人は合併法人のなかにいわば没入することになるので、繰越欠損金額の引継ぎを認める理由があるというべきであろう。

次に、繰越欠損金額について問題となるものに連結納税制度における取扱

いが存する。連結納税制度は100%子会社が連結子法人となるという点では，いわばグループ課税を行うこととしているのであり，連結子法人の欠損金額はいわば連結親法人の欠損金額となる。連結関係を保っている場合には問題はないが，連結子法人が連結グループを離脱したような場合に，その連結子法人の特有の繰越欠損金額が，どのように取り扱われるかは一つの問題となる。

次に，粉飾決算に関する欠損金額の取扱いがある。多くの場合，粉飾決算は，欠損金額がないものとして決算を行う傾向にあるので，税法上は，過去にさかのぼって減額更正を行い，欠損金額が生ずることとなることが多い。この減額更正により法人税額からの控除ないしは還付の問題が生ずることになる。

欠損金額に関しては，いわゆる欠損金額の繰戻しの規定がある。これは，もともとシャウプ勧告により昭和25年度税制改正において導入されたものであるが，昭和59年から若干の変更はあるものの適用が停止されてきている。ただ，法人の解散等がなされたときには，この適用が認められる。なお，平成21年度税制改正において，資本金1億円以下の法人等については，この適用が認められることとされた。

2　繰越欠損金額の通算の原則

繰越欠損金額は，法人税法において当期における損金の額に算入すべきことを定めている。すなわち，法人税法第57条において，そのことが規定されている。この規定は，いかなる意味を持つかについて検討する必要がある。

法人税法第22条においては，各事業年度の所得金額の計算に関する規定を置いているが，これはあくまで当該事業年度の所得金額を算定することとしている。そして，これ以外の益金の額・損金の額に算入すべき金額は，別段の定めとしての規定が設けられている（たとえば，受取配当金の益金不算入）。この別段の定めの一環として繰越欠損金額の控除の規定が設けられており，その条件の一つとして青色申告を行っていた事業年度の欠損金額であること

としている。そして，この規定は，一般に青色申告の特典としての地位にあるといえる。しかし，これは，本来のいわゆる青色申告の特典という性格のものではなくて，むしろ当然の規定であると考える。すなわち，企業が活動を行っている場合に，その活動の経営成績を明らかにするためには，一定の期間を定めて，その業績を明らかにする必要がある。つまり，決算期を定めて，当該期間における業績を算定し，これにより，その生じた利益を基礎として株主に配当を行うことになる。また，その所得金額を基礎とする租税等を納付することになる。

　法人税における所得金額は，各事業年度における所得金額をいうことは明らかであるが，法人税法は，各事業年度の所得金額は，当該事業年度の収益の額から当該事業年度の費用・損失の額（このほか，各種の別段の定めによる費用及び損失を加減する。）を控除して算定する。ついで，この算定された所得金額から繰越欠損金額があれば，これを控除するのである（法57）。このように，繰越欠損金額を所得金額から控除するのは，別段の定めによることになるので，形式上，特例となっているが，本来は，法人税法上当然の規定であると解すべきである。すなわち，当期自体の所得金額は，一事業年度を人為的に区切って算定することとしているのであって，当該法人の絶対的な所得金額ではない。たとえば，当期においては1,000の所得金額が生じても翌期において1,000の欠損金額が生ずれば，二事業年度を通じてみれば，その所得金額はゼロとなる。このことは，逆にいえば，当期において1,000の欠損金額が生じ，翌期において1,000の所得金額が生じても，これを二期通算すれば，所得金額が生じないこととなる。あたかも，当期も翌期も所得金額はゼロであったことと同様である。

　このようなことから，たとえば，当期における欠損金額1,000に対して，翌期において所得金額1,000が生じたときは，前期の欠損金額を繰越控除することによって調整を図ることとし（法57①），他方，逆に当期所得金額が1,000で，翌期1,000の欠損金額が生じた場合には，前期の1,000の所得金額に係る法人税額を繰り戻す方式を採っているのである（法80）。このこと

は，これを繰越控除又は繰戻しをしなければ，毎期の利益がゼロであった法人との比較においても著しく不合理な結果となるからである。

　昭和25年のシャウプ勧告書においては，欠損金額の控除の期限を設けずに永久に欠損金額の繰越しを認めるべきであるとし，また，1年間の欠損金額の繰戻しを認めるべきこととしたが，当時においては財政等の諸事情を勘案して欠損金額の繰越しは5年間に制限した。要するに，このことによって知られるように，欠損金額の繰越控除を行うことは当然のことであって，世界的にもこの傾向にあるのであって，これを控除する期間もますます拡大の方向にあるといえる。わが国においても，平成16年度税制改正において，この5年間の繰越しを7年間に延長したことは，この傾向を明確に示しているものとみることができる。

　以上述べたように，所得課税の下では，繰越欠損金額を有するときは，これを控除することは当然のことであって，この規定は，納税者が適用すると否とにかかわらず，必ず控除することとされているのである。換言すれば，仮に，納税者がこの規定を適用しないで所得を算定したとしても，課税当局では進んで，この規定を適用して所得金額を減額することとしている。

　この控除の条件としては，青色申告法人における欠損金額に限定しているが，これは，その繰越欠損金額を何程有しているかを立証するためには，青色申告法人であることが必要と考えられるから，これを要件としているに過ぎない（後述のように，災害欠損金額については白色の場合でも認めることとしている）。

　上述の所得課税においては，繰越欠損金額を控除することは，必然的なものと考えるべきであることについて述べた。しかし，この繰越欠損金額を限定する考え方が成立するかどうかの問題がある。原則的には，所得金額と繰越欠損金額（これはマイナス所得というべきである。）は一体として考えるべきことは，単なる公平論として捉えるのではなくて，事業年度というのは本来あくまで人為的に設定をしたものに過ぎず，不安定な仮の姿であることを知るべきである。つまり，人為的に設定された事業年度を前提として，配当を

したり，法人税等を納付したりするに過ぎず，この事業年度という不安定な期間を定めないと，配当，租税等の納付が清算までできないことになるからである。しかし，この人為的に設定された事業年度において生じた所得そのものはあくまで不安定なものであって，将来，どのような所得金額又は欠損金額が生じることになるか予測することができない。当期末現在において，暫定的に確定できる所得金額又は欠損金額は，当期末における所得金額の累計額から欠損金額の累計額を控除した金額である。これを図によって示すと，次のとおりとなる。

△200	△200	300	△100	500
1期	2期	3期	4期	5期

```
  所得金額の累計額  800
－ 欠損金額の累計額  500
  5期末の所得金額   300
```

　これを簡単にいえば，当期の500から前期までに補てんされなかった繰越欠損金額（△200）を控除した金額と同様である。つまり，当期の500は当期に生じた所得金額ではあるが，5期間に生じた所得金額は結局は300となる。
　ところで，このような繰越欠損金額の控除を限定する方式は考えられるかという問題がある。この欠損金額については，キャピタル・ロスを通常の利益から控除することには適切でないという意見もあり得よう。いいかえれば，この問題は，まず，所得の種類別課税を前提とし，それぞれの所得に見合う種類の欠損金額のみを控除するという方式が立法論上妥当かどうかというものである。しかし，利益の源泉はいかなるものであるとを問わず，すべて営業利益と同様に取り扱っている現行法人税の下では，このような区分はなし得ない（所得税には種々の問題がある）。

3　繰越欠損金額の控除と政策問題

　欠損金額の繰越しについては，昭和25年からは安定的状況となっているが，それ以前は，これを認めたり認めなかったりした時代があった。この簡

単な沿革をみると，次のとおりである。
(1) 法人に所得課税が行われた明治32年から大正14年までは，繰越欠損金額は無制限に所得から控除されることになっていた。
　法人税の課税は，一事業年度毎の所得を計算する建前であり，個人の場合との権衡を失すること等を理由として，大正15年4月の改正において，繰越欠損金額の控除は認められないこととなった（所得税法における第一種所得税が現行の法人税に相当する）。
(2) 昭和15年に法人税法が定められ，繰越欠損金額の控除は3年間認められることになった。
(3) その後，昭和21年7月の改正においては，企業再建整備その他終戦後の新事態に即応せしめるために，その繰越控除は1年に短縮された。
(4) 昭和25年3月の改正においては，「欠損金額の繰越控除の制度の濫用を防止するため，この規定は，その年に青色申告書を提出することを許されている所要帳簿を具備する納税者に限って適用すべきである。」というシャウプ勧告を基調として，青色申告書を継続して提出した法人の各事業年度開始の日前5年以内に開始した事業年度に生じた欠損金額に限り繰越控除を認めることとされた。
　　（注）　上述したように，シャウプ勧告においては，その欠損金額が所得で相殺されるまで繰越しを継続すべきものとした。

ところで，以上のように，繰越欠損金額の引継ぎについては，種々の考え方が存するところからみると，極めて政策的なものとみられる。そして，このような点から繰越欠損金額の繰越しは絶対的なものではないとする主張もみられるところである。しかし，所得金額の算定において，毎年の当該事業の所得金額だけでなくて，繰越欠損金額を控除することは絶対的な要請であると考える。つまり，憲法においては，財産権を犯してはならないと定めているところであり，租税は法律によるべきものとしているが，所得のないところに所得税を課することはできない。たとえば，前期は△100，当期60であれば，これを通算すれば△40であるのに，その60に対して課税し，前期

の△100は無視するというのでは所得なきところに課税をしたことになる。これは，一つの考え方としては憲法違反となると考えられる。
  (5) 平成16年度税制改正により，欠損金額の繰越控除は，5年が7年に延長された。

4 神奈川県臨時特例企業税と繰越欠損金額

　神奈川県臨時特例企業税通知処分取消等請求事件（横浜地方裁判所平成17年（行ウ）第55号・平成20年3月19日第1民事部判決）においては，後述のように，神奈川県臨時特例企業税（以下，企業税という。）が創設されたが，当期の所得（繰越欠損金額を控除しない額）で課税することとされた。この繰越欠損金額を控除しない点が違法かどうかという争いが生じた。
  (1) 事案の概要
　本件は，被告神奈川県が，神奈川県臨時特例企業税条例（平成13年神奈川県条例第37号。同年8月1日施行。以下「本件条例」という。）を制定し，地方税法4条3項，259条以下の規定に基づく道府県法定外普通税として，神奈川県内に事務所又は事業所を有し資本の金額又は出資金額が5億円以上の法人に対し，法人の事業税（以下「法人事業税」という。）の課税標準である所得の金額の計算上繰越控除欠損金額を損金の額に算入しないものとして計算した場合の所得の金額に相当する金額（当該金額が繰越控除欠損金額を超える場合は繰越控除欠損金額に相当する金額）を課税標準とし，税率を原則100分の3（平成16年4月1日以降は100分の2）とする企業税を課したところ，その対象となった原告が，本件条例は法人事業税につき欠損金額の繰越控除を定めた地方税法の規定を潜脱して課税するものであり，違法・無効であるなどとして，被告に対し，企業税の還付等を求めた事案である。
  (2) 裁判所の判断は，次のとおりである。
「法人事業税と企業税とは，租税としての趣旨・目的及び課税客体を共通にするものであり，企業税の課税により，法人事業税の課税標準につき欠損金額の繰越控除を定めた規定の目的及び効果が阻害されることは，既に判断

したとおりであるから，企業税の課税は，地方税法上の当該規定の趣旨に反するものというべきである。」とし，この企業税は，法人事業税の課税客体と異なるところはなく，これを実質的に変更して，いわば繰越欠損金額に課税する企業税は妥当でないとした。

上記のような地方税法に違反する租税を創設する条例を制定することは，地方公共団体の有する条例制定権を超えるものであるから，本件条例は無効というべきであるとした。なお，欠損金額の繰越控除は，政策的考慮に過ぎないとする被告の見解については，次のように述べている。

「被告は，法人事業税の課税標準について欠損金額の繰越控除がされるのは，法人税の課税標準の計算の例を用いるという手続上の便宜に由来するものにすぎず，法人事業税にとって不可欠の要素ではないから，これと抵触する法定外税を創設することも許されるという趣旨の主張をする。しかし，法人事業税の課税標準につき欠損金額の繰越控除を定めた規定が，単に他の課税標準を流用する便宜にとどまらず，法人税と同様の課税標準の計算方法を採ることが法人事業税の課税客体を具体化する上においても適当であるとの判断に基づくものと解すべきであることは，前記（略）のとおりである。」とし，被告の上記主張は採用できないとした。

5　欠損金額に対する税法の態度

税法における課税所得の計算については，一般論として，収益等の益金算入項目については，厳格な態度と採っているのに対して，費用・損失の計上に対しては種々の規定を置いて，消極的な態度を採っていると思われる。つまり，益金不算入の規定は極めて少ないが，これに対して，損金不算入の規定は夥しい。法人税法第22条に規定する別段の定めは，そのほとんどは損金不算入に関する規定である。

そして，所得金額の算定の結果生ずる欠損金額に対しても，税法は消極的な態度を採っているといえる。たとえば，欠損金額の繰越しの期間は7年に限定している。税法の従来からの繰越欠損金額は，いわば特典的なものとす

る基本的考え方を採っているといえる。つまり、この規定は、青色申告の特典とされているところである。

　企業としては、正当な意味での保守主義の立場から、たとえば、売掛金等の貸金等の貸倒損失を計上し、また、資産の評価損の計上を行う傾向にあるが、税法及び税務行政においては、これを認めることに消極的であるといえる。これは、納税者側としては課税所得の減殺のために行うことが見え透いていることもあり、いわば租税の回避等の防止という点からシビアな態度を採ることとしているものと思われる。

　しかし、極端な場合は別としてある程度は柔軟な態度も必要と考える。そして、税務訴訟の多くは、この取引に関する事実認定に関するものである。たとえば、いわゆる興銀事件（平成16年12月24日最高裁）においては、要は、子会社に対する貸付金について貸倒れとして処理したことに対して、時期尚早として否認したのであったが、単に債務者における状況からだけでなく、債権者の立場をも考慮すべきものとし、かつ、貸倒れの認定については社会通念によるべきものとされた。

6　親子会社における所得通算の問題と欠損金額

　親会社と子会社は、人格の異なる法人であって、法人税の課税においては、それぞれが納税義務を有することになる。したがって、たとえば、子会社に欠損金額が生じても、これを親会社の利益と相殺することはできない。この点、連結納税制度は、グループ課税をすることになるから、グループ会社は、その損益が通算できることになる。

　しかし、一般の親会社、子会社においても、親会社が子会社の業務を支援するために支出した金額は一定の条件の下でこれを寄附金としないで、損金の額に算入することができることとしている（法基通9-4-1（子会社等を整理する場合の損失負担等）、9-4-2（子会社等を再建する場合の無利息貸付け等））。

　そうすると、その支出した金額は、親会社の損金の額に算入され、他方、子会社においては益金の額に算入されて、子会社の欠損金額がそれだけ減少

することになる。これを欠損金額という面からみると，子会社の欠損金額が，親会社へ移転したことと同様の結果となる。これについては，一定の条件が附けられているので，適用される場合は限定的であるが，結果として，このような面もあることに留意すべきである。

なお，被合併法人の有する欠損金額を実態がないのに，これを営業権として処理することも，実務上行われることがあるが，これも見方によれば，欠損金額の合併法人への引継ぎを目論んでいるとみることができる。

II 青色申告書を提出した事業年度の欠損金額の繰越し

1 損金算入の内容

青色申告書を提出した事業年度において生じた欠損金額は，その事業年度後7年間繰り越して，その事業年度後の各事業年度の所得の金額からこれを控除することが認められている。ただし，その控除される金額は，それが損金の額に算入される各事業年度の所得の金額を限度とすることとされている。これは，その控除する所得金額の限度において相殺する意である（法57）。たとえば，繰越欠損金額3,000を有しており，当期の所得金額が500とすると，3,000のうち500をもって当期の控除となり，控除し切れない2,500は次期以降に繰り越されることになる。

青色申告による繰越欠損金額の損金算入の規定は，その法人が欠損金額の生じた事業年度について青色申告書である確定申告書を提出し，しかもその後において連続して確定申告書（青色申告書を提出していなくてもよい。）を提出している場合に限って適用される。したがって，もし無申告の事業年度があれば，その後の事業年度においては繰越控除の適用は認められない（法57②）。欠損金額の繰越しが7年に制限されていることから，納税者としては，その打切りを回避するために，殊更に欠損金額の最後の控除ができる事業年度において利益を計上する傾向がある。たとえば，実際は，譲渡の必要がな

いのに，上場株式，あるいは，土地を譲渡して譲渡益を計上するなどのことが行われる。要するに，確定申告書を提出する法人の欠損金額は，法人の所得の金額の計算上，7年間繰越控除が認められる。

2　効力規定でない明細書の添付

　この規定の適用については，明細書の添付が効力要件となっていない点に注意を要する。たとえば，受取配当の益金不算入の規定の適用については，「第1項及び第2項の規定は，確定申告書に益金の額に算入されない配当等の額及びその計算に関する明細の記載がある場合に限り，適用する。この場合において，これらの規定により益金の額に算入されない金額は，当該金額として記載された金額を限度とする。」と規定している（法23⑥）。

　しかし，欠損金額の繰越しの規定の適用については，このような規定は存しない。このことは，当該欠損金額は当然に当該事業年度の所得金額から控除すべきことが前提とされていることを意味する。もちろん，この欠損金額の内容については，納税者が明確にすべきことはいうまでもなく，その控除については「申告書別表四（37）」に記載すべきものとし，また，この明細についても添付すべきものとしている。しかし，これらは効力要件ではない。したがって，これらの記載がない場合においても，更正の請求の事由となる。つまり，この欠損金額を控除しないで申告をした場合に，その計算に誤りがある場合に該当することになる（国通法23①Ⅰ）。

　欠損金額の控除の性格については，すでに述べたところであるが，法人税法における規定ぶりから，その基本的な考え方について，いま一度確認的に述べることとする。

　法人税法の課税標準としての所得金額は，当該事業年度における所得金額である。そして，欠損金額を損金の額に算入するのは，法人税法第57条以下において規定されている。これを形式的にみれば，いわゆる法人税法第22条の基本規定に対する別段の定めであって，例外的規定と解されることにもなろう。この規定の仕方は，規定の沿革的な理由が大きなものとなって

いるように思われる。たとえば，片岡政一著「会社税法の詳解」(昭和19年) 192頁では，次のように述べられている。

「前期繰越損金も亦，前期以前の損金であって，当事業年度の損金ではない。従って原則としては，当事業年度の所得の計算上，之を損金に算入しないのである。然しこれに付ては先年の改正に依って，例外が認められることになった。即ち，各事業年度開始の日前3年内に開始した事業年度に於て生じた損金は，特に例外として，其の事業年度の損金と認めて，繰越控除することを認めるのである。」すなわち「特に例外として」認められているとの認識について注目する必要がある。

しかし，繰越欠損金額を控除すべきことについては，ここでは繰り返す必要はないが，規定の仕方としては，たとえば，法人税法第22条に規定（たとえば，第22条第6項等として）することが妥当であると考える。ただ，繰戻しの規定は，所得計算そのものではなく，いわば法人税の還付の問題であるから，別に規定せざるを得ないことになる。

なお，すでに触れたところであるが，繰越欠損金額は青色申告が要件となっており，いわば青色申告の特典といわれている。青色申告を要件としているので，形式的には青色申告の特典といえなくもないが，通算すること自体は当然であって，白色申告には認めないという程度の要件と解すべきである。

ついでに，青色申告の特典に関していえば，青色申告制度はその廃止を検討すべき時期にきているものと思われる。特に，法人税に関しては，記帳義務も課されているところであり，さらに青色申告割合は80%以上に達している点からみて，その目的を達しているといえる。また，青色申告の特典といっても，そのこと自体は本来特典とはいえないものである。特に，欠損金額の繰越しについては，青色申告であることを要しない。帳簿等の不完備な法人は，その欠損金額を明らかにすることができないだけのことである。

3 青色申告と繰越欠損金額（粉飾決算を含む。）

欠損金額に関する基本的な制度である青色申告の欠損金額の繰越し及び繰戻しの仕組みと粉飾決算がらみの欠損金額の取扱いについて，各論において，次の事項を取り扱っている。

(1) 欠損金額の繰越控除

青色申告の欠損金額については，7年間の繰越控除ができるが（法57①），その適用上，①適格合併等に係る被合併法人等の未処理欠損金額の引継ぎ（同条②③），②合併法人等の繰越欠損金額の制限（同条⑤），③連結欠損金額個別帰属額の単体納税における欠損金額へのみなし適用（同条⑥～⑧），④連結法人の単体納税における欠損金額の切捨て（同条⑨），⑤適格三角合併等が行われた場合の欠損金額の制限等（同条⑩）が行われている。

(2) 欠損金額の繰戻還付

青色申告の欠損金額については，前1年内の年度への繰戻還付の請求が認められているが（法80），租税特別措置法では，その原則不適用を定めている（措法66の13）。しかし，平成21年度改正により，①期末資本金額1億円以下の普通法人，②公益法人等，③共同組合等，④人格のない社団等については，不適用措置の対象外として，繰戻還付が復活した。

(3) 欠損金額と粉飾決算

粉飾決算により表に現われていない欠損金額については，その額が更正処分により確定していないと繰越控除できないから（平成元.4.13最高裁），仮装経理に基づく過大申告に対する更正を留保する特例（法129②③）が重要な意味を持っている。

過大所得の一部分のみが仮装経理に基づくものである場合のその他の部分の減額更正や仮装経理に基づくもの以外の部分の増額更正をどのように考えるかについては，修正経理がなくても更正を留保しない場合の考え方と併せて，その考え方の整理が必要である。なお，更正により生じた過誤納税額の還付については，平成21年度改正において，更正後5年経過年度の確定申告期限（それまでの間に解散等の事業が生じたときは，解散年度の確定申告期限等）

が到来した場合の還付や会社更生手続開始決定があった場合等の還付請求による還付の制度が追加整備され（法134の2③～⑨），控除未済額や還付未済額は発生しないことが明確になった。

Ⅲ 白色申告書の災害による欠損金額の繰越し

1 概　　要

　欠損金額の繰越しは，青色申告書を提出した事業年度に生じた欠損金額に限定されているところであるが，災害によって生じた欠損金額については，青色申告をしていない場合においても，この繰越しを認めることとされている。すなわち，各事業年度開始の日前7年以内に開始した事業年度において生じた欠損金額のうち，棚卸資産，固定資産又は特定の繰延資産について，震災，風水害，火災その他の災害によって生じた損失に係るもので，一定の要件に該当するものは，その欠損金額に相当する金額に限り，これを各事業年度の所得の計算上，損金の額に算入されることになっている（法58①）。この規定は，昭和34年12月の伊勢湾台風に対する税制上の措置として設けられたものである。要するに，白色申告者に対しても，その災害損失については，限定的に欠損金額の繰越控除を認めることとされたのである。

　本来，当年度において欠損金額が生じたかどうかは，正確な帳簿書類を前提として算定されるべきものである。この意味において，欠損金額の繰越し，繰戻しは，青色申告者を前提として，これを認めるべきものとしている（白色申告者であっても，正確な帳簿書類を有している者もないとはいえないが，制度上これらは無視されている）。しかるに，災害が生じたことによって，棚卸資産が失われたからといって，これを損失として取り扱うことは，理論上，問題があるのではないかとする批判の存したところである。つまり，その棚卸資産の焼失等したことは証明できても，そのことを帳簿によって明らかにすることは困難であると思われるからである。しかし，この取扱いは，白色申

告の場合においても通常所得金額から，特別損失として棚卸資産，固定資産等の損失の控除を認めようとするものである。要するに，当該事業年度において災害による欠損金額が生じた場合には，その欠損金額は，7年間にわたって繰越控除が認められることになる。

2 災害損失の額の繰越控除の問題点

災害等により損失を受けた場合に，その損失の額を繰越控除する場合に，第一に問題となるのは，災害に係る資産の範囲である。これには，棚卸資産，固定資産及び法人税法施行令第114条で定める繰延資産のうち他の者の有する固定資産を利用するために支出されたものに限られる。つまり，債権，現金等は災害損失の対象とならないのである。債権自体には，焼失等によって損失は原則として生じないし，現金等は，その確認が困難だからである。

第二は，災害等の範囲である。災害損失の繰越控除を認められる災害とは，震災，風水害，火災その他法人税法施行令第115条で定めている冷害，雪害，干害，落雷，噴火その他の自然現象の異変による災害及び公害，火薬類の爆発，その他の人為による異常な災害並びに害虫，害獣その他の生物による異常な災害をいうのである（法令115）。

第三は，繰越控除される損失の範囲についてである。繰越控除できる災害等により資産について生じた損害で，繰越控除が認められる金額とは，その欠損金額のうち棚卸資産，固定資産又は前述の繰延資産について生じた次に掲げる損失の合計額で，保険金，損害賠償金，その他それらに類するものによって補てんされた部分の金額を除いた額を限度とするのである（法令116）。

① 災害によってその資産が滅失し，もしくは損壊したこと，または，災害による価値の減少に伴って，その資産の帳簿価額を減額したことによって生じた損失の額

② 災害によってその資産が損壊し又はその価値が減少し，その他その資産を事業の用に供することが困難となった場合において，その災害の止んだ日の翌日から1年以内に，その資産の原状回復のために支出する修

繕費，土砂その他の障害物の除去に要する費用及びこれに類する費用に係る損失の額

　第四は，災害等による繰越損失金の損金算入の規定は，その内国法人がその損失の生じた事業年度について，その損失の額の計算に関する明細を記載した確定申告書を提出し，または，その後において連続して確定申告書を提出する場合に限って適用される（法58②）。

　青色申告の場合の欠損金額の繰越しは，明細の記載は，その適用要件とされていない。しかし，この災害損失額については明細を記載した確定申告書を提出していること等が要件とされている。これは，欠損金額の繰越しについては，特に，白色申告についての特例の措置としていることによるものと思われる。

3　災害損失の繰越し

　各論においては，本項について，次のように取り扱っている。

　欠損金額の繰越控除は，本来，青色申告法人に限定されているが，白色申告の場合においても，災害損失欠損金額については繰越控除することが認められる。

　災害損失欠損金額の対象となる損失は，災害によって棚卸資産，固定資産及び固定資産に準ずる繰延資産について生じた損失に限定される。また，災害の発生に伴い受領した保険金等がある場合は，損失額からこの保険金等の額が除外される。

　この災害損失の額は，災害の発生した事業年度又は災害のやんだ日を含む事業年度に計上しなければならないものとされている。これは，その後の事業年度に災害損失の額を計上した場合には，これが直接災害に原因するものか，その後発生した他の原因によるものか不明であることを理由とする。

　災害損失欠損金額の繰越控除を巡る特殊問題としては，災害損失の額から保険金等の額を控除する場合に，この保険金等の控除は，保険金等の対象となった資産の損失額からその保険金等の額を控除する（紐付控除）のか，そ

の事業年度の災害損失の合計額からその保険金等の合計額を控除する（総体控除）のかの問題が存する。この点については取扱いが明確にされていないが，そもそも保険金等の給付は対象資産と個別対応関係にあるため，いわゆる紐付控除によるべきものと解される。さらに，実務上，留意すべき点として，災害損失欠損金額の確定に当たっては，損失額算定の基準となる資産の帳簿価額が必要となることから，本制度が白色申告の場合においても認められるものではあるものの，帳簿書類の記録及び保存が前提とすべき点が挙げられる。

Ⅳ　会社更生法等による債務免除等と繰越欠損金額

1　会社更生法等による債務免除等があった欠損金額の損金算入
(1) 本制度の趣旨

　すでに述べたように，欠損金額の繰越しは，当該事業年度前7年以内に生じた欠損金額を損益の額に算入し，それ以前に生じた欠損金額は控除することは認めないこととされている。ところで，法人が，会社更生や私的整理等を行った場合には，その法人の再生等を図るため，債権者から債務の免除を受けたり，あるいは，その法人の役員又は株主から私財の提供を受けることがある。法人税法では，このような企業の再生等を図るための債務免除益や私財提供により生ずる受贈益であっても，原則として，益金の額に算入されることになる。この場合，その債務免除を受けた法人が，前7年以内に生じた青色欠損金額がある場合には，その欠損金額は，損金の額に算入されるから，債務免除益等が生じたとしても，この欠損金額と相殺されて一般的には法人税が課税されることにならない。また，災害損失欠損金額があるときも同様である。しかし，前7年以前に生じた青色欠損金額は債務免除益等と相殺できないことになるので，その部分の金額は，法人税等が課税されることになるので，債務免除等の目的である企業の再生等が所期の計画どおりに行

い得ないこととなる。

　そこで，このような債務免除益等については，法人税を課税しないこととするために，債務免除等があった日の属する事業年度前の事業年度から繰り越された欠損金額のうち，その債務免除益等に達するまでの金額を損金の額に算入しようとするものである（法59）。このことは，繰越欠損金額を7年に限定していることから，このような例外的措置を採らなければならない原因があるといえる。

　(2)　**沿革**

　この規定については，その沿革を若干述べる必要がある。

　法人が業況不振のために欠損が生じた場合は，その欠損を補てんするために役員，株主等が私財を提供することは，しばしばあることであり，これについて法人税を課税することについても問題があることから，旧法人税法取扱通達では，「法人の資産整理に当ってなされた重役，その他の私財提供（債務免除を含む。）又は銀行の預金切捨による益金であって法第9条第5項の規定（青色申告法人の前5年以内に生じた欠損金額の損金算入）の適用を受けない繰越欠損金額（欠損金額と積立金とを併有する場合はその相殺残額）の補てんに充当した部分の金額は，課税しない。」（昭25直法1-100「247」）ことに取り扱われていた。

　これについては，資産整理の内容，繰越欠損金額の範囲及び積立金との相殺残額等について問題があったほか，課税所得になるかどうかの課税要件を通達によって定めていることについての批判があった（昭和38年12月所得税法及び法人税法の整備に関する税制調査会答申）。昭和40年の法人税法の全文改正に際して，繰越欠損金額の範囲等の明確化を図りながら，その適用等について，欠損金額の繰越期間の経過した欠損金額をいわば債務免除益等の範囲内において復活することとした。

　平成12年には，「民事再生法」の制定及び「和議法」の廃止に伴い，本制度の対象となる事実から，民事再生法による再生手続開始の決定が追加される一方，和議法による和議手続開始の決定が除外されるなどの整備が行われ

た。平成16年には，損金算入の対象となる繰越欠損金額から資本積立金額を控除しないこととされた。平成17年には，債務者である内国法人が債務免除等を受ける場合に，民事再生等における資産の評価損益の計上の特例（法25②，33③）の適用を受けるときは，繰越欠損金額のうちいわゆる期限切れ欠損金額から優先して控除することとされた。また，これに併せて，会社更生法等において規定されていた更正手続開始の決定があった場合の債務消滅益又は財産の評価益に係る益金不算入制度が，繰越欠損金額の損金算入制度として法人税法に規定することとされた。平成18年には，会社更生等の法的整理及び一定の私的整理においていわゆるデット・エクイティ・スワップ（以下「DES」という。）が行われる場合には，そのDESによる債務免除益の額を会社更生等による債務免除等があった場合の欠損金額の損金算入制度の対象とすることとされた。なお，この規定は，内国法人について会社更生法又は更生特例法の規定による更生手続開始の決定を受けた場合に，それぞれ債務免除益，私財提供益及び資産評価益が適用対象となる。

2　民事再生法の再生手続開始の決定その他これに準ずる事実が生じた場合の欠損金額の損金算入

(1) 適用を受けることができる事実

　この規定の適用は，内国法人について民事再生法の規定による再生手続開始の決定があったことその他これに準ずる政令で定める事実が生じた場合に適用される。

　特別清算は，解散して清算中の株式会社に一定の事由があると認められる場合に，債権者や株主の利益を保護するため，債権者等の申立てにより，裁判所の命令で開始される法的な倒産処理手続の一つである。

　破産手続開始の決定は，債務者（法人）が支払いをすることが不能であることを原因として行われるほか，合名会社及び合資会社以外の法人については，債務超過（法人の財産をもってその債務を完済することができない状態）の場合にも行われる（破産法15，16）。

(2) **適用対象となる債務免除益等**

適用される債務免除益等は，上述の民事再生法等によって生じたものをいうのである。

つまり，この債務免除額の範囲内で，打ち切られた欠損金額を復活することができることになる。

3 本制度の問題点

上述したように，本制度は，欠損金額の繰越期間を7年に限定していることに基因する措置である。したがって，端的にいえば，この繰越期間を無制限に認めることとするか，あるいは，15～20年とすれば，問題が解決するといえる（15年ないし20年として，このような措置は廃止する）。

ただ，このように繰越期間を延長した場合に，その欠損金額の確認をいかにすべきかの問題がある。換言すれば，15年前の欠損金額を繰越控除する場合に，法人の有している欠損金額をそのまま認めるかどうかの問題である。これを無条件に認めることに問題があると考えられるから，このような場合には，欠損金額に限定して更正の期限を延長することが考えられよう。

アメリカ等のように繰越期間が長期のものについて，具体的に，どのようになっているかは未調査であるが，アメリカでは，更正の期間に制限がないとされているようであるから問題はないようである。要するに，繰越期間を長期なものとすれば，それなりの問題は生ずるものの，現行制度の7年は更正期間に捉われたものであり，再検討の余地があると考える。

なお，各論においては，次の点が検討されている。

(1) **会社更生等による私財提供者の範囲**

現行の規定では，法人の役員若しくはその株主又はこれらの者であった者から受けた私財提供益に限られるとしているが，その私財提供をすることによって，将来その以上の見返りが得られる可能性のあるもの，たとえば，使用人でも会社が再生されて将来の雇用が維持されれば，その将来賃金がそれを正当化する程度のものであること，得意先における売上割合がその私財提

供を正当化する程の規模のものであれば、そのようなものも範囲に含めることも検討されるべきである。

(2) **会社更生法等の適用に伴う資産再評価のための時価**

会社更生法と民事再生法等の適用に伴い、資産再評価が行われることがあり、会社更生手続きでは会社計算規則に準じた評価が強制されていることから税務上もそれに従い、また民事再生手続では処分価額によるものの税務上の時価は使用収益を前提とした譲渡価額が求められることから税務調整が行われることになる。平成17年4月12日に会計制度委員会研究報告第11号「継続企業の前提が成立していない会社等における資産及び負債の評価について」が公表され、会計基準とまで認知されていないものの、会社更生、民事再生であっても、ほとんど再生不能な場合とかなり再生可能な場合と様々な段階があり得ることを前提として、資産再評価で使われる時価の種類を考えており、税法においても実情にあった時価評価を認める方向で検討すべきである。

(3) **会社更生法等の適用会社に対する欠損金額の繰戻還付の特例**

平成21年度の税制改正において中小法人等については原則に戻って繰戻還付制度が適用されることになった。繰越控除制度は青色欠損金額に対しては7年、会社更生法等が適用された場合には、一定の要件の下に、いわゆる期限切れ欠損金額の繰越控除が認められているが、繰越控除制度と繰戻還付制度との平仄を合わせるとしたならば、租税回避の防止のための所要の措置を講じた上で1年以上の繰戻還付を認めてよいのではないかと考える。

(4) **個々の企業再生法に相応しい税制の構築**

最近の税法では、租税回避の防止について過度に反応し、あたかも納税者は税務上有利となるためにすべての経営上の判断を行っているかのようにみなす傾向があるが、税法はなるべく企業行動に対して中立であるべきである。会社更生法や民事再生法は、個々の法人の状態を考慮して、いずれを選択すべきかを決定していくべきであって、税制が主導的にその選択に関与すべきではないと考える。

V　会社法・企業会計における欠損金額の取扱い

　法人が各決算期において生じた欠損金額を会社法及び企業会計において，いかに取り扱っているかについて概観することとする。

　前年度において生じた欠損金額そのものは，会社法及び企業会計において，当期の利益そのものの算定には何らの影響を持たない。それはあくまで，各決算期における正確な業績を明らかにすることが目的であって，当期の欠損金額もその発生した事実が重要であって，次年度等の利益とは相殺の問題が生じないのである。この点に関して，次に会社法の規定と企業会計の取扱いについてみてみることとする。

1　会社法と欠損金額

　会社法において欠損金額が生じた場合においては，税法のように，その欠損金額を次期に繰り越して，次期の利益と通算するという問題が生じない。これにより制約を受けるのは，配当をする場合に，その欠損金額を補てんした後でなければ，これを行うことができない (旧商法290)。ここでは，貸借対照表の総資産額から資本の額，資本準備金，利益準備金の合計額等を控除した金額である。純資産額となっているので，欠損金額があれば，これを差し引いた額である。

　会社法では，第461条において「配当等の制限」の見出しの下で，株主に対する金銭等の分配について統一的な財源規制をかけている。なお，同条第2項においては分配可能額の計算は，純資産額からの減算方式ではなくなったが，欠損金額を控除するという点は異ならない。以上のように，欠損金額は結局，資本維持を妨げることになるので，これを無視して配当することは許されないという制限が存するだけである。結局は，資本準備金及び利益準備金の取崩しに関する規制を有するに過ぎないことになる。ちなみに，旧商法における欠損てん補について，次のように解説されているので，これを掲

げる。

「(イ)欠損填補　会社の純資産額が資本と法定準備金の額の和よりも少ないとき、これを資本の欠損といい、法定準備金の額をその差額だけ減少すれば、その欠損が填補されることとなる。そして法定準備金をもって資本の欠損を填補するには、その財源の性質上の差異に応じて、まず利益準備金をもってこれにあて、それでも不足なときはじめて資本準備金を使用することができる（旧商法289条2項）。このように資本の欠損は法定準備金で填補することができるが、填補しないで繰越損失金として後期に繰越してもさしつかえない。」（鈴木竹雄著「新版会社法（昭和50年）」185頁）。

商法第289条第2項は、会社法では、第448条となったが、その趣旨においては同様であると解される。また、第449条においては、債権者の異議について減少する準備金が欠損金額を超えないこと（同条①Ⅱ）という条件はあるものの、欠損金額そのものをてん補するかどうかは自由である。

2　企業会計における欠損金額の取扱い

企業会計においても欠損金額は当期における利益とは関係がない。前期以前において生じた欠損金額はそれぞれの期において生じたものであって、当期自体の利益とは関係がないのである。ただ、配当を行う場合には、この欠損金額を補てんされた後における純資産が、その基礎となる。なお、旧企業会計原則（昭和38年修正前のもの）において損益計算書原則六第2項においては、「正当な理由がなければ、資本剰余金を利益に直接又は間接に振り替えてはならない。」としていたところである。そして、旧企業会計原則において認められる「正当な理由」による振替えの主な例としては、そのような場合がある。

「(1)　利益剰余金をもってなお填補することができない欠損の填補に充てるため資本剰余金を取り崩して使用する場合
　(2)～(4)　省略」

いずれにしても、前期以前の欠損金額の当期の利益と相殺するという考え

方は存在しないのである。なお，自己株式及び準備金の額の減少等に関する会計基準（平成14年2月21日・平成18年8月11日）において，準備金の取崩しについて，次のように述べられている。

「資本金及び準備金の額の減少の会計処理

　資本剰余金と利益剰余金の混同の禁止
19．資本剰余金の各項目は，利益剰余金の各項目と混同してはならない。したがって，資本剰余金の利益剰余金への振替は原則として認められない。

　資本金及び資本準備金の額の減少によって生ずる剰余金
20．資本金及び資本準備金の額の減少によって生ずる剰余金は，減少の法的効力が発生したとき（会社法（平成17年法律第86号）第447条から第449条）に，その他資本剰余金に計上する。

　利益準備金の額の減少によって生ずる剰余金
21．利益準備金の額の減少によって生ずる剰余金は，減少の法的効力が発生したとき（会社法第448条及び第449条）に，その他利益剰余金（繰越利益剰余金）に計上する。」

3　会計基準・会社法における繰越欠損金額

　会計基準・会社法における繰越欠損金額について各論においては，次の点に検討が加えられている。

　会計基準・会社法は各国においてそれぞれ制定されているが，わが国の会計基準・会社法（会社法は商法から2005（平成17）年に独立して有限会社法を含めて新しく制定された。）は太平洋戦争の終結とともにアメリカのそれらを参考にして制定され今日まで次々と改正されてきている。

　会計基準・会社法の制定と改正の背景には20世紀後半に入ってからアメリカと旧ソ連の対立（米・ソの対立）が深刻となってきたことも大きな理由であった。また，イスラエルとアラブ諸国の四次にわたる戦争の結果，石油の価格がOPECにより急騰したので，会計基準を制定することとした。しかし，資本主義諸国の間では会計基準が統一されていなかったので，個別企

業の経営成果の判断を下す場合にそれぞれの会計基準によって換算する必要が生じていた。その後，国際会計基準が発表されて各国の会計基準を統合する動きが現れてきている。2008（平成20）年9月15日に発生したリーマンブラザーズの事件をきっかけにこの運動は活発となっている。また，会計基準の緩和の方向にも動きが見られる。

　一方，会社法は旧商法の中から株式会社・合名会社・合資会社に関する法令を独立させ，旧有限会社法を吸収し，さらに新しくLLC（合同会社）を認めたものである。旧商法は1899（明治32）年にヨーロッパの大陸法をもとに制定されたものであったが，終戦後，外国資本の導入の必要性もあり，1949（昭和24）年に改正されたのであった。しかし，1991（平成3）年における旧ソ連の崩壊と相前後して，英米法の系統の法律が矢継ぎ早に導入され，会社法の制定となったものであるが，企業会計上の収益と費用は税務会計上の益金・損金と必ずしも一致しないので，企業会計上の損失について税法上の欠損金額との調整の必要が具体化し，税効果会計として会計基準に導入されるようになったのである。

　第1として，会計原則の制度に引き続いて会計基準が経済のグローバル化によって次々と制定されてきた国際経済の変化を背景として，どのように統一化されていったのであるかを説明している。また，第2として会社法における繰越欠損金額においては，会社法の制定の経緯と会社法の中でどのように繰越欠損金額を取り扱っているかという問題点を明らかにして，中小会社（製造業）の事例に関して決算書を例示している。

VI　組織再編成と繰越欠損金額

1　総　　　説

　繰越欠損金額の控除は，7年間認められるが，この繰越欠損金額を他社に引き継ぐことは，原則として認められない。たとえば，事業の買収があった

ために，事業に係る事業資産の他，貸付金，借入金をも含めて移転せしめることもあり得るが，繰越欠損金額を含めて譲渡対価とすることはできないのである。

　しかし，他人に対する繰越欠損金額は，たとえば，合併のように，自社が合併法人に吸収されるような場合には，自社の有する資産，負債のほか資本積立金額，利益積立金額も，すべて引き継がれるから，繰越欠損金額も引き継ぐことを認めるべきであるとする見解も少なくない。しかし，会社法制定前の商法における考え方は，このような繰越欠損金額という資産でもなければ負債でもない数額上のものは引継ぎの対象とはなり得ないという考え方の下に，その引継ぎを否定していたところであった。このために，税法においても，合併法人は被合併法人の有する欠損金額の引継ぎは認めないこととされていた。ただ，問題となったのは，合併法人の有する欠損金額は，合併そのものには直接関係がなく，そのまま欠損金額の存在は認められていた。このことから，本来であれば，欠損金額を有する法人が本来被合併法人となるべきであるのに，故意に当該法人を合併法人とし，本来，合併法人となるべき法人を被合併法人として合併手続きをすると，その法人の欠損金額は事実上，引き継がれたのと同様の結果を生ぜしめることになる。これを「逆合併」と名づけて，形式上の被合併法人を合併法人とし，形式上の合併法人を被合併法人として取り扱い，結果として，その欠損金額の引継ぎを認めないこととしていた。

　もっとも，このように取り扱ったのは，休眠法人の有する欠損金額を引き継ぐというように，租税の軽減そのものを目的とした場合に限定していた。そして，その合併が共同事業を目的とするような場合には，これを認めていた。たとえば，昭和30年代に，有名某デパート同士の合併において，被合併法人の有していた欠損金額を合併法人が活用するため，その欠損金額を有する被合併法人を合併法人として合併し，名称は直ちに被合併法人のものとしたことがあったが，種々検討の結果，これは共同事業目的を有することにその合併の目的があるとして，是認したのである。

平成13年度税制改正において行われた組織再編成税制では，この点が重視されて，第一点として共同事業目的のための合併においては，一定の要件の下で被合併法人の欠損金額の引継ぎを認めることとされた。ついで，51％以上の持分を一定期間有している子会社を合併する場合には，いわばグループ会社の合併として一定の条件の下で被合併法人の有する欠損金額を引き継ぐことができるものとした。この基本的考え方としては，親子会社がもともと一体として認められるところであって，いわばその欠損金額は，他の会社の有する欠損金額とは認められないことによるものと解すべきである。

　次に，合併の欠損金額の引継ぎに関して問題となるのは，上述の逆合併についてである。つまり，欠損金額を有する法人が，自らを合併法人として，優良な会社を被合併法人とする場合においては，その欠損金額を被合併法人たる優良会社の利益をもって補てんすることになるので，これを防止するために一定の要件の下で合併法人の有する欠損金額についても制限を設けている。

　以上が，合併に伴う繰越欠損金額に対する税法上の規制である。なお，以上のことは，適格合併の場合についての規制であって，非適格合併の場合には，もともと，被合併法人はその有する資産・負債を合併法人に譲渡したものとして取り扱うこととしているので，被合併法人の欠損金額を引き継ぐという問題は生じない。なお，組織再編成における欠損金額の引継ぎの問題は，合併と分割の場合の合併に準ずる分割が行われた場合，つまり，合併類似型分割が行われた場合に問題となるだけで，現物出資，事後設立，株式移転，株式交換においては，このような欠損金額の引継ぎの問題は生じない。

2　合併と繰越欠損金額

　組織再編成税制というのは，税法上では，合併，分割，現物出資，事後設立及び株式交換，株式移転に伴う税制についての規定である。つまり，これらについて，一定の要件の下で，適格合併等と非適格合併等に区分し，適格合併等については，資産等につき帳簿価額での引継ぎを認めるなどの特例を

講じている。

　ところで，合併等を行った場合に，被合併法人等が繰越欠損金額を有しているときに，これを合併法人等が引き継ぐことができるかどうかについては古くから問題とされていたところである。旧商法における一つの解釈としては，欠損金額とは資産でもなければ負債でもないことから，この引継ぎは認められないとされていたところである（行田電線事件，昭和43年5月2日最高裁判決）。ただ，税法上は，特別措置として欠損金額の引継ぎが認められたことも存していたところである（たとえば，昭和47年に，租税特別措置法第66条の5では，特定の農業協同組合の合併につき被合併法人の欠損金額を合併法人において引き継ぎ損金算入することとしている）。

　また，以上のようなことから，逆合併の問題が生じた。すなわち，欠損金額を有する被合併法人を合併法人とし，本来，合併法人となるべき法人を被合併法人とすることによって，この目的を達成する方式が案出されている（この合併を行い，合併後直ちに被合併法人の名称に変更するなどの措置が採られている）。

　このようないわゆる逆合併も原則的には税法上否認されてきている（審査事例・昭和47年2月2日。判決例・平成2年1月25日広島地裁）。

(1) 子会社等との合併と欠損金額の引継ぎ

　平成13年度税制改正においては，組織再編成税制が創設され，合併等をいわゆる適格合併等，非適格合併等に区分整理され，適格合併等の場合には，被合併法人等の有する資産，負債については，その帳簿価額による引継ぎが認められた。同時に繰越欠損金額の引継ぎについても，一定の制限の下で認めることとされた。この繰越欠損金額を引き継ぐことができる場合における基本的な考え方としては，合併については，次のようになる。

　(1)　適格合併に該当すること。非適格合併の場合には，事業の譲渡と同様に取り扱われることになるので，被合併法人の欠損金額の引継ぎの問題は生じないことになる。

　(2)　合併法人が，その合併の日を含む事業年度において，被合併法人等の

未処理欠損金額として引き継ぐことができる欠損金額は，被合併法人等の未処理欠損金額から，次の①及び②の欠損金額を控除した金額となる。
① 被合併法人等の特定資本関係事業年度前の事業年度に係る未処理欠損金額
② 被合併法人等の特定資本関係事業年度以後の事業年度に係る未処理欠損金額のうち特定資産譲渡等損失相当額から成る部分の金額

以上の場合の特定資本関係というのは，次の関係をいうのである。
(1) 合併法人と被合併法人との間において合併法人が，すでにその被合併法人の持分の50％を超える保有をしている関係
(2) 二つの法人が同一の者によって，それぞれの法人の持分の50％を超える保有をしている関係

　以上のことは，合併法人が被合併法人と特殊な関係（特定資本関係）を有することとなった以後に生じた欠損金額を引き継ぐことができることとし，それ以前の事業年度において生じた欠損金額はまったく特殊な関係を持たない他人の欠損金額と同様であるから，これらの欠損金額は引継ぎの対象とならないのである（法57②③）。

(2) 共同事業を営むための合併と欠損金額の引継ぎ

　次に，共同で事業を営むための適格合併と未処理欠損金額については，以上の特例に捉われずに，次の特例が認められている。すなわち，共同で事業を営むための合併等が適格合併等に該当する場合においては，その被合併法人の有する未処理欠損金額の引継ぎに特例が認められている。まず，共同で事業を営むための合併等が適格合併に該当するためには，次の要件が必要となる。

(1) 合併自体の合理性
　①事業の相互関連性があること，②事業が相対的規模を有すること，③被合併事業の同等規模継続，④被合併事業の従業員の80％以上の引継ぎ等の要件のすべてに該当すること。

(2) 特定役員に関する要件

次に掲げる者が適格合併等の後に合併法人の特定役員となることが見込まれていること。

① 被合併法人等の適格合併の前における特定役員である者のいずれかの者
② 合併法人等の適格合併の前における特定役員である者のいずれかの者

(3) **合併法人等の繰越欠損金額に係る制限**

法人が特定資本関係法人との間で当該法人が合併法人となる適格合併が行われ、かつ、その特定資本関係法人との特定資本関係がその合併事業年度開始の日の5年前の日以後に生じている場合には、その合併法人の有する欠損金額についても制限を受けるものとされている。これは、新しい発想に基づくものである。つまり、合併法人が欠損金額を有しており、これを補てんするために子会社等である法人を合併することが考えられる。そうすると、その合併法人の欠損金額は、子会社等を合併することによって、その生ずる利益と相殺されることになる。このことは、いわゆる逆合併を行っても同様である。そこで、被合併法人の欠損金額の引継ぎについて制限を設けたと同様に、合併法人の欠損金額についても、特定資本関係事業年度前の欠損金額については制限を設けている。

(4) **合併以外の場合の欠損金額の引継ぎ**

以上、合併を中心として繰越欠損金額の取扱いについて述べたが、組織再編成は合併だけでなく、分割、現物出資、事後設立、株式交換・株式移転がある。しかし、欠損金額の引継ぎに関係のあるのは、合併以外のものとしては適格分割型分割（合併類似適格分割型分割に限定されている。）であり、これについて、合併の場合と同様の欠損金額の繰越しについて規定が置かれている。この合併類似適格分割型分割というのは、適格分割型分割のうち、次に掲げる要件のすべてに該当するものをいうのである（法57②、法令112①）。

(1) 分割法人の分割型分割前に営む主要な事業が分割承継法人において分

割型分割後に引継ぎを営まれることが見込まれていること。
(2) 分割法人の分割型分割の直前に有する資産及び負債の全部が分割承継法人に移転すること。
(3) 分割法人を分割型分割後直ちに解散させることが分割型分割の日までに分割法人の株主総会又は社員総会において決議されていること。

以上の場合，特に(3)において示されているように，分割法人の解散が予定されているところであり，いわば被合併法人と同様の立場となっていることに注意を要する。

欠損金額の引継ぎについては，合併及び合併類似適格分割型分割について認められる。組織再編成税制は，以上の他，現物出資，事後設立，株式交換・株式移転があるが，これらについては欠損金額の繰越しの問題は存しない。

つまり，現物出資についていえば，資産の現物出資が中心となり，これに債務附きとすることも考えられるが，損失の引継ぎの問題は生じない。株式交換・株式移転も欠損金額には関係がない。なお，各論においては，次の点を取り扱っている。

(1) 組織再編成税制では，適格合併等において，被合併法人等の繰越欠損金額（未処理欠損金額）が，適格合併等の7年前以内において生じたものである場合は，それが災害損失金額であるか，未処理欠損金額であるときは，当該繰越欠損金額を引き継ぐことが認められているが，繰越欠損金額あるいは含み損を利用した租税回避行為を防止する目的で，租税回避行為に繰越欠損金額等が利用されないようにするために一定の制限が設けられている。

(2) 適格合併等において，合併法人等が被合併法人の未処理欠損金額を引き継ぐ場合に，適格合併等の事業年度前5年以内に被合併法人等との間に特定資本関係が生じた場合には，被合併法人等との間に特定資本関係事業年度以前7年以内に生じた未処理欠損金額については，制限があるが，被合併法人等の特定資本関係事業年度前の純資産価額を時価評価し

た場合には，特例により被合併法人等の未処理欠損金額を引き継ぐことができる場合がある（法令113）。なお，平成16年度税制改正で平成13年4月1日以後の事業年度以後に生じた未処理欠損金額の繰越しについては，5年から7年に延長された。なお，特定資本関係については，適格合併等の事業年度開始日の5年前の日以後となっているが，この点は変更されていない。特定資本関係の期間を5年とするかどうかは検討すべきである。状況によっては，一定の要件を満たしている場合は，緩和措置としてその特定資本関係の期間を短縮することも検討すべきである。

Ⅶ　連結納税制度と欠損金額

1　連結納税制度

　親子会社は法律的には，それぞれ別個独立の法人であるが，経済的観点からこれをみると，一体と認められる。このような観点から，企業会計（会社法を含めて）においても早くから連結財務諸表制度が採られているところである。これを受けて税法においても，平成14年度税制改正において連結納税制度が採られた。ただ，これは法人の選択となっているので，税法のメリットを考えると親子会社間の損益通算が，その採用の判断基準とされているといってよい。すでに，合併等の場合の繰越欠損金額の引継ぎと同時にいわば法的には他の法人の繰越欠損金額を引き継ぐというパターンであって，その基準として100%子会社であって，かつ，連結納税制度を選択・承認されている場合に認められることとしている。法的には別法人の繰越欠損金額を通算することができる。つまり，繰越欠損金額の引継ぎという観念ではなく，損益通算という連結所得計算の問題となる。

　ここでは，連結納税制度そのものの内容について述べることが目的ではないので，連結納税制度における欠損金額の取扱いに限定して，次に述べることとする。

2 連結納税制度における繰越欠損金額

　連結納税制度は，連結親法人及び連結子法人の有する欠損金額を通算することが主たる目的といえることから，税法上は，欠損金額についての取扱いが極めて重要である。

　まず，法人税法第81条の9及び第81条の9の2において，連結納税制度における繰越欠損金額について規定している。すなわち，連結親法人の連結確定申告書を提出する連結事業年度開始の日前7年以内に開始した各連結事業年度において生じた連結欠損金額がある場合には，その連結欠損金額に相当する金額は，その連結事業年度の連結所得の金額の計算上，損金の額に算入するというものである（いわゆる繰越控除）。

　また，連結欠損金額の繰越控除による損金算入限度額は，この繰越控除を適用する前の連結所得の金額となる（法81の9①ただし書）。ただし，その連結欠損金額の生じた連結事業年度前の連結事業年度において生じた連結欠損金額がある場合には，その連結欠損金額の繰越控除をした後の連結所得の金額となる。

3 連結納税制度における所得計算構造

　連結納税制度における連結親法人と連結子法人の各事業年度の連結所得の算定方法としては，各個別の法人が，それぞれ算定した所得金額を合算（損失がある場合には通算）する方式によっていない。つまり，連結法人の個別に算定された所得金額を基礎として算定する方式を採っていないのである。すなわち，各連結事業年度の連結所得に対する法人税の課税標準は，当該連結親法人の属する連結法人の連結所得の金額とするのであり（法81），その連結所得の金額は，当該連結事業年度のグロスの益金の額からグロスの損金の額を控除した金額である（法82）。

　そして，個別益金の額又は個別損金の額は，連結事業年度の連結所得の計算上，益金の額又は損金の額に算入するのである（法81の3）。要するに，連結法人の売上高等の収益が益金の額に算入されるのであり，同時に連結法

人の給料，報酬等は，損金の額に算入されることになる。この意味において，連結法人のネットの個別損益を集計するのではない。あたかも連結子法人は支店と同様となる。したがって，連結法人の繰越欠損金額を連結所得の算定上，どのように取り扱うかの問題は生じないことになる。つまり，連結子法人の独自の繰越欠損金額は存在しないことになる。さらにいえば，連結グループの所得金額の算定上，その欠損金額は埋没しているのである。上述したように，連結事業年度において生じた欠損金額は，7年間繰り越されて損金算入が認められることになる。そうすると，連結子法人において連結納税制度に加入する以前に生じた欠損金額は，どのように取り扱われるかの問題が生ずる。しかし，この加入前の欠損金額については，繰越しの適用はしないものとされている（法令155）。

4 連結欠損金額の繰越し

(1) 連結親法人の欠損金額の繰越し

　連結親法人の連結事業年度開始の日前7年以内に開始した各連結事業年度において生じた連結欠損金額は，その連結事業年度の損金の額に算入する。連結納税制度の下では連結親法人が中心であり，かつ，独立の法人として存在しているのであるから，繰越欠損金額を有している場合に，これを控除できるのは当然である。この場合，連結欠損金額の繰越控除による損金算入限度額は，その連結欠損金額を控除する前の連結所得の金額となる（法81の9①）。連結親法人の連結納税の開始前の欠損金額，株式移転にかかる株式移転完全子法人であった連結子法人の連結納税の開始前の欠損金額又は連結欠損金額個別帰属額及び連結親法人が連結グループ外の法人を被合併法人等とする適格合併等を行った場合のその被合併法人等の欠損金額又は連結欠損金額個別帰属額は，繰越控除の対象となる連結欠損金額とみなされる（法81の9②）。

(2) 連結子法人の欠損金額の繰越し

　上述したように，連結子法人の連結前に生じた欠損金額は打ち切られるこ

連結納税制度における連結子法人の立場は、いわば連結親法人からみると支店と同様となる。つまり、支店と同様となることによって、仮に、その支店において、観念的に生じた欠損金額は連結親法人の所得金額の算定上、組み入れられることになる。換言すれば、連結所得金額の計算は、そのグループにおけるすべての益金の額とすべての損金の額によって行われることになる。そして、これによって算定された結果生ずる欠損金額は、7年にわたって繰越しが認められることになる。(法81の9)。

　この条文の下では、連結前に有していた連結子法人の繰越欠損金額については何ら規定がない。つまり、規定がないということは、連結繰越欠損金額とはならないということであって、このことから、打ち切られたことになる。したがって、特に打ち切ることについての条文はない。そこで、法人税法第81条の9第2項においては、連結親法人の連結納税開始前の単体欠損金額や株式移転に係る株式移転完全子法人の欠損金額を連結欠損金額とみなす旨規定されている。また、連結親法人が、連結グループ外の法人を吸収合併した場合のその被合併法人の未処理欠損金額については連結欠損金額とみなすこととしている。連結子法人の欠損金額の引継ぎについては、このような連結欠損金額とみなす規定はないので引き継ぐことはできないことになる。

　なお、本項について各論では、次の点について特に述べている。

(1) 連結納税制度において、連結親法人の繰越欠損金額については連結事業年度開始日前7年以内の繰越欠損金額は引き継ぐことができる。しかし、連結グループの連結子法人の繰越欠損金額については、適格株式移転により子法人となった連結子法人の繰越欠損金額のみ繰越控除を認め、それ以外の連結子法人の繰越欠損金額は、原則として引き継ぐことを認めていない。連結親法人が完全支配関係を有していない法人との間で、連結親法人を合併法人とする適格合併等をした場合は、特定資本関係がある等の一定の制限を認めた上で当該子法人の欠損金額を引き継ぐことを認めている。

(2) 連結法人が連結子法人と合併等をした場合には，合併等の前日の属する事業年度において生じた欠損金額がある場合は，当該欠損金額に相当する金額は，当該連結法人の当該合併等の日の属する連結事業年度の連結所得の金額の計算上，損金の額に算入することを認めている。

(3) 平成18年度税制改正で，欠損金額又は資産の含み損のある法人を支配するような租税回避行為を防止するために，特定の資本関係のある者が欠損法人を支配した場合には，欠損法人の有する欠損金額の繰越控除を認めないことにするとともに，資産に含み損を実現した場合には制限措置が講じられた。連結納税においても，連結欠損金額を有する法人を特定の株主等が支配した場合には，連結欠損金額の繰越控除を認めず，含み資産においても制限している。

(4) 連結親法人が欠損等法人又は欠損等連結法人である非支配法人との間で，連結親法人を合併法人等とする適格合併等を行う場合において，被合併法人（非支配法人）の適用事業年度又は適用連結事業年度前（前事業年度7年以内）において生じた欠損金額又は連結欠損金額個別帰属額は繰越控除が認められない（法81の9の2④）。

Ⅷ 特定株主等によって支配された欠損金額の繰越しの不適用

1 制度の目的

　欠損金額を有する法人（以下，欠損等法人という。）のその欠損金額の繰越しが認められることに着目して，他の法人が，この欠損等法人を支配して自らの傘下に治め，この欠損等法人に利益の生ずる事業を行わせることによって，欠損等法人の欠損金額を活用することが行われる。これは，別に，最近の問題ではなく，古くから問題とされていたところである。これについては，その対応規定が平成18年度税制改正において創設されたところである（法

57の2)。この規定は，後述するように，一定の要件を定めており，これに該当すれば，その支配された法人の欠損金額の繰越控除の適用は認められないことになる。ただ，このような規定が創設される前において，同様の問題が生じていた場合に，どのように取り扱われていたか，あるいは，どのように取り扱うべきかについては，問題が存していたものと思われる。

しかし，私見では，これはいわゆる租税回避に該当することになって，否認されるべきものと考える（同族会社の場合には，同族会社の行為計算の否認規定の適用があることになると考える）。ただ，この法人税法第57条の2の規定においては，一定の要件を明確に定めているので，いかなる場合に，この規定が適用されるかの課税要件の明確性が定められたので，納税者としては，このような行為をした場合において租税回避とされるのかどうかについての従前からの疑問が消失したといえる。

2 制度の概要

この制度は，法人が青色欠損金額又は資産の含み損を抱えている他の休業法人等の株式等を取得することにより，当該法人を支配し，その法人に利益の見込まれる事業を移転して，その欠損金額を利用するというような租税回避行為を防止する目的のための規定である。すなわち，他の者との間に50％超の株式を直接又は間接に保有される関係（特定支配関係）を有することとなった法人で，その特定支配関係を有することとなった日（特定支配日）の属する事業年度前の各事業年度において生じた欠損金額又は評価損資産を有する法人（欠損等法人）が，その特定支配日以後5年以内に一定の事由に該当することとなった場合には，その該当することとなった日の属する事業年度以後の各事業年度において，青色欠損金額の繰越控除制度が適用されない。また，資産につき含み損を有する法人のその譲渡損失についても一定の条件の下で，損金の額に算入されない。欠損等法人が，特定の株主等によって，その発行株式総数の50％超の株式を直接又は間接に保有された場合（特定支配関係）において，支配日以後5年以内に，次に掲げる一定の事由に

該当するときは，該当日の属する事業年度（適用事業年度）以後の各事業年度において，当該適用事業年度前に生じた欠損金額については，欠損金額の繰越しを認めない（法57の2①）。

① 欠損等法人が特定支配日（特定支配関係を有することとなった日）直前に事業を営んでいない場合において，特定支配日以後に事業を開始すること。
② 欠損等法人が特定支配日直前の事業を廃止又は廃止見込みの場合において，従前の事業規模のおおむね5倍超の資金借入れ又は出資による金銭等を受け入れること。
③ 特定株主等が，特定株主等以外の者から欠損等法人に対する債権を取得している場合において，欠損等法人が特定支配日直前の旧事業規模のおおむね5倍超の資金借入れを行うこと。
④ 上記①，②，③に該当する場合，欠損等法人を被合併法人又は分割法人とする適格合併等を行うこと。
⑤ 欠損等法人の特定支配日直前の役員のすべてが退任し，かつ，使用人のおおむね20％以上が使用人でなくなった場合において，「欠損等法人の旧使用人が従事しない事業（非従事事業）」の事業規模が特定支配日直前旧事業規模のおおむね5倍超となること。
⑥ 上記各号に掲げる事由に類するもの。

本制度は，上述したように，租税回避行為を防止するための具体的な個別事例に対する対応措置と解することができる。この規定の創設前においてこのような行為を行った場合も，たとえば，同族会社の行為または計算の否認の規定によって否認することができるとも解される。しかし，他方，そのような行為は容認されていたと解することもできる。

このように解すると，従前は租税回避として否認の対象とならなかったケースが，今回これを防止する規定が設けられたことにより，今後はかかる行為は認められないことになる。しばしば，個別規定によって租税回避の防止規定を設けるべきであるとする主張が見受けられるが，本規定がこの例と

してみることができるように思われる。

3 本制度における検討内容

この不適用制度の内容について各論においては，特に，次の事項について検討されている。

(1) 本制度における不適用の判定基準については，①特定支配関係に対する該当要件，②欠損等法人の該当性，③制限の対象となる適用事由，④判定期間の4点で不適用・適用の対象となるかどうかの判定基準について詳細に述べている。

(2) 連結欠損金額の繰越しの不適用について，適用連結事業年度前の繰越欠損金額のうち一定の金額について繰越控除ができないこととなっている（法81の9の2）ことについて述べている。

(3) 資産の譲渡損失額の不算入制度に関し，欠損等法人の適用期間において生ずる特定資産の譲渡等による損失の額は，その欠損等法人の各事業年度の所得の金額の計算上，損金の額に算入されないこととなる（法60の3）。なお，連結納税制度においても同様の取扱いとされている（法81の3）。

　この制度に関し，欠損等法人の資産の譲渡損失の損金不算入の規定が設けられている。これは，前述の1の欠損金額の繰越しの不適用に関する規定と同様の趣旨により設けられたものであり，欠損等法人の所有する資産の含み損を利用した不当な租税回避行為を防止するために設けられたものである。したがって，この規定については，特定支配関係の定義，欠損等法人の定義，適用事業年度の定義については，前述した1の「欠損等法人の欠損金額の繰越しの不適用」（法57の2）をそのまま適用している規定となっている（法60の3①）。これらについて具体的に記述している。

IX その他の欠損金額の繰越し等の問題

1 粉飾決算と欠損金額

　粉飾決算と欠損金額とは直接的には関連がないが，多くの場合には欠損金額を粉飾して利益を計上する点が問題となる。すなわち，税法上，粉飾によって当期は欠損であるのに課税所得があるとして申告をし，後に更正の請求をすることにより，その納付した法人税額の還付を受けることが行われる。税法上はこれが問題であり，現行制度では，その本来還付すべきである税額をその後の事業年度において納付すべき税額に順次充当することとしている（法70）。粉飾決算においては，多くの場合に過去の事業年度における欠損金額に基づき還付すべき税額を凍結するという問題となり，欠損金額の繰越しという問題が関連することになるので，特に実務上，検討を要するところである。

2 法人課税信託と繰越欠損金額

　信託法の改正により税法上法人課税信託が創設された。すなわち，法人課税信託に受託者は，会社とみなされて法人税が課されることになる。つまり，その所得について法人税が課税されることになる。そこで，その事業年度において欠損金額が生じた場合には，7年間に渡って欠損金額の繰越しが認められることになる。同様に，当該欠損金額は，1年前の事業年度について繰戻しを行うことができることになる。

3 タックスヘイブン対策税制と欠損金額

　欠損金額に関する問題として，タックスヘイブン対策税制において外国子会社において生じた欠損金額を親会社において引き継ぐべきかどうかの問題がある。つまり，現行法の下では，この引継ぎは認められていないが，この制度のあり方として検討の余地がある。もっとも，これは欠損金額の繰越し

そのものの問題ではなく，いわば実質課税の原則を前提とした親会社の当期における所得算定上の問題である。

X 欠損金額の繰戻し制度

1 総　説

　以上においては，欠損金額の繰越しの問題を取り扱ったのであるが，これと関連を持つものに欠損金額の繰戻し制度がある。欠損金額の繰戻し制度は，当該事業年度において生じた欠損金額を当期以前の事業年度の所得金額と通算し，その通算された金額に対応する税額の還付を行うとする制度であって，欠損の繰越しに対応するものである。この制度は，すでに知るように，昭和24年のシャウプ勧告書において述べられたところであった。この発想は，官僚的発想ではなくいわば民主的な発想であるといえる。

　ところで，この制度は，とかく特典的なものとみなされている。すなわち，財政難という事態に直面すると，これを停止するなどのことが行われる。昭和59年の改正においては，厳しい財政事情に顧み臨時措置として法人税率の引上げが行われたが，この繰戻還付の制度は，2年間停止された。これ以来，この制度は若干の変動はあったものの，今日までその適用が，特別の場合を除いて停止されている。

　なお，平成21年度改正においては，中小企業者等（資本金1億円以下の法人等）に対して，この制度の停止の規定は適用しないこととされた。したがって，平成21年2月1日以後終了する事業年度の欠損金額については，この制度によって欠損金額の繰戻しができることとされた。なお，この規定は，財源の問題は別として，基本的には，すべての法人について認めるべきものと考える。

2 要　　旨

　青色申告書を提出する法人は，各事業年度において欠損が生じた場合においては，その欠損金額をその欠損の生じた事業年度開始の日前1年以内に開始した事業年度の所得に繰り戻し，その事業年度の所得に対する法人税の全部又は一部の還付の請求をすることができる。この請求がされると，政府においてその請求の基礎となった欠損金額その他必要な事項について調査し，その請求が正当である場合には請求金額の還付をする。法人税額の還付をする場合には，一定の方法により計算した還付加算金がつけられる。

　なお，欠損金額の繰戻還付は，欠損の生じた事業年度開始の日前1年以内に開始した事業年度の法人税額を現実に納付せず，その全部又は一部が未納の場合でも適用があるから，その未納の有無にかかわらず還付請求をすることができるが，この場合には，還付すべき税額は現実に還付されず，その未納の法人税額に充当され，還付すべき税額に残額がある場合に限り現実に還付されるのである。

XI　繰越欠損金額の判決例等

　ここでは，まず，次の3つの事例について，その概要を整理し，かつ，評釈を行っている。
(1) 過年度における在庫の過大計上及び繰越欠損金額を納税者が是正したことを前提とする更正処分を行うべきかどうかについて争われた事例（平成元年4月27日長野地裁（棄却），平成3年1月24日東京高裁（棄却），平成3年9月27日最高裁（棄却））
(2) 合併後の合併存続法人の欠損金額を合併前の被合併法人の所得に繰り戻して法人税の還付を受けられるかどうかが争われた事例（平成13年10月4日大阪地裁（棄却），平成14年3月29日大阪高裁（棄却））

　　本件は，その被合併法人は，実質的には合併法人であって，その実質

的な点から被合併法人への繰戻しを認めるべきかどうかが争われた事案である。

(3) 特定外国子会社等（タックスヘイブン対策税制の対象となる会社）の欠損金額を内国法人の損金に算入することができるかどうかが争われた事例（平成16年2月10日松山地裁（認容・全部取消し），平成16年12月7日高松高裁（原審取消し・納税者敗訴），平成19年9月28日最高裁（上告棄却・納税者敗訴））

また，以上の他，紹介すべき事例あるいは参考となるべき事例として，次の3つの判決について，その概要を整理している。

(1) 地方自治体が創設した法定外税（神奈川県臨時特例企業税）の適法性及び有効性が争われた事例（平成20年3月19日横浜地裁（認容・取消し）・第二審係争中）

(2) 被合併法人の欠損金額を合併法人の課税所得の計算上，損金算入することができるかどうかについて争われた事例（行田電線事件）（昭和36年3月13日大阪地裁（棄却），昭和38年12月10日大阪高裁（棄却），昭和43年5月2日最高裁（棄却））

　一般論としては，認められないものとし，特別の措置として租税特別措置法において設けられてはじめて認められるものとした。

(3) 逆合併の場合に合併法人たる赤字会社の欠損金額の繰越控除が認められるかどうかが争われた事例（平成2年1月25日広島地裁（一部認容））

欠損金の繰越し制度等の理論と実務

青色申告と繰越欠損金
(粉飾決算を含む)

税理士　原　一郎

I　欠損金の繰越控除

1　青色申告書を提出した事業年度の欠損金の繰越し

　確定申告書を提出する法人の各事業年度開始の日前7年以内に開始した事業年度において生じた欠損金額がある場合には，その欠損金額は，その各事業年度の所得の金額の計算上，損金算入される (法57①)。なお，この損金算入の規定は，その法人が欠損金額の生じた事業年度について青色申告書である確定申告書を提出し，かつ，その後の事業年度について連続して確定申告書を提出している場合に限り，適用される (同条⑪)。すなわち，その欠損金額が生じた事業年度については青色申告書である確定申告書の提出を要するが，その後の事業年度について連続して提出すべき確定申告書については，青色申告書であるか白色申告書であるかは問わないということである。確定申告書の提出については，連続して提出することが要件とされているので，無申告の事業年度があれば，その後の事業年度においては，この欠損金額の繰越控除は認められないことになる。

　　(注)　この確定申告書には，その申告書に係る期限後申告書を含むものであり (法2ⅩⅩⅩⅠ)，また，仮決算をした場合の中間申告書を提出する場合に

は，「確定申告書」とあるのは「中間申告書」として適用される（法72③）。

(1) 対象となる欠損金額

繰越控除の対象となる欠損金額は，各事業年度開始の日前7年以内に開始した事業年度において生じた欠損金額であるが，その発生後前期までの各事業年度の所得の金額の計算上，この規定により損金算入されたもの及び欠損金の繰戻しによる還付（法80）の計算の基礎となったものは除かれる（法57①）。これは重複適用を排除するということであり，当然である。

他方，各事業年度開始の日前7年以内に開始した事業年度において生じた欠損金額であれば，法人が資本金等の額又は利益積立金額を取り崩して補てんし，法人の貸借対照表上は繰越欠損金として表示されていない場合であっても，税務上は，その補てん処理された欠損金額の繰越控除が認められる。

> （注）　現行法人税法は，資本金等の額及び利益積立金額の意義について，政令において具体的に細かく規定しているが，欠損金額の補てんに充てた金額を減算項目とする旨の定めはなく，資本金等の額による補てんはないものとしている（法令8，9）。

なお，ここで重要なことは，その欠損金額が発生年度の翌期以降の所得金額の計算上，順次繰り越して控除することができるものとして，納税申告書の提出又は更正（決定）の処分により確認されていることを要する点である。したがって，たとえば，欠損金額の発生が粉飾決算により黒字の所得金額に仮装されているような場合には，減額更正処分により欠損金額の存在が確定しないと，この繰越控除の対象にはなり得ない。

(2) 繰越控除の限度額

次に，繰越控除される欠損金額は，その欠損金額につき，この繰越控除を適用する前の当該事業年度の所得金額を限度とする（法57①ただし書）。

たとえば，対象となる繰越欠損金額は120万円であっても，繰越控除前の当期の所得金額が100万円である場合には，繰越欠損金額20万円は翌期に繰り越される。これは，もし120万円全額を当期に損金算入すると，20万円は当期発生の新しい欠損金額として，さらに7年間の繰越控除が可能に

なるところから，そのような状態を生じさせないための対応策としての限度額設定である。

また，当該事業年度に繰り越された欠損金額が2以上の事業年度において生じたものからなる場合には，そのうち最も古い事業年度において生じた欠損金額から順次繰越控除（損金算入）を行うことになる（法基通12-1-1）。これは，繰越期間が7年間に制限されているので，当然のことであるが，最も古い事業年度の欠損金額の繰越控除を行った後に，その次に古い事業年度の欠損金額の繰越控除を行うような場合には，損金算入の限度額となる上述の当該事業年度の所得の金額は，最も古い事業年度の欠損金額の損金算入額を控除した後の金額になる（法57①ただし書のかっこ書）。

(3) **申告要件**

申告要件については，前述のように，欠損金額の生じた事業年度について青色申告書である確定申告書を提出し，かつ，その後において連続して確定申告書を提出している場合に限り，適用することとされている（法57⑪）。

たとえば，受取配当等の益金不算入の適用については「確定申告書に益金の額に算入されない配当等の額及びその計算に関する明細の記載がある場合に限り，適用する。この場合において，これらの規定により益金の額に算入されない金額は，当該金額として記載された金額を限度とする。」（法23⑥）と規定されているが，そのような規定にはなっていないので，明細の記載は損金算入の効力要件ではないし，申告書の記載額が限度になるわけではない。繰越控除できる金額が申告後に増加することが明らかになれば申告時の金額を超える繰越控除ができることになる。

2　被合併法人等の未処理欠損金額の引継ぎ

(1) **適格合併等に係る被合併法人等の未処理欠損金額の引継ぎ**

適格合併等（適格合併又は合併類似適格分割型分割をいう。）が行われた場合において，その被合併法人等（被合併法人又は分割法人をいう。）の当該適格合併等の日前7年内事業年度において生じた未処理欠損金額があるときは，そ

の未処理欠損金額は，合併法人等（合併法人又は分割承継法人をいう。）の合併等事業年度（その適格合併等の日の属する事業年度をいう。）前の各事業年度において生じた欠損金額とみなして，合併法人等の合併等事業年度以後の各事業年度において繰越控除される（法57②）。

なお，合併類似適格分割型分割に係る分割法人においては，当然のことながら，以後，その欠損金額はないものとされ（法57④），欠損金額の繰越控除はできない。

(2) **未処理欠損金額の引継ぎに係る制限**

適格合併等に係る被合併法人等と合併法人等との間に，特定資本関係があり，かつ，その特定資本関係が合併法人等の合併等事業年度開始の日の5年前の日以後に生じている場合において，その適格合併等が共同で事業を営むためのものに該当しないときは，次の①及び②の欠損金額は，(1)の被合併法人等の未処理欠損金額には含まれないことになる（法57③）。

① 被合併法人等の特定資本関係事業年度前の各事業年度において生じた欠損金額

② 被合併法人等の特定資本関係事業年度以後の各事業年度において生じた未欠損金額のうち，特定資産譲渡等損失額相当額から成る部分の金額

3 合併法人等の繰越欠損金額に係る制限

これは，合併法人等が欠損金額を有し，被合併法人等が含み益のある資産を有している場合について，合併法人等の繰越欠損金についても制限を設けるものである。

すなわち，法人と特定資本関係法人との間で当該法人を合併法人等（合併法人，分割承継法人又は被現物出資法人をいう。）とする適格合併等（適格合併，適格分割又は適格現物出資をいう。）が行われ，かつ，その特定資本関係法人との特定資本関係が当該法人の合併等事業年度開始の日の5年前の日以後に生じている場合において，その適格合併等が共同事業を営むためのものに該当しないときは，当該法人の次の①及び②の欠損金額は，合併等事業年度以後

の各事業年度においては，ないものとされる（法57⑤）。
① 当該法人の特定資本関係事業年度前の各事業年度において生じた繰越青色欠損金額
② 当該法人の特定資本関係事業年度以後の各事業年度において生じた繰越青色欠損金額のうち特定資産譲渡等損失額相当額から成る部分の金額

4　連結欠損金個別帰属額の単体納税における欠損金額へのみなし規定

(1)　連結法人が分割型分割を行った場合

　連結法人が連結親法人事業年度（法15の2①）の中途において自己を分割法人とする分割型分割を行った場合には，その分割型分割の日の前日の属する事業年度開始の日前7年以内に開始した各連結事業年度において生じたその連結法人の連結欠損金個別帰属額は，その連結欠損金個別帰属額が生じた連結事業年度開始の日の属するその連結法人の事業年度において生じた単体納税における欠損金額とみなして，繰越控除が適用される（法57⑥）。

(2)　連結法人が連結納税の承認を取り消された場合等

　連結法人が連結納税の承認を取り消されたものとみなされた場合（法4の5②）又は取りやめの承認を受けた場合（法4の5③）には，その連結納税の承認に係る最終の連結事業年度終了の日の翌日の属する事業年度開始の日前7年以内に開始した各連結事業年度において生じたその法人の連結欠損金個別帰属額は，その連結欠損金個別帰属額が生じた連結事業年度開始の日の属する連結法人であった法人の事業年度において生じた単体納税における欠損金額とみなして，繰越控除が適用される（法57⑥）。

(3)　連結法人が適格合併等の被合併法人等である場合

　適格合併に係る被合併法人が連結法人（連結子法人にあっては，連結事業年度終了の日の翌日に適格合併を行うものに限る。）である場合又は合併類似適格分割型分割に係る分割法人が連結法人（連結事業年度終了の日の翌日に合併類似適格分割型分割を行うものに限る。）である場合には，その被合併法人等となる

連結法人のその適格合併等の日前7年以内に開始した各連結事業年度において生じた連結欠損金個別帰属額を前7年内事業年度において生じた欠損金額と、連結確定申告書を青色申告書である確定申告書と、連結欠損金個別帰属額が生じた連結事業年度を被合併法人等となる連結法人の事業年度とみなして、欠損金額の引継ぎの規定（法57②）及び引継ぎに係る制限の規定（法57③）が適用される（法57⑦）。

この場合、被合併法人等となる連結法人に連結納税開始前の単体納税における欠損金額があるときは、その欠損金額は連結開始の際に切り捨てられているところから、この適格合併等の場合にも引き継ぐことはできない（法57⑧）。

5　連結法人の単体納税における欠損金額の切捨ての規定

(1)　連結法人が分割型分割を行った場合

連結法人が連結親法人事業年度の中途において自己を分割法人とする分割型分割を行った場合の分割型分割の日の前日の属する事業年度以後の各事業年度については、分割型分割の日の前日の属する事業年度前の各事業年度において生じた欠損金額はないものとされる。ただし、連結親法人又は最初連結親法人事業年度開始の日の5年前の日から連結開始の日までの間に行われた株式移転に係る株式移転完全子法人であった連結子法人（法81の9②Ⅱ）が、最初連結親法人事業年度の中途において行う分割型分割及び連結申請特例年度（法4の3⑥）開始の日の翌日から連結納税の承認（法4の2）を受ける日の前日までに行う分割型分割は除かれている（法57⑨Ⅰ）。

(2)　連結子法人を被合併法人とする合併を行った場合

連結子法人が最初連結親法人事業年度の中途において自己を被合併法人とする合併（連結完全支配関係がある他の連結法人を合併法人とするものに限る。）を行った場合のその合併の日の前日の属する事業年度については、当該事業年度前の各事業年度において生じた欠損金額はないものとされる。ただし、上記(1)の連結子法人が行う合併については、(1)と同様に除かれる（法57⑨Ⅱ）。

(3) 連結法人が連結納税の承認を取り消された場合等

連結法人が最初連結事業年度終了の日後に連結納税の承認を取り消された場合（法4の5①，②）又は取りやめの承認を受けた場合（法4の5③）の最終の連結事業年度後の各事業年度については，当該連結事業年度前の各事業年度において生じた欠損金額はないものとされる（法57⑨Ⅲ）。

6 適格合併等に係る合併法人等である連結子法人が連結グループから離脱しない場合の欠損金額の引継ぎ制限等

連結子法人が連結法人単体事業年度において，次の①又は②に該当する場合には，その被合併法人等又は合併法人等の欠損金額は，次のように取り扱われる（法57⑩）。

① 連結子法人を合併法人等とし，その連結子法人との間に連結完全支配関係がない法人（非支配法人）を被合併法人等とする適格合併等を行った場合には，その被合併法人等の未処理欠損金額については，合併法人等への引継ぎの規定（法57②，③）は適用しない。

② 連結子法人を合併法人等とし，非支配法人を被合併法人等とするみなし共同事業要件を満たさない適格合併等を行った場合には，その合併法人等である連結子法人の欠損金額については，合併法人等の欠損金額の切捨ての規定（法57⑤）は適用しない。

これは，合併等対価の柔軟化に伴い，いわゆる適格三角合併等が行われた場合の欠損金の引継ぎ制限等が整備されたものである。

Ⅱ 欠損金の繰戻還付

1 欠損金の繰戻しによる還付

法人の青色申告書である確定申告書を提出する事業年度において生じた欠損金額がある場合には，その法人は，その欠損金額をその欠損金額の生じた

事業年度（欠損事業年度）開始の日前1年以内に開始したいずれかの事業年度（還付所得事業年度）の所得金額に繰り戻して，その還付所得事業年度の所得に対する法人税額の全部又は一部の還付を請求することができる（法80①）。

　この還付の請求をする場合には，その還付を受けようとする法人税の額，その計算の基礎等の所定の事項を記載した還付請求書を納税地の所轄税務署長に提出することが必要である（同条⑤）。還付請求書の提出があった場合には，税務署長は，その請求の基礎となった欠損金額その他必要な事項について調査し，その請求が正当である場合には，その請求金額を限度として法人税を還付することになるが，その還付金については，所定の還付加算金が加算される（同条⑥，⑦）。

　なお，この欠損金の繰戻しによる還付制度については，現在，平成22年3月31日までの間に終了する各事業年度において生じた欠損金額には適用しないこととする停止措置が講じられている（措法66の13）。

(1) 還付所得事業年度

　欠損金額を繰り戻すことができる対象の還付所得事業年度は，欠損事業年度開始の日前1年以内に開始した事業年度に限定されている（法80①）。したがって，事業年度の期間が1年の場合には，直前期だけということになるが，その期間が1年に満たない事業年度があれば，複数の事業年度になる。その場合，いずれの事業年度に繰戻しを行うかは法人の任意である。

　なお，合併法人について生じた欠損金額を被合併法人の事業年度に繰戻しをすることはできないし，また，適格合併により被合併法人から引き継ぐ未処理欠損金額についても，合併事業年度開始の日以後に開始した被合併法人の事業年度において生じたものは，合併事業年度の前事業年度において生じた欠損金額とみなされるので（法57②），合併法人の合併事業年度の欠損金額とならない。

　また，連結納税制度の導入に伴い，単体納税における欠損金の繰戻還付制度の還付所得事業年度から，次の事業年度が除かれることになった（法80

①)。
① 内国法人の連結事業年度前の各事業年度
② 連結法人である内国法人が自己を分割法人とする分割型分割（連結親法人事業年度（法15の2①）開始の日に行うものを除く。）を行った場合のその分割の日の前日の属する事業年度前の各事業年度
③ 連結子法人である内国法人が自己を被合併法人とする合併（その内国法人との間に連結完全支配関係がある連結法人が合併法人となる合併で，その内国法人の最初の連結事業年度開始の日の翌日からその終了の日までの間に行うものに限る。）を行った場合のその合併の日の前日の属する事業年度前の各事業年度

この①については，単体納税における欠損金額を連結法人税に繰り戻すことはできないだけでなく，連結事業年度前の単体法人税に繰り戻すこともできないということであり，②は，連結法人の分割前事業年度の欠損金額は分割の日の属する連結事業年度において損金算入されることから（法81の9③），この繰戻還付との重複適用を排除するというものであり，③も同様の趣旨であると，解説されている（「改正税法のすべて」（平成14年版）369頁）。

(2) 還付請求金額の計算

欠損金の繰戻しにより法人税額の還付請求をすることができる金額は還付所得事業年度の所得に対する法人税額をその所得金額と繰り戻す欠損金額との割合で按分計算した金額である（法80①）。

$$還付所得事業年度の法人税額 \times \frac{還付所得事業年度に繰り戻す欠損金額}{還付所得事業年度の所得金額} = 還付請求金額$$

① 「還付所得事業年度の法人税額」については，利子税や過少申告加算税等の附帯税の額は除かれるが，所得税額控除・外国税額控除・仮装経理に基づく過大申告の場合の更正に伴う法人税額の控除（法68〜70の2）により控除された金額がある場合には，その金額を加算した金額とされる。すなわち，これらの税額控除前の法人税額を基礎として計算する。

(注) 欠損金の繰戻しにより既往の外国法人税の全部又は一部が還付された場合には，その外国法人税の額につき減額があったものとして外国税額控除についても所要の計算を行うことになる（法基通16-3-20）。

なお，使途秘匿金の支出がある場合の特別課税（措法62），土地の譲渡等がある場合の特別税率（措法62の3）及び短期所有の土地の譲渡等がある場合の特別税率（措法63）の規定により加算された税額は，控除されるので（措令38⑤，38の4⑷3，38の5⑵6），欠損金の繰戻しの対象にはならない。

(注) 土地の譲渡等がある場合の特別税率及び短期所有土地の譲渡等がある場合の特別税率は，平成25年12月31日までにした土地の譲渡等について適用が停止されている（措法62の3⑬，63⑦）。

② 「還付所得事業年度に繰り戻す欠損金額」は，欠損事業年度の欠損金額であるが，他の還付所得事業年度の法人税額につき還付を受ける金額の計算の基礎とするものを除く（法80①）とともに，還付所得事業年度の所得金額の範囲内に止められる。

③ また，すでに，その還付所得事業年度の法人税につき欠損金の繰戻しによる還付があったときは，その還付所得事業年度の法人税額については還付された金額を控除した金額を用いることになり，所得金額については繰り戻された欠損金額を控除した金額を用いることになる（法80②）。

(3) **還付請求手続き等**

この還付請求は，法人が還付所得事業年度から欠損事業年度の前事業年度までの各事業年度について連続して青色申告書である確定申告書を提出している場合であって，欠損事業年度の青色申告書である確定申告書をその提出期限までに提出し，その確定申告書の提出と同時に行わなければならない。ただし，税務署長においてやむを得ない事情があると認める場合には，提出期限後の確定申告書の提出と同時に行った還付請求についても適用が認められる（法80①，③）。

また，確定申告書は期限内に提出されたが，還付請求書を期限後に提出し

た場合についても，それが錯誤に基づくものである等期限後の提出について税務署長が真にやむを得ない理由があると認められるときは，その還付請求を認めることとされている（法基通 17-2-2）。

そして，税務署長は，還付請求書の提出があった場合には，その請求の基礎となった事項について調査し，その請求に係る金額を限度として法人税を還付する（法80⑥）。

具体的には，還付金額は，その金額の算定を行う時において確定している還付所得事業年度の所得金額及び法人税額並びに欠損事業年度の欠損金額を基礎として計算するのであるが，その算定の時に確定している欠損金額が請求にかかる還付金額の計算の基礎として法人が還付請求書に記載した欠損金額を超える場合には，その記載した金額を基礎として計算するということである（法基通17-2-1）。したがって，還付所得事業年度の所得金額や法人税額の計算の差異により，法人が還付請求した金額よりも算定された還付金額の方が多くなる場合には，その増加分も還付されることになる（武田昌輔編著「コンメンタール法人税法」第4巻4658頁）。

(4) **解散等の事実が生じた場合の還付請求の特例**

法人について，次の事実が生じた場合（法人の連結事業年度において生じた場合を除く。）において，その事実が生じた日前1年以内に終了した事業年度又はその事実の生じた日の属する事業年度において生じた欠損金額（欠損金の繰越し（法57）により損金算入されたものを除く。）があるときは，その事実が生じた日以後1年以内に，欠損金の繰戻しによる法人税額の還付請求をすることができる。ただし，還付所得事業年度から欠損事業年度までの各事業年度について，連続して青色申告書である確定申告書を提出していることが必要である（法80④，法令154の3）。

① 解散（適格合併による解散及び合併類似適格分割型分割後の解散を除く。）
② 事業の全部の譲渡
③ 会社更生法又は金融機関等の更生手続の特例等に関する法律の規定による更生手続の開始

④　事業の全部の相当期間の休止又は重要部分の譲渡で，これらの事実が生じたことにより青色申告書を提出した事業年度の欠損金の繰越し（法57①）の規定の適用を受けることが困難となると認められるもの
　⑤　民事再生法の規定による再生手続開始の決定
　まず，これらの事実が法人の連結事業年度において生じた場合の除外である。連結納税の開始又は連結納税への加入に伴い，単体納税における欠損金額は切り捨てられることになるが，連結事業年度において，この特例の対象となる事実が生じた場合に，その欠損金について繰戻還付を認めると，切り捨てられた欠損金額が使用されることなどから，この特例の対象となる事実が連結事業年度において生じた場合には，この特例を適用しないこととした，というものである（「改正税法のすべて」（平成14年版）369頁）。
　また，①の解散から適格合併等による解散が除かれているのは，被合併法人又は分割法人の未処理欠損金額が合併法人又は分割承継法人に引き継がれること（法57②）によるものである。

2　中小企業者等以外の法人の欠損金の繰戻しによる還付の不適用

　この欠損金の繰戻しによる還付は，次に掲げる法人以外の法人の平成4年4月1日から平成22年3月31日までの間に終了する事業年度において生じた欠損金額については適用されない。すなわち，欠損金の繰越控除のみということになる。
　ただし，前述1の(4)の解散等の事実が生じた場合の還付請求の特例（法80④）に該当する場合の特例対象の事業年度の欠損金額については，繰戻しによる還付を認めることとしている（措法66の13①）。これは，欠損金の繰越控除が困難であることに配慮したものとされている。
　①　普通法人のうち，当該事業年度終了の時において資本金の額若しくは出資金の額が1億円以下であるもの又は資本若しくは出資を有しないもの（保険業法に規定する相互会社及び外国相互会社を除く。）
　②　公益法人等又は協同組合等

③ 法人税法以外の法律によって公益法人等とみなされているもので政令で定めるもの（具体的には，地方自治法の認可地縁団体等が定められている。）
④ 人格のない社団等

Ⅲ 欠損金と粉飾決算

1 粉飾決算による過大申告に対する税制上の措置

欠損金については，いわゆる粉飾決算が行われたことにより，その事実が会社計算上及び税務計算上も表に現われずに隠されている場合がある。たとえば，ある事業年度において真実の姿は欠損金額1億円のところ，粉飾決算により架空利益を計上し，税務上も所得金額3,000万円，税額900万円で申告納付したというような場合である。

このような場合には，まず，過大申告により納付した過誤納税額の取扱いが問題となるが，納付した税額が過誤納税額であるとするためには，法人が申告した所得金額について税務署長による減額更正の処分が行われることが必要である。

そこで，このような粉飾決算による過大申告に対処する税制上の措置として，次のような特例制度が設けられている。

(1) 更正に関する特例

法人がその後の事業年度の確定決算において修正の経理をし，かつ，その修正経理をした事業年度の確定申告書を提出するまでの間は，税務署長は更正をしないことができる（法129②，③）。

(2) 更正に伴う法人税額の控除

更正が行われた場合の仮装経理法人税額（過大申告により納付された法人税額のうち，その更正により減少する部分の金額で仮装経理した金額に係るもの）は，(3)の還付の特例により還付される金額を除き，その更正の日以後に終了する各事業年度の法人税額から順次控除される（法70）。

(3) 更正に伴う法人税額の還付の特例

① まず，更正事業年度（その更正の日の属する事業年度）開始の日前1年以内に開始する事業年度の確定法人税額があるときは，税務署長は，仮装経理法人税額のうち，その確定法人税額に達するまでの金額を還付する（法134の2②）。

② 更正事業年度開始の日から5年を経過する日の属する事業年度の確定申告の提出期限が到来した場合には，税務署長は，還付及び控除しきれなかった未済額を還付する。ただし，それまでの間に，解散・連結納税の承認又は承認の取消しの事実が生じた場合には，その時において還付及び控除の未済額を還付する（法134の2③）。

③ また，それまでの間に，会社更生法の更生手続開始決定等の事実が生じた場合には，法人は，その事実が生じた日以後1年以内に所轄税務署長に対し，還付及び控除の未済額の還付を請求することができる（法134の2④）。

　これらの制度のうち(2)及び(3)は，粉飾決算による過大申告に係る納付税額をどのように取り扱うかという問題であって，欠損金額の取扱いとは直接的に結びつくものではないので省略し，以下，(1)の更正に関する特例に関する問題を取り上げることとする。

2　仮装経理に基づく過大申告に係る更正の特例

　内国法人の提出した確定申告書に記載された各事業年度の所得の金額が，その事業年度の課税標準とされるべき正当な所得の金額を超えている場合において，その超える金額のうちに事実を仮装して経理したところに基づくものがあるときは，税務署長は，その事業年度の所得に対する法人税につき，その仮装経理をした内国法人が，その後の事業年度において，その事実に係る修正の経理をし，かつ，その決算に基づく修正経理をした事業年度の確定申告書を提出するまでの間は，更正をしないことができることとされている。これは，連結納税において連結確定申告書が提出された場合についても同様

である（法129②）。なお，対象法人は，内国法人に限られ，外国法人には適用されない。

(1) 仮装経理とその修正経理

これは法人が行った経理の問題であるから，「仮装経理」はすべて確定した決算に基礎を置いて考えられており，対象範囲はもっぱら決算事項に限られており，申告調整事項は対象外である。そして，事実の仮装であるから，たとえば，架空売上の計上，仕入れの計上洩れ，経費の計上洩れ等の外部取引が対象となり，減価償却資産の償却不足や引当金の繰入不足，準備金の積立不足のような内部取引は該当しないものと考えられている。

また，「修正経理」については，過去の粉飾年度に遡って修正することはできないから修正年度の損益に計上せざるを得ないが，当年度の営業活動に属するものではないので，損益計算書の特別損益の項目において，「前期損益修正損」等と計上して仮装経理の結果を修正し，その修正した事実を明示すべきものとされている（平成元.6.29大阪地裁）。

なお，当然のことながら，修正経理に係る前期損益修正損の額は，税務署長の減額更正により，仮装経理をした事業年度の損金になるものであり，修正経理をした事業年度の損金にはなり得ない。

(2) 更正を留保する対象の範囲

減額更正の対象となるのは，仮装経理に基づく確定申告書の提出があった事業年度の過大な所得金額ということであるが，その過大所得金額の一部のみが仮装経理に基づくものである場合には，どうなるかという問題がある。

更正に伴う法人税額の還付の特例（法134の2）及び法人税額の控除の特例（法70）から類推して，減額更正をしないことができるのは仮装経理に基づく過大部分のみであり，仮装経理に基づかない過大部分については減額更正が行われるべきものと考えることができよう（武田昌輔・後藤喜一編著「会社税務釈義」第8巻4880頁）。

しかし，税法は「当該事業年度の所得に対する法人税につき」，「更正をしないことができる」と規定し，特に仮装経理に基づく部分に限定していない

以上，仮装経理に係る減額すべき金額は更正の対象とせず，その他の増額部分の所得についてのみ更正の対象とすることは法の予定するところではなく，仮装経理の部分を除いて更正を行うことは許されないとし，また，更正がその時点における当該事業年度の客観的な所得金額を確認する処分という行政行為であることからしても，そのように解さざるを得ないとする考え方もある（大淵博義「最近における法人税関係主要判決の紹介(9)（国税速報第4598号（平成5.10.14）19頁）。

　仮装経理に基づくもの以外の部分の更正といっても，それがいわゆる減額更正の場合と増額更正の場合とでは異なるべきと考えるのかどうかという問題のようでもあり，検討を要する。

　また，税法は，規定上，過大所得の申告だけを取り上げているとことから，仮装経理に基づくものであっても，それが欠損金額の過少申告である場合には，どうなるかという問題がある。

　これも，単なる過少な欠損金額を増額するに過ぎないときは，規定どおり更正の特例の対象とせず，欠損金額を増額する更正を留保しないと解すべきであろう（前掲「会社税務釈義」第8巻4880頁）。

(3) 更正を留保しない場合

　この更正に関する特例は，税務署長は更正をしないことができると定めているのであって，絶対に更正をしないと定めているのではない。その趣旨は，仮装経理をした法人による修正経理及びそれに基づく確定申告書の提出がなくても，課税上弊害のある場合その他特別な事情がある場合には，税務署長は更正を行うこととし，そのような事情がない場合には，法人の修正経理及び確定申告書の提出があるまでは更正をしないということである。そして，その法人の修正経理等を待つまでもなく更正を行う場合とは，次のような場合であると考えられている（前掲「会社税務釈義」第8巻4881頁）。

① 欠損金の繰越期間が満了することとなるため，仮装経理により繰越期間の実質的な延長を図ろうとしている場合

　　たとえば，繰越期間内である当期において，架空売上による利益を計

上するとともに欠損金の繰越控除を行い，その架空売上分は翌期以降に損金算入することにより実質的に欠損金の繰越期間の延長が図られているような場合には，法人の修正経理等がなくても，その架空売上分の減額更正を行う（当然，翌期以降の損金算入も否認）ということである。

② 前期否認額について仮装経理に基づく過大申告の行われた当期において損金算入の認容をする場合

たとえば，仮装経理が行われた年度の直前年度の売上計上洩れの税務否認金について，その翌年度（仮装経理が行われた年度）に損金算入の認容をする必要がある場合には，その仮装経理についての修正経理等を待つことなく減額更正を行うということである。

これについては，(イ)仮装経理が行われた年度であっても，仮装経理以外の部分についての更正は留保されていないと考えられるから，前期否認金の当期認容の減額更正は特別な扱いではないが，さらに修正経理等が行われていない仮装経理部分についても減額更正するところが特別の扱いであるというのか，あるいは，(ロ)仮装経理が行われた年度について更正をすることになれば，修正経理等が行われていなくても，仮装経理部分も含めて更正せざるを得ないが，それでも敢えて更正に踏み切るところが特別の扱いであるというのか，前述(2)の問題にも関連しているので，併せてその考え方の整理が必要である。

(4) **過大申告について更正の請求をする場合**

このような更正の特例があるので，更正の請求をするためには，仮装経理を行った事業年度の翌事業年度の確定決算において修正の経理をして，かつ，修正の経理をした事業年度の確定申告書を提出するとともに，仮装経理に基づく過大申告をした事業年度分の確定申告書の法定申告期限から1年以内に行うことが必要となる（国通法23①）。

3　減額更正と欠損金の繰越控除の関係

仮装経理に基づく過大申告に対する更正は，上述のように法人の修正経理

等があった後に行われることになるので，一般的に，かなり遅くならざるを得ないことになり，場合によっては，更正の期間制限（除斥期間の徒過）により，減額更正を受けられないこともあり得る。

(1) 法人税に係る純損失等の金額についての更正の期間制限

国税通則法は，法人税に係る純損失等の金額のうち当該課税期間において生じたものについては，これを増加させる更正（欠損金額を増加させる更正）又はこれを減少させる更正（欠損金額を減少させる更正）のいずれについても，その期間制限は法定申告期限から7年とされている（国通法70②Ⅱ，Ⅲ）。

> （注） 法人税に係る純損失等の金額とは，法人税法に規定する欠損金額又は連結欠損金額で，その事業年度又はその連結事業年度以前において生じたもの（被合併法人等の未処理欠損金額の引継ぎの規定（法57, 58, 81の9）により欠損金額又は連結欠損金額とみなされたものを含む。）のうち，翌事業年度以後の事業年度分若しくは翌事業年度以後の連結事業年度分の所得の金額若しくは連結所得の金額の計算上順次繰り越して控除し，または，前事業年度以前の事業年度分若しくは前連結事業年度以前の連結事業年度分の所得若しくは連結所得に係る還付金の額の計算の基礎とすることができるものをいう（国通法2Ⅵハ2）。

なお，この法人税の純損失等の金額に係る期間制限については，平成16年度の税制改正において，法人税の欠損金の繰越期間が5年から7年に延長されたことに伴い，その期間制限を5年から7年に延長することとされたものである。改正の趣旨については，適正公平な課税を確保するためには，繰越期間内の欠損金額が正しいかどうかを過去に遡って検証し，誤りがあれば更正できるようにする必要があるためと，解説されており（「改正税法のすべて」（平成16年版）444頁），帳簿書類の保存期間も7年に延長された（法規8の3の10, 59, 67）。

(2) 繰越控除できる欠損金額の確定

この純損失等の金額は，「課税標準等」（国通法19①）として，納税申告書の記載事項であるから，欠損金の繰越控除については，まず，その発生年度について，申告又は更正により欠損金額の発生が確定しており，それがその

翌年度以降に順次繰り越されて所定の損金算入が行われるべきものとされている。

判決においても，過去の事業年度における欠損金額を繰越欠損金として当該控除年度の所得の金額の計算上，損金算入するためには，その過去の事業年度において所得の金額の計算上欠損金が認められる場合でなければならないとし，更正の期間制限により減額更正ができず，欠損金は生じなかったことに確定したものは，仮に主張するような欠損金が生じていたとしても，これを当該控除年度の所得の金額の計算上損金算入することはできないと判示されている（昭62.6.25新潟地裁，昭63.9.28東京高裁，平元.4.13最高裁）。

また，最近の裁決においても，上記の判決を拠り所として，過去の事業年度について，その後に欠損金額が生じていたことが判明した場合においては，更正によりその事業年度の欠損金額として確定できる部分に限り，その欠損金額を控除事業年度の所得の金額の計算上，損金算入できると解するのが相当であると判断している（平17.12.19裁決）（「裁決事例集」第70集249頁）。

欠損金の繰越し制度等の理論と実務

白色申告と災害欠損金

武田研究室・税理士 上松 公雄

まえがき

　欠損金の繰越控除については，青色申告書を提出していることが要件とされているが，いわゆる白色申告の場合であっても，欠損金額のうち災害損失によるものについては繰越控除が認められている。
　本章においては，この災害損失欠損金額の繰越控除の制度の内容，仕組みについて概観し，特殊な問題について検討することを目的としている。

I　制度の概要

　法人税の課税所得の計算上，欠損金の繰越控除（損金算入）が認められるのは，青色申告書を提出している場合に限定されているのであるが（法57），青色申告書を提出していない場合，つまり，白色申告の場合においても，各事業年度において生じた欠損金額のうち，震災，風水害，火災等の災害により，棚卸資産，固定資産又は固定資産に準ずる繰延資産について生じた損失の額（以下，災害損失欠損金額という。）は，課税所得の計算上，繰越控除する

ことが認められる (法58)。

なお，その損失について，保険金，損害賠償金により補てんされた金額は，災害損失欠損金額からは除かれることとされている。

この災害損失欠損金額の繰越期間は，青色申告書を提出している場合の欠損金の繰越控除の場合と同様に7年間とされる。また，当該制度は，災害損失欠損金額の生じた事業年度について損失の額の計算に関する明細を記載した確定申告書を提出し，かつ，その後において連続して確定申告書を提出している場合に限り適用される（法58⑥）。

また，災害損失の生じた事業年度が2以上ある場合には，最も古い事業年度に生じた災害損失から順次控除するものとされている（基通12-2-2）。

以下においては，制度の適用対象となる災害の種類や損失の内容について概観することとする。

1 災害損失の対象となる資産

災害損失欠損金額の繰越控除の適用対象となる災害損失欠損金額とは，次の各資産について生じた損失の額とされている。

(1) 棚卸資産

商品又は製品，原材料，製品，半製品，仕掛品その他棚卸をなすべき資産

(2) 固定資産

土地，地上権，借地権，有形減価償却資産（牛馬果樹等を含む。）及び無形減価償却資産

(注) 棚卸資産及び固定資産に関係する留意点としては，立竹木の資産区分の問題である。すなわち，立竹木のうち棚卸資産として経理したものは棚卸資産として取り扱われ，棚卸資産として経理していないものは固定資産として取り扱われることとなる。

なお，立竹木の経理については，その実態に則していることが必要であると考える。

(3) 固定資産に準ずる繰延資産

固定資産に準ずる繰延資産については、法人税法施行令第114条において、次のように規定されている。

> **（固定資産に準ずる繰延資産）**
> **第114条** 法第58条第1項（青色申告書を提出しなかった事業年度の災害による損失金の繰越し）に規定する政令で定める繰延資産は、第14条第1項第6号（繰延資産の範囲）に掲げる繰延資産のうち他の者の有する固定資産を利用するために支出されたものとする。

要するに、次に掲げる繰延資産のうち、他者の有する設備、構築物、その他の固定資産を利用するために支出したものが、これに該当する。

① 自己が便益を受ける公共的施設の設置又は改良のために支出する費用で支出の効果がその支出の日以後1年以上に及ぶもの

② 自己が便益を受ける共同的施設の設置又は改良のために支出する費用で支出の効果がその支出の日以後1年以上に及ぶもの

③ 資産を賃借し又は使用するために支出する権利金、立退料その他の費用で支出の効果がその支出の日以後1年以上に及ぶもの

④ 役務の提供を受けるために支出する権利金その他の費用でその支出の効果がその支出の日以後1年以上に及ぶもの

⑤ 製品等の広告宣伝の用に供する資産を贈与したことにより生ずる費用でその支出の効果がその支出の日以後1年以上に及ぶもの

⑥ ①から⑤までに掲げる費用のほか、自己が便益を受けるために支出する費用でその支出の効果がその支出の日以後1年以上に及ぶもの

したがって、企業会計上の繰延資産である、ア）創立費、イ）開業費、ウ）開発費、エ）株式交付費、オ）社債等発行費は、「固定資産に準ずる繰延資産」には含まれないことになる。

ところで、災害損失の対象となる資産の範囲について最も留意すべき点としては、固定資産として経理されている長期貸付金、投資有価証券、関

係会社株式等についてである。すなわち，長期貸付金，投資有価証券，関係会社株式等は，企業会計上は固定資産として経理されるが，税務上の固定資産は，法人税法第2条第22号及び法人税法施行令第12条において明確に定められており，長期貸付金，投資有価証券，関係会社株式等は，これに含まれておらず，税務上の固定資産には該当しないので，これらの資産は，災害損失の対象となる資産の範囲には含まれないこととなる。

したがって，たとえば，長期貸付金に係る債務者が災害により倒産等をしたため，当該長期貸付金が回収不能となった場合に生じる損失は，繰越控除の対象となる災害損失には該当しない。

(定義)

法人税法第2条 この法律において，次の各号に掲げる用語の意義は，当該各号に定めるところによる。

　二十二　固定資産　土地（土地の上に存する権利を含む。），減価償却資産，電話加入権その他の資産で政令で定めるものをいう。

(固定資産の範囲)

法人税法施行令第12条 法第2条第22号（固定資産の意義）に規定する政令で定める資産は，棚卸資産，有価証券及び繰延資産以外の資産のうち次に掲げるものとする。

　一　土地（土地の上に存する権利を含む。）
　二　次条各号に掲げる資産
　三　電話加入権
　四　前三号に掲げる資産に準ずるもの

(引用者注)「二　次条各号に掲げる資産」は減価償却資産である。

2　災害損失欠損金額

本制度の対象となる災害損失欠損金額は，各事業年度開始の日前7年以内に開始した事業年度において生じた欠損金額のうち，棚卸資産，固定資産又

は固定資産に準ずる繰延資産について生じた，次の①から③に掲げる損失の額の合計額に達するまでの金額とされる（法令116）。

① 災害により資産が滅失し若しくは損壊したこと，または，災害による価値の減少に伴い当該資産の帳簿価額を減額したことにより生じた損失の額

② ①の滅失，損壊又は価値の減少による当該資産の取壊し又は除去の費用その他の附随費用に係る損失の額

③ 災害により資産が損壊し，または，その価値が減少し，その他当該資産を事業の用に供することが困難となった場合において，その災害のやんだ日の翌日から1年を経過した日の前日までに当該資産の原状回復のために支出する修繕費，土砂その他の障害の除去に要する費用その他これらに類する費用（その損壊又は価値の減少を防止するために支出する費用を含む。）の額

これらの損失の額の内容について，さらに詳しく述べると，①の損失の額は，資産本体に発生した物理的，機能的な損失であると解される。

ところで，この①の損失の額について留意すべき点としては，第一に，当該被災した資産を売却した場合の譲渡損失は，災害損失の額に該当しないことである（旧昭35直法1-66「5」）。たとえば，固定資産の帳簿価額が1,000万円であるところ，当該資産が被災し，その後200万円で譲渡したという場合には，譲渡損失800万円が生じ，これは当年度の損失となるが，これは災害損失の額には含められないものとして取り扱われている。したがって，この譲渡損失については繰越控除ができないこととなる。

しかしながら，この場合の譲渡損失には，災害により発生した物理的，機能的な損失が相当程度含まれていることは明らかであり，その実質において，この場合の譲渡損失は，災害により発生した物理的，機能的な損失と異ならない場合が多いものと解される。換言すれば，災害により発生した物理的，機能的な損失が，当該被災した資産を譲渡によって譲渡損失として明確にされたというものであるから，譲渡損失であることをもって繰越控除を認めな

いとすることは適当でないものと考える。

　①の損失の額について留意すべき点の第二としては，災害損失の額は，災害の発生した事業年度又は災害のやんだ日を含む事業年度に計上しなければならない点である。つまり，その後の事業年度において災害損失の額を計上しても，これは災害損失の額に該当しないものとして取り扱われている（法基通 12-2-1）。

　これは，その後の事業年度に災害損失の額を計上した場合には，これが直接災害に原因するものか，その後発生した他の原因によるものか不明であることを理由とする。

　次に，②の損失の額は，災害により滅失し，損壊し，または，価値の減少した資産に係る取壊費用，その他の附随費用である。

　ここで，その他の附随費用については，災害地の整理費，消防費等固定資産の滅失又は損壊に直接原因して支出した費用が含まれ，反対に，類焼者に対する賠償金，怪我人への見舞金，被災者への弔慰金のように災害に伴い派生的に生ずるものは含まれないものと解される（旧昭 35 直法 1-66「8」）。

　なお，この②の損失の額の計上時期については，原則としては，①の損失の額の場合と同様に，災害の発生した事業年度又はそのやんだ日を含む事業年度とされるが，現実の問題としては，取壊し，災害跡の整理等は災害のやんだ後相当期間経過してから行われる点を考慮して，特に，災害のやんだ日の翌日から1年を経過した日の前日までに支出したものを当該支出の日の属する事業年度において損金経理をしたときは，これを認めることとされている（法基通 12-2-1）。

　ここで，「災害のやんだ日」とは，災害が引き続き発生する恐れがなく，災害復旧に着手できる状態に立ち至った日であると解される。ただ，この「災害のやんだ日」がいつであるかは国税通則法の申告期限の延長等に関する規定等の適用にも関係を有することから，災害が広汎な地域に，かつ，相当長期にわたったような場合には，その実情により国税局長又は税務署長が「災害のやんだ日」を統一的に判定することとされている。

③の損失の額は原状回復のための修繕費等である。すなわち，修繕費に限定されているので，資本的支出に該当する支出は災害損失の額には含まれない（旧昭35直法1-66「10」）。

なお，ここで，留意すべき点として，たとえば，被災資産について，その損壊部分を損失計上した場合又は価値の減少部分について評価損を計上した場合では，その損壊部分又は価値の減少部分を復旧したときの，その費用は，修繕費ではなく，資本的支出となるものとされている。したがって，この場合の損壊部分又は価値の減少部分の復旧に係る費用は，災害損失の額には該当しないこととなる。

また，上記①から③に関連する事項以外に，固定資産に準ずる繰延資産についての災害損失の計上に関して留意すべき点が存する。すなわち，繰延資産を資産に計上している法人が，その繰延資産の対象となった固定資産が損壊したため，その復旧費を支出した場合には，その費用が支出時の損金として認められるときは，その費用は復旧費として災害損失に該当するものとして取り扱われる（旧昭35直法1-66「11」）。

ここで，「その費用が支出の時の損金に認められるとき」との条件が附されているのは，災害により損壊した固定資産について，その所有者が復旧することとなっている契約の下において，利用者が自己の利用のために特に復旧費を支出したようなときは，その費用は繰延資産に該当し一時の損金にならないことがあり，このような支出は災害損失の額に該当しないので，これを除外する趣旨によるものと解される。

3　災害の範囲

制度の対象となる災害の範囲については，震災，風水害，火災の他に，法人税法施行令第115条において，冷害，雪害，干害，落雷，噴火その他の自然現象の異変による災害及び鉱害，火薬類の爆発その他の人為による異常な災害並びに害虫，害獣その他の生物による異常な災害が含まれるものとされている。

災害の範囲については，いわゆる人災も含められ，網羅されているものと解されるが，人為による災害及び生物による災害については，それが「異常な」ものに限定されている。ここで，その災害が「異常な」ものであるかどうかは，要するに，社会通念に照らして判断されるものとなるので，この点で難しい問題が生ずるものと思われる。

（災害の範囲）

第115条　法第58条第1項（青色申告書を提出しなかった事業年度の災害による損失金の繰越し）に規定する政令で定める災害は，冷害，雪害，干害，落雷，噴火その他の自然現象の異変による災害及び鉱害，火薬類の爆発その他の人為による異常な災害並びに害虫，害獣その他の生物による異常な災害とする。

4　繰越控除の対象となる損失の額

　本制度の対象となる災害損失欠損金額については，上記2で述べたとおりであるが，災害損失欠損金額と翌期以後に繰り越される額との関係及び本制度が適用される場合について確認する。すなわち，本制度においては，災害損失の額を計上する事業年度における欠損金額のうちの災害損失欠損金額について翌期以後への繰越しが認められるのであるが，災害損失の額を計上する事業年度における欠損金額が災害損失欠損金額よりも少ない場合には，その少ない方の欠損金額を限度として翌期に繰り越されることとなる。

　また，本制度の適用に際しては，災害損失の額を計上する事業年度に欠損金額が生じている場合を前提としているので，災害損失の額を計上する事業年度が欠損となっていない場合には，本制度の適用はないことになる。

　上述したところを計数に基づいて示せば，それぞれ次のとおりである。

(1)　欠損金額が災害損失欠損金額よりも大きい場合

　　例）災害損失欠損金額の他に，営業活動に係る損失が2,000ある場合等

　　　欠　損　金　額　10,000

　　　　災害損失欠損金額　8,000

　繰越額＝8,000（災害損失欠損金額の全額）

(2) 欠損金額が災害損失欠損金額よりも少ない場合

　例）災害損失欠損金額8,000が生じた一方で，営業活動に係る利益が3,000ある場合等

　　　欠　損　金　額　5,000

　　　災害損失欠損金額　8,000

　繰越額＝5,000（欠損金額5,000を限度とする）

(3) 災害損失欠損金額が生じたものの全体では欠損とならなかった場合

　例）災害損失欠損金額8,000が生じたが，営業活動に係る利益が10,000ある場合等

　　　所　得　金　額　2,000

　　　災害損失欠損金額　8,000

　本制度の適用なし＝繰越額はゼロ

5　損金算入の限度（第1項ただし書）

　本制度においては，白色申告の場合であっても，各事業年度開始の日前7年以内に開始した事業年度において生じた欠損金額のうち災害損失欠損金額があるときは，当該災害損失欠損金額に相当する金額は，当該各事業年度の所得金額の計算上，損金の額に算入するものとされる。

　ただし，この場合の控除される金額は，その繰越控除を行う事業年度の所得金額を限度とするものとされる（法58①ただし書）。

　これは，要するに，当該事業年度の所得金額を超えて損金算入を認めると，当該事業年度において新たに欠損金額が生ずることとなり，繰越控除に関する7年間の期間制限が意味をなさなくなることから，これを防止するものである。

Ⅱ　災害損失欠損金額の引継ぎ又は切捨て

1　被合併法人等の未処理災害損失欠損金額の引継ぎ

　適格合併等（適格合併又は合併類似適格分割型分割）が行われた場合において，当該適格合併等に係る被合併法人等（被合併法人又は分割法人）に未処理災害損失欠損金額があるときは，一定の要件の下で，当該適格合併等に係る合併法人等（合併法人又は分割承継法人）の当該合併等事業年度以後の各事業年度において，当該未処理災害損失欠損金額は，当該合併法人等の合併等事業年度前の各事業年度において生じた災害損失欠損金額とみなすこととされている（法58②）。

　すなわち，適格合併等に係る被合併法人等が有する未処理災害損失欠損金額については，一定の要件の下で，適格合併等に係る合併法人等に引き継ぐことが認められている。

2　合併類似適格分割型分割に係る分割法人の災害損失欠損金額

　合併類似適格分割型分割に係る分割法人の当該合併類似適格分割型分割事業年度以後の各事業年度においては，当該事業年度前において生じた災害損失欠損金額はないものとされる（法58③）。

　上記1で述べたとおり，法人税法第58条第2項により合併類似適格分割型分割を行う前の法人が有していた未処理災害損失欠損金額は，当該合併類似適格分割型分割によって分割承継法人によって引き継がれる。つまり，分割法人は未処理災害損失欠損金額を引き継がないのであるから，未処理災害損失欠損金額は当然に存しないこととなる。この点について確認的に明らかにされているのである。

3 連結納税の下で切り捨てられる単体納税における災害損失欠損金額

次の①から③に掲げる場合には，それぞれに掲げる事業年度における災害損失欠損金額の繰越控除の適用については，それぞれに掲げる災害損失欠損金額は，ないものとされる（法58④）。

① 連結法人である当該内国法人が自己を分割法人とする分割型分割を行った場合の当該分割前事業年度以後の各事業年度……その分割前事業年度前の各事業年度において生じた災害損失欠損金額

　この場合の分割型分割からは，次のイからハに掲げるものが除かれている。

　イ　連結親法人事業年度開始の日に行う分割型分割

　ロ　連結親法人又は株式移転に係る株式移転完全子法人であった連結子法人が最初の連結親法人事業年度開始の日の翌日からその終了の日までの間に行う分割型分割

　ハ　設立事業年度等の承認申請特例の適用を受けた連結申請特例年度開始の日の翌日から連結納税の承認を受ける日の前日までの間に行う分割型分割

② 連結子法人である当該内国法人が最初連結親法人事業年度において自己を被合併法人とする合併を行った場合の当該合併前事業年度……当該合併前事業年度前の各事業年度において生じた災害損失欠損金額

　なお，この場合の合併は，当該内国法人との間に連結完全支配関係がある他の連結法人を合併法人とするものに限られ，次のイ及びロに掲げるものは除かれる。

　イ　最初連結親法人事業年度の開始の日において行う合併

　ロ　株式移転に係る株式移転完全子法人であった連結子法人を被合併法人とする合併で最初連結親法人事業年度の開始の日の翌日からその終了の日の間に行う合併

③ 連結法人である当該内国法人が最初連結事業年度終了の日後に連結納

税の承認を取り消された場合又は連結納税適用の取りやめの承認を受けた場合の最終の連結事業年度後の各事業年度……当該連結事業年度前の各事業年度において生じた災害損失欠損金額

　これらの取扱いは，法人税法第57条第9項と同じ趣旨のものであり，要するに，単体納税における欠損金額は切り捨てられることが定められている。

　なお，この規定の趣旨について，「改正税法のすべて（平成14年版325頁）」においては，次のように述べられている。

　「連結納税の開始又は連結納税への加入に際し，単体納税の下で生じた欠損金額は連結納税の下で繰越控除することはできないこととされています。この場合に，その欠損金額は切り捨てられることとされていますが，法令上は，連結法人が分割を行ったことに基因して単体納税を行うこととなる場合など，連結納税後に単体納税を行うこととなる場合において，その切り捨てられるべき単体納税における欠損金額をないものとすると規定されています」

4　適格合併等に係る合併法人等である連結子法人が連結グループから離脱しない場合の災害損失欠損金額

　連結子法人である内国法人が，連結法人単体事業年度において自己を合併法人等（合併法人又は分割承継法人）とし，当該内国法人との間に連結完全支配関係がない法人（非支配法人）を被合併法人等（被合併法人及び分割法人）とする適格合併等（適格合併又は合併類似適格分割型分割）を行った場合には，その非支配法人の未処理災害損失欠損金額については，合併法人等に引き継ぐことはできないものとされている（法58⑤）。

　なお，この場合の非支配法人の範囲からは，連結欠損金額とみなされる災害損失欠損金額を有する法人で，当該連結子法人に係る連結親法人との間に完全支配関係がある法人は除かれる。つまり，当該連結子法人に係る連結親法人との間に完全支配関係がある法人が有する災害損失欠損金額については，当該適格合併等に際して合併法人等に引き継ぐことが認められることとなる。

この取扱いは，会社法における合併等対価の柔軟化に対応した措置であり，法人税法第57条第10項と同趣旨であるとされている。すなわち，会社法における合併等対価の柔軟化に対応して，法人税法においても，合併等対価として合併法人等の親法人株式が交付された場合にも適格合併等の要件を満たすこととされた。これにより，連結グループ外の法人を被合併法人とし，その連結子法人を合併法人とする適格合併を行った場合であっても，連結親法人との間で連結完全支配関係は解消せず，連結グループから離脱しないこととなるので，これに対応することとしたものである（コンメンタール法人税法3496（〜3500）頁，3465頁）。

Ⅲ　制度の沿革

　本制度は，昭和34年の伊勢湾台風による災害損失の発生に対する措置として創設されたものであるが，その後の改正内容など制度の沿革としては，次のとおりである。

昭和34年12月	制度創設 　災害損失に限り白色申告者についても5年間の繰越控除を認めることとされた。 　昭和34年伊勢湾台風による災害損失の繰越控除を認めることと意図していた。
昭和37年	損失の範囲の明確化 　復旧のための資本的支出が災害損失に含まれないことを明らかにした。
昭和39年	災害の範囲に「雪害」が追加された。
昭和40年	法人税法の全文改正に伴う改正
昭和43年	災害損失欠損金とその他の欠損金とがある場合の控除の順序について改正された。

平成 13 年	適格合併の場合の被合併法人における災害損失欠損金の引継ぎ規定の創設
平成 14 年	単体納税における災害損失欠損金の切捨規定の創設及び連結納税制度創設に伴う規定の整備
平成 15 年	連結法人の分割事業年度における災害損失欠損金の切捨規定の不適用の明確化
平成 16 年	繰越期間の延長
平成 19 年	合併等対価の柔軟化に伴う所要の規定の整備

Ⅳ 特殊問題

1 災害損失欠損金額を算定する場合の保険金等の控除

固定資産，棚卸資産又は固定資産に準ずる繰延資産について災害損失の額が生じた場合において，その災害損失の額の補てんのために保険金等（保険金，共済金，損害賠償金）を収入した場合には，災害損失欠損金額の計算に当っては，当該保険金等の額を控除するものとされている（法令116）。

ここで，保険金等の額を控除する場合に，保険金等の対象となった資産の損失額からその保険金等の額を控除する（紐付控除）か，その事業年度の災害損失の合計額から，その保険金等の合計額を控除する（総体控除）かの問題が存する（なお，両者において差異が生ずるのは，一部の資産につき保険差益が生ずる場合と解される）。

すなわち，計数を用いて問題点を示すと，次のとおりである。

災害損失額		保険金等の額	
棚卸資産	1,000 万円	棚卸資産に係るもの	1,200 万円
固定資産	3,000 万円	固定資産に係るもの	2,100 万円
合　　計	4,000 万円	合　　計	3,300 万円

① 紐付控除の場合の災害損失欠損金額……

　　　　棚卸資産　　　　　　　　固定資産
(1,000万円－1,200万円)(注)＋(3,000万円－2,100万円)＝900万円

（注）　棚卸資産に係る災害損失額は0となる。

② 総体控除の場合の災害損失欠損金額……

　　　災害損失の額　　　　　保険金等の額
(1,000万円＋3,000万円)－(1,200万円＋2,100万円)＝700万円

　この点については，税務の取扱い上，特に明らかにされていないが，保険金等は，その対象となる資産と個別的対応関係にある点を考慮すべきものと考える。すなわち，棚卸資産の災害損失の額から棚卸資産について収入した保険金等の額を，固定資産の災害損失の額から固定資産の保険金等の額をそれぞれ控除することが適当であると考える（なお，下記2の保険差益について圧縮記帳等をする場合の取扱いも紐付控除が前提となっているものと解される）。

2　保険差益について圧縮記帳等をする場合の災害損失欠損金額

　上述したとおり，その災害損失の額の補てんのために保険金等（保険金，共済金，損害賠償金）を収入した場合には，災害損失欠損金額の計算に当たっては，当該保険金等の額を控除するものとされているのであるが（法令116），保険金等を収入した場合には，これが損失額よりも多額であると，いわゆる保険差益が生ずる。保険差益は，本来，益金に算入されるが，一定の場合には保険差益について圧縮記帳をすることが認められる。すなわち，固定資産の滅失又は損壊により保険金等を収入した場合で，当該保険金等で代替資産の取得又は改良を行った場合には，その保険差益について圧縮記帳をすることが認められている（法47）。

　また，滅失した事業年度において代替資産を取得又は改良しない場合であっても，2年以内（あるいは所轄税務署長の指定日まで）に代替資産の取得又は改良をしようとする場合には，保険差益相当額を特別勘定に経理することが認められている（法48）。

このように，保険金等を収入することによって，その滅失又は損壊による損失が補てんされ，なおかつ，保険差益について圧縮記帳又は特別勘定経理をすることによって，この場合の災害損失及び保険金等の収入に関しては損益関係は生じない仕組みとなっている。

それゆえに，固定資産の滅失又は損壊した場合であっても，保険金等を収入し，保険差益の圧縮記帳又は特別勘定の経理を行った場合には，当該固定資産の滅失又は損壊による損失は，災害損失欠損金額の計算から除外されることとされている（旧昭35直法1-66「3」）。

3　欠損金額と災害損失欠損金額とがある場合の繰越控除

前7年以内の事業年度において青色申告書を提出した事業年度と白色申告書を提出した事業年度があり，かつ，青色申告書を提出した事業年度において欠損金額，そして，白色申告書を提出した事業年度において災害損失欠損金額がそれぞれ生じている場合において，これらの欠損金額の繰越控除をどのように行うかの問題が存する。

問題となる状況について，計数を用いて示すと，次のとおりである。

事業年度（青色・白色の別）	所得金額・欠損金額（災害損失欠損金額）
X1年　青色申告	△500万円
X2年　青色申告	△300万円
X3年　白色申告	△800万円（全額災害損失欠損金額）
X4年　白色申告	△100万円（全額営業活動に係る欠損金額）
X5年　青色申告	△300万円
X6年　青色申告	△200万円
X7年　青色申告	△100万円
X8年　青色申告	600万円（欠損金控除前）
X9年　青色申告	800万円（欠損金控除前）

この場合に，X8年及びX9年の課税所得の計算上，欠損金額及び災害損

失欠損金額の控除が，どのようになるかという問題である。

この控除については，昭和43年度改正前においては，まず，災害損失欠損金額を控除して，その後，青色申告に係る欠損金額を控除するものとされていたが，昭和43年度の改正においては，災害損失欠損金額と青色申告に係る欠損金額とを問わず，古い事業年度において発生したものから順次控除していくこととされた。

昭和43年度改正前による控除方法と改正後の控除方法との違いを上記の計数に基づいて示すと次のとおりとなる。なお，次に示す例においては，欠損金額及び災害損失欠損金額の繰越期間はいずれも7年間としている（昭和43年当時は，実際には5年間）。

(1) 改正前の控除方法（災害損失欠損金額を先に損金算入する）

事業年度	所得金額	損金算入額	課税所得金額
X8年	600万円	600万円……X3年分の一部	0
X9年	800万円	200万円……X3年分の残余 300万円……X2年分 300万円……X5年分	0

（注） X1年の青色申告欠損金額500万円はX8年で打切りとなる。

X4年の白色欠損金額100万円は災害損失欠損金額ではないので繰越控除の対象とならない。

(2) 改正後の控除方法（欠損金額の別に関係なく発生した順に損金算入する）

事業年度	所得金額	損金算入額	課税所得金額
X8年	600万円	500万円……X1年分 100万円……X2年分の一部	0
X9年	800万円	200万円……X2年分の残余 600万円……X3年分の一部	0

（注） X9年までに打ち切られる欠損金額は生じない。

以上のとおり，災害損失欠損金額を先に損金算入する方法（従前の方法）においては，災害損失欠損金額が発生した事業年度よりも前の事業年度にお

いて青色申告に係る欠損金額がある場合に，損金算入が後回しとされることによって，青色申告に係る欠損金額について期間制限による打切りの対象となる恐れが存したところであった（例，上記設例X1年の青色申告欠損金額500万円）。

これに対して，改正後の現行の控除方法によると，青色申告に係る欠損金額，災害損失欠損金額の別に関係なく，その発生した順に損金算入することとなるので，損金算入が後回しとされることによる，青色申告に係る欠損金額の打切りの問題は解消されている。

Ⅳ 検討事項

1 人為等による異常な災害における「異常性」の判定及びその範囲

上記Ⅰの3で述べたとおり，本制度の対象となる災害の範囲については，震災，風水害，火災の他に，冷害，雪害，干害，落雷，噴火その他の自然現象の異変による災害及び鉱害，火薬類の爆発その他の人為による異常な災害並びに害虫，害獣その他の生物による異常な災害が含まれるものとされている（法令115）。

災害の範囲については，異常な人災も含められており，災害の範囲としては適当なものと解されるが，人為による災害（及び生物による災害）については，それが「異常な」ものに限定されている点に注意を要する。

すなわち，この場合の「異常な」程度を測定する上での基準が明確ではないことからは，本制度の適用に当たって，実務上，難しい問題が生ずるものと考える。この場合の「異常な」の意味内容としては，その災害の発生に関して通常の注意を払い，かつ，回避のための努力を行ってもなお避けることができなかったというような状況が想定されているものと考えられる。

この意味からは，災害による損失額の多寡は問題とされないように思われ

るところである。しかしながら，損失額が甚大なものとなる場合には，その結果的な「異常性」についても，配慮されて然るべきものと考える。

また，新しい問題として，コンピューターのソフトウェアが，いわゆるコンピューターウイルスに感染して損失が生じた場合に，コンピューターウイルスへの感染が災害の範囲に含められるかどうか，または，その損失が，災害損失欠損金額に含められるかどうかについて検討すべきものと考える。

コンピューターウイルスに対しては，一般に，対策ソフトの導入によって感染防止が図られることとなるが，開発者の悪意によって，ウイルスは，次々に新規なものが開発され，流布される現状にあり，対策ソフトの開発はウイルスの存在が認められてから行われることになるため，通常の注意を払い，かつ，感染回避のための努力を行ってもなお避けることが困難な側面を有している。

この意味においては，コンピューターウイルスへの感染は，人為による異常な災害の範囲に含められるべきものと考える。

コンピューターウイルスによる感染被害の発生は，インターネットの利用者の12％程度あるとされている。これは，コンピューターウイルスの問題が広く認識されており，なおかつ，しかるべき対応，対策が講ぜられていると解される状況下にあることを考えると，決して少ない数値ではないと思われる。

現在までのところ，コンピューターウイルスへの感染によって，本制度の適用が問題となった事例は存しないものの，事柄の性質上，同時多発的に起こり得る問題であることからは，この点についての税務上の取扱いについても明らかにされることが望まれる。

2　災害損失欠損金額の確定と帳簿書類の記録及び保存

本制度は，白色申告の場合であっても，欠損金額のうち災害損失欠損金額については7年間の繰越控除を認めるものであるが，適用に当たっては，災害損失欠損金額の確定が重要となる。災害損失欠損金額を確定するためには，

その基準として各資産の帳簿価額が必要となる。

ここで,青色申告においては,仕訳帳及び総勘定元帳その他の帳簿を備え付けてこれに取引を記録し,また,貸借対照表及び損益計算書その他の計算書類を作成し,これらの帳簿書類を保存しなければならいものとされている(法126,法令54～59)。

このことの反対解釈として,白色申告の場合には,帳簿書類の記録及び保存についての義務はないものということができる。したがって,帳簿書類の記録及び保存がない場合であっても,本制度の適用は認められる。

しかしながら,本制度は,概算による損失額を災害損失欠損金額として認めることにはなっていないのであり,本制度を適用する場合には,上述したように,災害損失欠損金額を確定する必要がある。そして,この災害損失欠損金額を確定するためには,各資産の帳簿価額をはじめとして,その物理的及び機能的な減価を計数的に把握することが必須となる。そして,これらの金額は帳簿書類の記録によってのみ明らかにし得る性格のものであることからすれば,本制度の適用に当たっては,白色申告の場合においても帳簿書類の記録及び保存が前提とされること留意すべきである。

3 所得税における被災事業用資産の損失

所得税における純損失の繰越控除については,青色申告者に限られているが,白色申告者であっても,純損失の金額のうち変動所得の損失と被災事業用資産の損失の金額については,3年間にわたって総所得金額,土地等に係る事業所得等の金額,退職所得金額又は山林所得金額の計算上,これを繰越控除することが認められている(所法70)。

この所得税における被災事業用資産の損失の繰越控除は,法人税における災害損失欠損金額の繰越控除の場合と同様の趣旨によるものであり,災害の範囲や被災事業用資産の損失の金額に関する定めなど制度の内容についてもほぼ同じものとなっている。

しかしながら,法人税における災害損失欠損金額の繰越控除においては,

災害損失欠損金額について7年間の繰越しが認められているのに対して，所得税における被災事業用資産の損失の繰越控除においては，当該損失の繰越しは3年間に限定されている。この点は，被災事業用資産の損失に限らず，所得税における純損失の繰越控除制度全体を通じての問題点であるが，繰越期間が3年間に限定されていることは，法人税の場合との比較から適当ではないものと考える。

つまり，法人税における制度と同じ趣旨により設けられている制度であり，かつまた，その繰越期間について，法人税の場合よりも短縮すべき合理的な理由が特に認められないことからは，法人税における繰越期間と一致せしめることを検討すべきものと考える。

（参考文献）
武田昌輔編著「コンメンタール法人税法」第一法規
井口裕之他2名『法人税法の改正』「改正税法のすべて（平成14年度）」㈶日本税務協会
独立行政法人情報処理推進機構「2007年国内における情報セキュリティ事象被害状況調査」報告書

欠損金の繰越し制度等の理論と実務

会社更生等による債務免除等があった場合の欠損金の損金算入制度

成蹊大学教授　成道　秀雄

I　制度創設の理由

　法人において民事再生法の再生手続開始の決定,会社法の特別清算開始の命令等があった場合には,その法人の再生のため又はその法人の債権者への支払に充てるために,債権者から債務の免除を受けたり,役員又は株主から私財の提供を受けることがある。この場合には,①青色申告書を提出した前7年内の事業年度に生じた欠損金の繰越控除（法法57①）,②青色申告書を提出しない前7年内の事業年度に生じた災害損失金の繰越控除（法法58）の規定を適用すると,もし債務免除益等の額が,前7年内に生じた欠損金額等を超える場合には,その超える部分の金額については,法人税,住民税等が課せられることになる。そのために債務免除等の目的である企業再生が果たせないこともあり得る。

　そこで,法人税法では,会社更生法又は金融機関等の更生手続の特例等に関する法律（以下「更生特例法」という）の規定（以下二つ合わせて「会社更生法等」という）による更生手続開始の決定があった場合において,及び民事再生法の規定による再生手続開始の決定があったことその他これに準じる政令で定める事実が生じた場合において,①　資産の評価益の額又は評価損の額

を益金の額又は損金の額に算入する措置と（法法25③，33③），②及び①の適用を受ける場合に，繰越欠損金額の損金算入について青色欠損金額等以外の欠損金額（債務免除益等の額に達するまでの金額に限る）を優先控除する措置を一体的に講ずることとされている（法法59）。

このような特例規定は，青色繰越欠損金を7年に限定したことによって設けられたものである。

1　沿　　革

　法人の業況が振るわないことから，役員や株主等が債務を免除することはよくあることであり，その債務免除益等に課税をすることは問題といえることから，昭和25年の旧法人税基本通達では，「法人の資産整理に当たってなされた重役その他の私財提供（債務免除を含む）又は銀行の預金切捨てによる益金であって法第9条第5項の規定（青色申告法人の前5年以内に生じた欠損金の損金算入）の適用を受けない繰越欠損金（欠損金と積立金とを併有する場合はその相殺残額）の補塡に充当した部分の金額は課税しない」（昭15年直法1-100「247」）こととして取り扱われていた。この旧基本通達に対しては，資産整理の内容，繰越欠損金の範囲及び積立金との相殺残額等について問題があったほか，課税所得になるかどうかの課税要件を通達によって定めることに批判があった（昭和38年12月「所得税法及び法人税法の整備に関する税制調査会答申」）。昭和40年の法人税法の全文改正において，繰越欠損金の範囲等の明確化を図りながら，その適用等について，欠損金の繰越期間の経過した欠損金をいわば債務免除益等の範囲内において復活することとした。平成12年には，「民事再生法」の制定及び「和議法」の廃止に伴い，本制度の対象となる事実から，民事再生法による再生手続き開始の決定が追加される一方，和議法による和議手続き開始の決定を除外するなどの整備が行われた。平成16年には，損金算入の対象となる繰越欠損金額から資本積立金を控除しないこととされた。平成17年には，債務者である内国法人が債務免除等を受ける場合に，民事再生等における資産の評価損益の計上の特例（法法25②，

33③）の適用を受ける時は，繰越欠損金のうち，いわゆる期限切欠損金額から優先して控除することとされた。すなわち会社更生に対すると同様の取扱とされた。また，これに併せて，会社更生法等において規定されていた更生手続開始の決定があった場合の債務免除益又は財産の評価益にかかる益金不算入制度が，繰越欠損金の損金算入制度として本法に規定することとされた。平成18年には，会社更生等の法的整理においてデット・エクイティスワップ（以下「DES」という）が行われる場合には，そのDESによる債務免除益の額を会社更生等による債務免除等があった場合の欠損金の損金算入制度の対象とすることとされた。平成21年には，評価損の計上対象となる資産の範囲に債権が追加された。

2 会社更生による債務免除等があった場合の欠損金の損金算入制度

(1) 制度の概要

この制度の概要は次のとおりである（法法59①）。

① 会社更生法等の規定による更生手続開始の決定があり，

② その債権者から債務の免除を受け，又は役員株主もしくは株主等，もしくはこれらの者であった者から私財の提供を受けた場合，さらには会社更生法等の規定に従い，更生計画認可の決定があって評価換え（法法25②，33②）をした場合に，

③ 上記②の事実に該当することになった日の属する事業年度（以下「適用年度」という）前の事業年度から繰り越された欠損金額で政令で定めるまでの金額のうち，その債務免除益，私財提供益及び資産評価益（純額）の合計額に達するまでの金額は，損金の額に算入される

③で政令に定める金額とは，適用年度終了の時における前事業年度以前の事業年度から繰り越された欠損金額の合計から，①青色申告書を提出した前7年内の事業年度に生じた欠損金の繰越控除（法法57①），②青色申告書を提出しない前7年内の事業年度に生じた災害損失金の繰越控除（法法58）の規

定を適用がある欠損金額を控除した欠損金額である。いわゆる前7年以内に生じた欠損金でない期限切れ欠損金額をいう。

(2) **適用対象となる債務免除益等**

イ　債務免除益

債務免除益の対象となる債権は会社更生法に規定されている更生債権並びに更生特例法に規定する更生債権とされている。

(i)　会社更生法—会社更生法第2条第8項に規定する更生債権で、更生手続開始前の原因に基づいて生じたものを含む。

(ii)　更生特例法—更生特例法第4条第8項及び第169条第8項に規定されている更生債権で、更生手続開始前の原因に基づいて生じたものを含む

なお、このような債権者からの債務の免除には、その債務免除以外の事由によって債務に係る利益の額が生じるときを含むとされている（法法59①(1)）。たとえば①会社更生法等の規定により、債権者が、更生計画の定めに従い、その債務者に対して募集株式若しくは募集新株予約権の払込金額又は出資金額もしくは基金の拠出の額の払い込みをしたものとみなされる場合や、②会社更生法等の規定により、債務者が、更生計画の定めに従い、債権者に対してその債権の消滅と引き換えに、株式若しくは基金の拠出の割り当てをした場合などが該当する（法基通12-3-6①、②）。

上記②では、更生計画の定めにより切り捨てられた債権金額のうち発行された株式の価額を超える部分については債務免除益が計上されることになるが、それはDESによって生ずるものである。すなわち、発行した株式の額に相当する金額が増加する資本金等の額になり、消滅する債務の額と増加する資本金等の額との差額が債務免除益であって、この債務免除益については、期限切れ欠損金による損金算入の規定が適用可能である。

なお、債権者からの債務の免除には、会社更生法第138条の届出がなされなかった更生債権等について、同法第204条第1項の規定によってその責任を免れることとなった場合も含まれる。しかし、更生計画の定めるところに

より更生債権者等に交付した募集株式等（募集株式，設立時募集株式又は募集新株予約権）の割当てを受ける権利について当該募集株式等の引受けの申込みをしなかったため，これらの権利を失うこととなった場合などは含まれない（法基通12-3-3）。また，債務免除以外の事由により消滅した場合に該当するものについては，通達に掲げられている（法基通12-3-6）。

　ロ　私財提供益

　会社更生開始の決定があって，その内国法人の役員や株主から提供されるものに限られており，更生会社である内国法人との間に連結完全支配関係のある連結法人からの私財提供については，適用対象から除外されている。また，使用人や取引先からの私財提供も同様に適用の対象とならない（法法59①(2)）。なお，私財の内容については特に規定されておらず，単に「金銭その他の資産の贈与」を受けた場合とされている。会社更生法の規定による再生手続開始の決定があったこと等に伴って，その法人の役員若しくはその株主等である者又はこれらの者であった者から受けた私財提供益をいう。ここで過去の株主等を含めているのは，会社更生の時までに又はその後において，責任を取って役員でなくなった者から受けた私財提供益についても，この制度によって適用されることが適当としたことによる。

　なお，資産の贈与には，積極的に財産を増加させる行為のほか，消極的に財産を増加させる行為，つまり役員等が法人の債務を引き受けて法人の債務を減少させる行為も含まれると解される。

　ハ　資産評価損益

　更生手続開始の決定があった場合には遅滞なく，更生会社に属する一切の財産についてその評定を行うこととなっている（会更法83①）。この場合の評定は更生手続開始時の時価とされている（会更法83②）。次に更生計画認可の決定があったならば管財人はその認可の決定の時における貸借対照表と財産目録を作成し裁判所に提出することになっている（会更法83④）。この場合の貸借対照表等に記載し又は記録すべき財産の評価は，会社計算規則第5条，第6条の規定を準用することになっている。すなわち更生手続開始時の財産

評定により評定した財産については，その評定した価額を会社法上の帳簿価額とみなすこととなっている（会更法83⑤，会更法規1①,②)。したがって，会社更生法上，更生計画認可の決定によって企業会計上，更生手続開始決定時の時価をもとにして帳簿価額の付け替えが行われる。

「会社更生法第83条（財産の価額の評定）
　① 管財人は，更生手続開始後遅滞なく，更生会社に属する一切の財産につき，その価額を評定しなければならない。
　② 前項の規定による評定は，更生手続開始の時における時価によるものとする。
　③ 管財人は，第1項の規定による評定を完了したときは，直ちに更生手続開始の時における貸借対照表および財産目録を作成し，これらを裁判所に提出しなければならない。
　④ 更生計画認可の決定があったときは，管財人は，更生計画認可の決定の時における貸借対照表及び財産目録を作成し，これらを裁判所に提出しなければならない。
　⑤ 前項の貸借対照表及び財産目録を記載し，又は記録すべき財産の評価については，法務省令の定めるところによる。」

会社更生法施行規則
（財産の評価）
第1条　会社更生法（平成14年法律第154号。以下「法」という。）第83条第4項の貸借対照表及び財産目録に記載し，又は記録すべき財産の評価については，会社計算規則（平成18年法務省令第13号）第5条及び第6条の規定を準用する。
2　前項の財産について法第83条第1項の規定により評定した価額がある場合における前項において準用する会社計算規則第5条の規定の適用については，法第83条第1項の規定により評定した価額を取得価額とみなす。
3　更生会社（法第2条第7項に規定する更生会社をいう。以下同じ。）は，法第

83条第4項の貸借対照表の資産の部又は負債の部にのれんを計上することができる。この場合においては，当該のれんの価額を付さなければならない。
(処分予定財産の評価)
第2条　更生計画（法第2条第2項に規定する更生計画をいう。以下同じ。）において更生会社の財産の譲渡をする旨及びその対価，相手方その他の事項が定められているときは，当該財産については，前条の規定にかかわらず，処分価額を付することができる。
(更生会社の事業の全部を廃止する場合における評価)
第3条　更生計画が更生会社の事業の全部の廃止を内容とするものである場合には，前2条の規定にかかわらず，更生会社に属する一切の財産に付き，処分価額を付さなければならない。」

　税法上は，更生計画認可の決定によって資産の評価換えをする。この評価換えは会社更生法第83条第2項，3項で定めている更生手続開始決定時点の財産評定をいう。そこで認可決定日時に帳簿価額を損金経理によって減額又はその帳簿価額を評価換えして増額したときは，その減額及び増額した日の属する事業年度の損金の額及び益金の額に算入することとされている。(法法25②，③，33②，③)。法人税法では特にその財産評定額について規定していないので，会社更生法の「時価」による評価をそのまま受け入れてよいものと考えられている。しかし，その時価が公正妥当な会計処理の基準によるものであることが必要であることは言うまでもない。

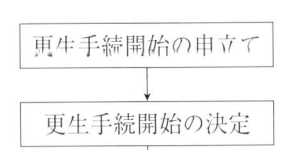

```
更生手続開始の申立て
   │
   ▼
更生手続開始の決定    ①　一切の財産評定（会更法83①，②）
   │                ②　貸借対照表と財産目録の提出（会社更生法83③）
   │
```

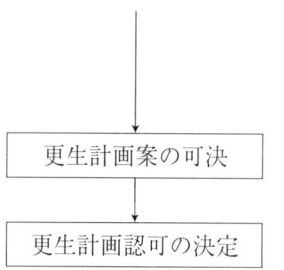

③ 債務免除益，私財提供益の期限切れ欠損金の優先適用（法59①(1),(2)）

更生計画案の可決

更生計画認可の決定

④ 法務省令による貸借対照表及び財産目録の提出（会更法83⑤）
⑤ 認可決定日決算において，上記①の資産の評価換えによる益金算入，損金算入（法法25②,③, 33②, ③）。必ず評価益と評価損のセットで計上する必要がある。評価損＞評価益であればゼロとなる

④の貸借対照表及び財産目録に記載し又は記録すべき財産の評価は，先に述べたように会社計算規則第5条，6条の規定を準用することとなっており，また更生手続開始の時の財産評定により評定した財産は，その評定した価額を更生計画認可の決定時の取得価額とみなすことになっている（会更法83⑤，会更法規1）。

⑤で資産の評価益と評価損がセットで計上されなければ，期限内の青色欠損金又は災害損失金を優先して控除することになる。

更生計画認可の決定があった場合に全ての資産の評価損の損金算入が認められており（法法33③）。同様に全ての資産の評価差の益金算入も認められている（法法25②）。

更生計画認可の決定があったことにより評価換えが行われた事業年度末において評価増及び評価減が行われ，次に減価償却が行われたものとして処理することになる（法令48②）。

具体的には，たとえば減価償却資産の評価損を計上するとき，定額法によると，更生手続の開始決定の日の評定額まで更生認可決定の日の属する事業年度末の当減価償却資産の帳簿価額を引き下げ，その分まで減価償却累計額

を増額し，さらに当減価償却資産の取得価額をもとにして当事業年度の減価償却費限度額を計算する。定率法によると，評価損の計上は定額法と同じであるが，当事業年度の減価償却限度額は更生手続の開始決定の日の評定額に償却率を乗じて計算される。定額法において，会計上は，評価損を計上した場合には，その評価損の額を控除して新たな取得価額を計算し，それを基にして当事業年度の減価償却費を計上することになるが（減損会計基準参照），法人税法では，鉱業用減価償却資産と鉱業権を除いて（法令48③），取得価額をそのままにして減価償却限度額が計算されるので，会計上と税法上では，減価償却費の額が異なることになる。

評価益を計上するときは，定額法によると，更生手続の開始決定の評定額まで更生認可決定の日の属する事業年度末の減価償却資産の帳簿価額を引き上げ，その帳簿価額をもとにして当事業年度の減価償却限度額を計算する。定率法によると，評価益の計上は定額法と同じであるが，当事業年度の減価償却費限度額は，更生手続の開始決定の評定額まで引き上げられた帳簿価額に償却率を乗じて計算される。

(3) 損金に算入される欠損金額

損金の額に算入される欠損金額は，税務上繰り越された欠損金額のうち，上記2，(2)のイ，ロ，ハの債務免除益，私財提供益及び資産評価益の合計額に達するまでの金額である。資産評価損が計上される場合には，資産評価益から資産評価損を控除した残額の資産評価益が加えられる（法法59①(3)）。それゆえ資産評価益から資産評価損を控除したらマイナスとなった場合には，ゼロとなる（法人税申告書別表7(2)6欄）。この点については，後述する民事再生法の場合は，マイナスとなった場合にはそのマイナスの額を債務免除益等と相殺できることとなっている。

ここで例をあげて説明することとする

益金2,200				
その他の益金600	債務免除益500	私財提供益400		資産評価益700
その他の損金900	期限切れ欠損金500	資産評価損200	青色欠損金800	
損金2,400				

翌事業年度への繰越欠損金200

（注）資産評価益は法人税法第25条2項，資産評価損は法人税法第33条第2項の規定によるもの

　まず，当事業年度のその他の益金（債務免除益，私財提供益，資産評価益を除いた益金ということ）600とその他の損金（資産評価損を除いた損金ということ）900との差額の損金300は債務免除益等と相殺される。資産評価益と資産評価損の差額は資産評価益の純額500となる。そこで残額の債務免除益等の額は1,100となる。この債務免除益等の額1,100は最初に期限切れ欠損金の額500と相殺され，さらにその残額の債務免除益等の額600は青色欠損金の額800と相殺され，その残額の青色欠損金の額200は翌事業年度に繰り越されることになる。

　もう1つ，結果的に課税所得を計上する例をあげて説明しておくこととする。

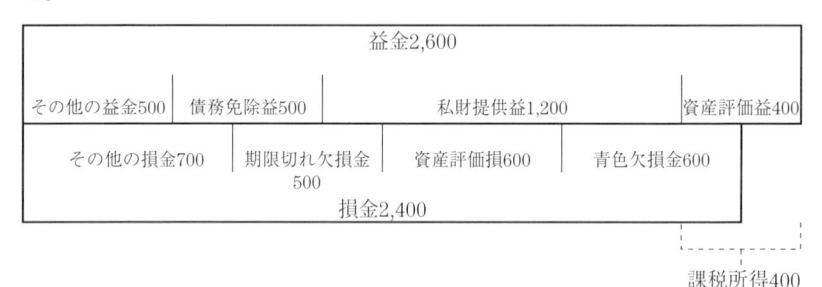

益金2,600				
その他の益金500	債務免除益500	私財提供益1,200		資産評価益400
その他の損金700	期限切れ欠損金500	資産評価損600	青色欠損金600	
損金2,400				

課税所得400

（注）資産評価益は法人税法第25条2項，資産評価損は法人税法第33条第2項の規定によるもの
　　　資産評価益400－資産評価損600＝±0

　まず，当事業年度のその他の益金500とその他の損金700との差額の損金

200は債務免除益等と相殺される。なお資産評価益と資産評価損の差額は資産評価損の差額200となるが，±ゼロとされるので，残額の債務免除益等の額は1,500となる。残額の債務免除益等の額1,500は期限切れ欠損金の額500と相殺され，残額は青色欠損金の額600と相殺され，残額の400は課税所得となる。

3　民事再生等による債務免除益等があった場合の欠損金の損金算入制度

(1)　制度の概要

この制度の概要は次のとおりである（法法59②，令117）。

① 民事再生法の再生手続開始の決定，会社法の特別清算開始の命令，破産法の破産手続き開始の決定，その他これに準ずる政令に定める事実があり，

② その債権者から債務免除を受け，又は役員若しくは株主等若しくはこれらの者であった者から私財の提供を受けた場合，さらには民事再生法等の規定に従い，再生計画認可の決定があって評価換え（法法25③，33③）をした場合の資産の評価益又は評価損の益金又は損金算入）の適用を受ける場合には，

③ 上記②の場合に該当する適用年度前の事業年度から繰り越された欠損金額のうち，その債務免除益の額及び私財提供益の額，あるいは上記の法が第25条第3項又は第33条第3項の適用を受ける場合には，債務免除益の額及び私財提供益の額並びに資産評価益及び評価損の純額の合計額に達するまでの金額は，損金の額に算入される。

①の民事再生法では，債務者が自身の事業又は経済生活の再生を図るため，裁判所に再生手続きの開始を申し立てることができ，裁判所はその申立があった場合に，開始原因があり，申立棄却事由がないときは，再生手続開始の決定を行う（民事再生法21，33）。手続開始決定後は，再生債務者の債務や

財産の状況を明らかにするため，再生債権の届出・調査・確定手続や財産状況の調査手続が行われるとともに，再生債権の減免・期限の猶予等を定めた再生計画案について，債権者集会等における決議が行われる。この決議が再生債権者の法定多数の同意を得て可決されると，再生計画に定められた再生債権の減免・期限の猶予等は再生債権者全員にその効力が及ぶ。

①の会社法の特別清算は，解散して清算中の株式会社によるものである。①のその他の政令に定める事実とは，民事再生法の規定による「再生計画認可等に準じる事実」として，法人税法施行令第24条の2第1項第1号に定められている。すなわち債務処理に関する計画（法規85①(1)）が次の(i)から(iii)の全てを満たし，かつ(iv)又は(v)の何れかを満たさなければならない。

(i) 一般に公表された債務処理を行うための手続についての準則に従って策定されており，次の事項が定められていること。ただし，特定の者（政府系金融機関(注1)及び協定銀行を除く）が専ら利用するためのものを除く

　(イ) 債務者の有する資産及び負債の価額の評定に関する事項で，公正価額による旨の定めがあること

　(ロ) 当該計画が当該準則に従って策定されたものであること，並びに次の(ハ)及び(ニ)に掲げる要件に該当するにつき，確認手続及び確認をする者(注2)に関する事項が定められていること

(ii) (i)(イ)に規定する事項に従って資産評定が行われ，当該評定に基づく債務者の貸借対照表が作成されていること

(iii) (ii)の貸借対照表における資産・負債の価額，及び債務処理計画における損益の見込等に基づいて債務免除の金額が定められていること

(iv) 2以上の金融機関等が債務の免除をすることが定められていること

(v) 政府系金融機関又は協定銀行が有する債権その他財務省令で定める債権（法規8の5②）につき，債務の免除をすることが定められていること

　(注1) 協定銀行（法令242②(2)）
　　　　預金保険法附則7①(1)に定める協定銀行で，具体的には㈱整理回収機構

(RCC) をいう。
(注2) 財務省令で定める者（法規8の5①）
1 再建計画に係る債務者である内国法人，その役員及び株主等（株主等となると見込まれる者を含む）並びに債権者以外の者で，再建計画に係る債務処理について利害関係を有しないもののうち，債務処理に関する専門的な知識経験を有すると認められるもの
2 再建計画に従って債務の免除をする協定銀行（RCC）

(2) **適用対象となる債務免除益等**
イ 債務免除益
　債務免除益の対象となる債権は，次に掲げる債権を有する者から受けたその債権の免除益に限られる。なお，その債権者が再生会社である内国法人との間に連結完全支配関係がある法人である場合には，その債権は適用対象から除かれる。
(i) 民事再生法の規定による再生手続開始の決定があった場合——民事再生法第84条（再生債権となる請求権）に規定する再生債権で，再生債務者に対し再生手続き開始前の原因に基づいて生じた財産上の請求権である
(ii) 会社法の規定による特別清算開始の命令があった場合——その特別清算開始前の原因に基づいて生じた債権である
(iii) 破産法の規定による破産手続開始の決定があった場合——破産法第2条第5項（定義）に規定する破産債権，破産者に対し破産手続き開始前の原因に基づいて生じた財産上の債権である
(iv) (i)，(ii)，(iii)までに準ずる事実の場合——その事実の発生前の原因に基づいて生じた債権

　なお，このような債権者からの債務の免除には，その債務免除以外の事由によって債務に係る利益の額が生じるときを含むとされている（法法59②(1)）。たとえば民事再生法，会社法の規定により，債務者が，債権者からその債権の現物出資を受けることにより，その債権者に対して募集株式又は募集新株

予約権を発行した場合などが該当する（法基通12-3-6③）。これには企業再生のために行われるデット・エクイティスワップが該当し、その趣旨は会社更生の場合と同じである。

　ロ　私財提供益

　民事再生法の規定による再生手続開始の決定があったこと等に伴って、その法人の役員若しくはその株主等である者又はこれらの者であった者から受けた私財提供益をいう。ここで過去の株主等を含めているのは、会社更生の場合と同様に民事再生の時までに又はその後において、責任を取って役員でなくなった者から受けた私財提供益についても、この制度によって適用されることが適当としたことによる。また、会社更生と同様に、再生会社である内国法人との間に連結完全支配関係がある連結法人からの私財提供については、適用対象から除かれている。

　なお、会社更生法と同様に、資産の贈与には、積極的に財産を増加させる行為のほか、消極的に財産を増加させる行為、つまり役員等が法人の債務を引き受けて法人の債務を減少させる行為も含まれると解される。

　ハ　資産評価損益

　民事再生法では、再生手続開始後遅滞なく、債務者に属する全ての財産について再生手続開始時の価額を評定し、この評価額による貸借対照表を作成し、裁判所に提出することとされている（民事再生法124）。この場合の価額は、原則、処分価額の時価とされている（民事再生規則56）。

「民事再生法
（財産の価額の評定等）
第124条　再生債務者等は、再生手続開始後（管財人については、その就職の後）遅滞なく、再生債務者に属する一切の財産につき再生手続開始の時における価額を評定しなければならない。
2　再生債務者等は、前項の規定による評定を完了したときは、直ちに再生手続開始の時における財産目録及び貸借対照表を作成し、これらを裁判所

に提出しなければならない。

民事再生規則
(価額の評定の基準等・法第124条)
第56条　法第124条(財産の価額の評定等)第1項の規定による評定は，財産を処分するものとしてしなければならない。ただし，必要がある場合には，併せて，全部又は一部の財産について，再生債務者の事業を継続するものとして評定することができる。
2　法第124条第2項の財産目録及び貸借対照表には，その作成に関して用いた財産の評価の方法その他の会計方針を注記するものとする。」

　税法上は，再生手続の開始によって，資産の評価換えで損金経理によって帳簿価額を減額した場合には，評価損の損金算入が認められている(法法33②，法令68①(1)，法基通9-1-6(2))。
　さらに，民事再生法の規定による再生手続開始時における財産評価に基づく貸借対照表と財産目録は，事業を継続するか，それとも清算処分するかの判断に必要な情報として作成されるものであり，再生計画認可の決定があった場合に，再生手続開始時に評価した価額による評価換えをする必要はないとされている。しかし，税法上は，法人が再生計画認可の決定があったときに，その財産評定を行っているときは，その資産(評価損の計上に適しないものとして他政令で定める資産を除く)について，その再生計画認可の決定の直前の帳簿価額と時価との差額は，再生計画認可の決定があった日の属する事業年度の所得の金額の計算上，損金の額又は益金の額に算入することができる(法25③，33③④)。その場合に確定決算要件はないので別表調整となる。
　上記政令で定める資産(法令68の2③，24の2④)としては次のものがあげられている。
　①　前5年内事業年度において圧縮記帳の規定の適用を受けた減価償却資産

② 短期売買商品
③ 売買目的有価証券
④ 償還有価証券
⑤ 資産の価額とその帳簿価額との差額が，資本金等の額の2分の1に相当する金額と1,000万円（当該内国法人の借入金その他の債務で利子の支払基因となるものの額が10億円に満たない場合には100万円）との何れか少ない金額に満たない場合のその資産

　　この資産の価額とその帳簿価額は，資産の次の単位に区分した後のそれぞれの資産価額と帳簿価額とされている。
　　　イ　金銭債権　ロ　棚卸資産　ハ減価償却資産　ニ土地等　ホ　有価証券　ヘ　その他の資産

上記の預金，貯金，貸付金については評価益は可能であるが，ほとんど計上されることはないであろう。

なお，民事再生法の規定による再生計画認可の決定に基づく法人税法における時価は，再生計画認可の決定があった時の資産の価額とされ，当該資産が使用収益されるものとして，その時において譲渡される場合に通常付される価額によるものとされている（法令24の2⑤，68の2④，法基通4-1-3・9-1-3）。ここで，再生計画認可の決定があった時の価額とは，会社更生法と異なり，再生手続開始決定時の時価によらないことに留意すべきである。また，法人税法の時価は当該資産が使用収益されることを前提とした譲渡価額とされることから，民事再生法による時価，すなわち処分価額と異なり，法人税法の時価によって資産の評価損益を計算することになる。それゆえ，損金経理を要件とせずに申告調整がなされることとされている。

民事再生等があった場合の資産の評価益及び評価損の益金及び損金算入の特例（法法25③，33③）の規定の適用を受ける場合には，この特例の評価益の額も対象になるが，評価益の額から評価損の額を控除したことによりマイナスの額となった場合には，上記の債務免除益の額及び私財提供益の額からこのマイナスの額を控除した額が対象金額となる（法基通12-3-4）。このこと

は，マイナスの控除は認めない会社更生法と異なり，税法上有利といえよう。

```
┌─────────────────┐
│ 再生手続開始の決定 │
└─────────────────┘
         │
         ↓
┌─────────────────┐
│ 再生計画認可の決定 │
└─────────────────┘
```

① 一切の財産を処分価額で評定（民再法 124，民再規 56）

損金経理により帳簿価額を処分価額まで減額したときは，その帳簿価額と時価（使用収益を前提とした譲渡価額）との差額について 評価損として損金の額に算入することが認められている（法 33②，令 68①(1)～(4)，法基通 9-1-5(2)，9-1-16(2)）

② 債務免除益 ─┐ 期限切れ欠損金の優先適用
③ 私財提供益 ─┘ （法 59①(1), (2)）

必ず評価益と評価損のセットで計上する必要がある（法法 59①(3)）。評価損＞評価益であれば，そのマイナス分を②，③と通算して，その残額がプラスであれば，その額を益金に算入する（法基通 12-3-4）

⑤ 企業会計上は帳簿価額の付け換えはなくても申告調整によって，その帳簿価額の減額，増額により損金，益金算入できる（法法 25③，33④）

①では評価損の計上は認められるが，評価益の計上は認められない。

③では評価益と評価損をセットで計上しなければ（法法 59②(3)），「期限切れ欠損金」の優先適用はない。その適用を受けないとすると，資産の評価損は法人税法第 33 条第 2 項の政令で定める事実でもって計上されることになる（令 68①，法基通 9-1-5，9-1-16）。

なお，再生手続開始の決定の日に資産の評価換えがなされ，当事業年度末に評価損が計上された場合にも，その損金経理を要件として損金算入が認められている（法法 33②，法基通 9-1-5，9-1-16）。この場合には，青色欠損金

等から損金算入が認められている（法法59②）。もし再生手続開始の決定があった日の属する事業年度終了の日までの間に再生計画認可の決定があった場合において，その事業年度において，再生計画認可の決定があった場合における資産の評価益の益金算入又は評価損の損金算入の規定の適用を受ければ（法法25③，33④），その資産については，この再生手続開始の決定による評価損の計上の適用はないことになる（法令68②）。

次に再生手続開始の決定があったことにより減価償却資産の評価換えが行われた事業年度においては，まず当該事業年度終了に減価償却費が計上され，次に評価換えが行われたものとして処理される。それゆえ，減価償却費を計上した後の未償却残高と時価とを比較し，その未償却残高が時価を超えていれば，その差額を評価損として計上することになる。定額法であれば，翌事業年度からの減価償却費の計算は，取得価額はそのままとし，減価償却累計額には前事業年度の評価損の額を加算して行うことになる。取得価額から評価損の額を控除して新たな取得価額とすることはない。定率法であれば，前事業年度の評価損の額を加えた減価償却累計額を取得価額から控除し，その額に償却率を乗じて減価償却費の額を計算する（法令48③）。一方再生計画認可の決定により評価換えが行われる場合には，順序が逆になり，まず評価換えが行われ，次に減価償却が行われたものとして処理される。すなわち前述した会社更生法が適用された場合と同様の取扱がなされる。ただ当事業年度の初めに評価換えが行われたものとされることに留意する必要がある。

何故に再生手続開始決定と再生計画認可決定で減価償却と評価損の計上が逆転するかについては，会社更生では計画認可決定後の事業年度末の帳簿価額は開始決定の時価によって行われるので，民事再生でも計画認可決定ではその期首の時価でもって事業年度末の帳簿価額として平仄を合わせているものと解される。

(3) 損金に算入される欠損金額

損金の額に算入される欠損金額は，税務上繰り越された欠損金額のうち，

上記3(2)のイ，ロ，ハの債務免除益，私財提供益及び資産評価益の合計額に達するまでの金額である。ハの資産評価益の額と資産評価損の額を通算してマイナスとなった場合（法人税申告書別表7(2)17欄），すなわち純額で資産評価損の額となった場合には，その資産評価損の額は他の債務免除益及び私財提供益の額と相殺することになる（法法59②(3)）。

ここで例をあげて説明する

益金2,300			
その他の益金600	債務免除益500	私財提供益900	資産評価益300
その他の損金900	資産評価損400	期限切れ欠損金500	青色欠損金600
損金2,400			

翌事業年度への青色欠損金100

まず「資産評価益」と「資産評価損」が相殺されて「資産評価損」が100残るので，その100は「債務免除益」，「私財提供益」の合計1,400の100と相殺される。次に，「その他の損金（資産評価損を除いた損金）」900と「その他の益金（債務免除益，私財提供益および資産評価益を除いた益金）」600とが相殺されて，「その他の損金」300が残り，「債務免除益」，「私財提供益」から資産評価損100の控除された1,300と相殺されて1,000が残る。その1,000は，まず「期限切れ欠損金」の500と相殺され，次に「青色欠損金」の600と相殺され，「青色欠損金」の残りの100が次期に繰り越されることになる。

4　法人税法第59条「会社更生等による債務免除等があった場合の欠損金の損金算入」の規定の適用，不適用

(1)　期限切れ欠損金の使用

法人税法第59条「会社更生等による債務免除等があった場合の欠損金の損金算入」の規定を適用する場合，すなわち同法第25条第2,3項（資産の評価益の益金不算入）及び同法第33条第3,4項（資産の評価損の損金不算入）

の規定を適用する場合，会社更生法，民事再生法等のそれぞれを適用しても，いわゆる期限切れ欠損金を優先的に債務免除益，私財提供益及び資産評価益の純額（民事再生法の場合には資産評価損益）のために控除することになる。すなわち，「期限切れ欠損金」の繰越控除を行った後で①青色申告書を提出した前7年内の事業年度に生じた欠損金の繰越控除（法法57①），②青色申告書を提出しない前7年内の事業年度に生じた災害損失金の繰越控除（法法58）を行うことになる。

一方，法人税法第59条の規定を適用しない場合，同法第25条第2，3項及び同法第33条第3，4項の規定を適用しない場合，民事再生法等を適用すれば，期限切れ欠損金の使用は，①青色申告書を提出した前7年内の事業年度に生じた欠損金の繰越控除（法法57①），②青色申告書を提出しない前7年内の事業年度に生じた災害損失金の繰越控除（法法58）の規定による繰越欠損金が損金算入された後になるので，債務免除益，私財提供益及び資産評価益の純額（民事再生法の場合には資産評価損益）のためにそのまま期限切れ欠損金を損金算入できるとは限らない。会社更生法を適用した場合には，何れを優先的に使っても構わない。

この優先順位のことだけを比較すれば，会社更生法の方が，事後に使える青色欠損金を残せるという意味で，有利といえる。

上記の前者，すなわち法人税法第59条の規定を適用する場合，「期限切れ欠損金」の損金算入される金額は，次の何れかのうち最も少ない金額ということになる。

① 「期限切れ欠損金」の額（法令116の3，118）
② 私財提供益，債務免除益及び資産評価損益(注)の合計額
③ 当事業年度の欠損金の繰越控除前の所得の金額

（注） 会社更生法を適用する場合は資産評価益の純額

法人税法第59条第1項には規定していないが，③の額を超えて①の額を損金算入できないことから，③の額も含めて，最も少ない金額ということになる。

(2) 事例の検討

事例(1)

　　上記①の額　　3,000万円

　　　②の額　　2,000万円

　　　③の額　　1,400万円（②＋その他の益金200－その他の損金800）

　（注）　青色欠損金等の額を1,000万円とする。

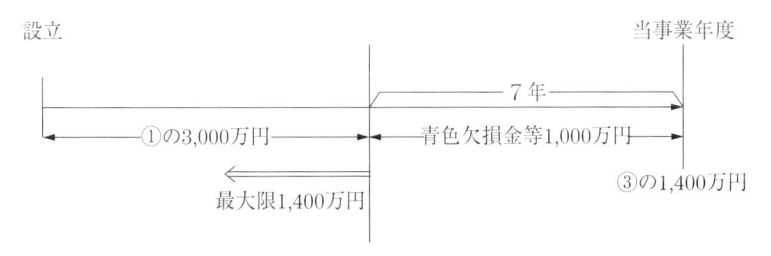

```
設立                                                      当事業年度
 ├──────────────────────────┬────────────────────────────┤
                                    ├──────── 7年 ────────┤
 ├────── ①の3,000万円 ──────┤
                            ├─ 青色欠損金等1,000万円 ─┤
         ←─── 最大限1,400万円                          ③の1,400万円
```

　この場合に、③が1,400万円で、②の当事業年度の私財提供益等の額2,000万円と当事業年度のその他の益金の額200万円とその他の損金の額800万円が生じている。ここで最も低い額は③の1,400万円ということになり、「期限切れ欠損金」の損金算入の額は、最大限1,400万円ということになる。②の私財提供益等の額の内の600万円は、その他の益金の額200万円とその他の損金の額800万円との差額の損金の額600万円と相殺され、残りの②の私財提供益等の額1,400万円（2,000万円－600万円）に対して「期限切れ欠損金」の額1,400万円が損金算入されるのである。当事業年度の私財提供益等の額の2,000万円のうちの600万円は当事業年度のその他の損金の額の600万円と相殺される。青色欠損金等の額1,000万円は全く損金に算入されることはない。

事例(2)

　　上記①の額　　3,000万円

　　　②の額　　2,000万円

　　　③の額　　2,600万円（②＋その他の益金800－その他の損金200）

　　　　（注）　青色欠損金等の額が1,000万円とする。

　当事業年度のその他の損金の額が200万円，その他の益金の額が800万円であったならば，③の額は2,600万円（②の額2,000万円＋800万円－200万円）ということになる。とすれば，①，②，③のうちで最も低い価額は②の2,000万円となり，「期限切れ欠損金」の損金算入の額は，最大限2,000万円ということになる。

　当事業年度のその他の益金の額800万円とその他の損金の額200万円との差額の600万円に対して青色欠損金が損金算入され，②の私財提供益等の全額に対して「期限切れ欠損金」が損金算入されることになる。結局のところ，「期限切れ欠損金」の残額は1,000万円ということになる。

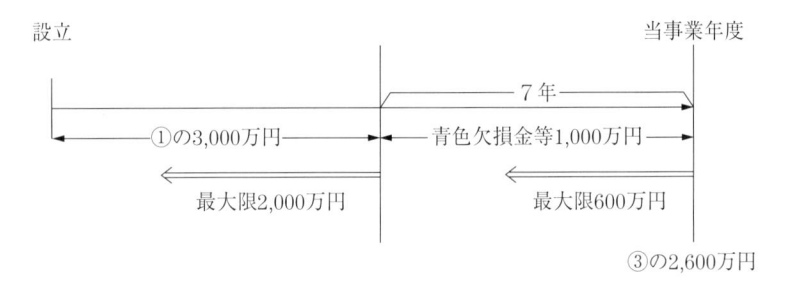

```
設立                           │                                当事業年度
                               │←―――――――― 7年 ―――――――――→
├―――― ①の3,000万円 ――――→│←―― 青色欠損金等1,000万円 ――→
 ←――― 最大限2,000万円          ←――― 最大限600万円
                                                        ③の2,600万円
```

　事例(3)

　　　上記①の額　　1,200万円
　　　②の額　　　　2,000万円
　　　③の額　　　　1,400万円（②＋その他の益金200万円－その他の損金800万円）
　　（注）　青色欠損金等の額が1,000万円とする。

　事例(2)で③の「期限切れ欠損金」の額が1,200万円とすると，まず当事業年度の私財提供益等の額2,000万円とその他の益金の額200万円とその他の損金の額800万円があれば，③の1,400万円に対して全て「期限切れ欠損

金」1,200万円の額を全て損金算入し，残りの200万円に対して青色欠損金等の額1,000万円の200万円が損金算入される。結局のところ，青色欠損金等の額が800万円残ることになる。

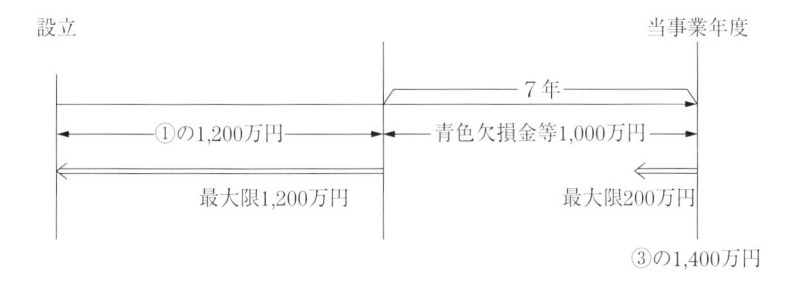

```
設立                                              当事業年度
 ├──────────────────────┼─────7年─────┤
 │←───①の1,200万円───→│←青色欠損金等1,000万円→│
 │←──── 最大限1,200万円 ────│  最大限200万円    │
                                          ③の1,400万円
```

事例(4)

　　上記①の額　　1,200万円

　　　②の額　　2,000万円（民事再生法を適用し，資産評価損益を計上していない）

　　　③の額　　1,400万円（②＋その他の益金200万円－その他の損金800万円）

　（注）　青色欠損金等の額が1,000万円とする。

なお，民事再生法が適用されて，資産評価損益の額を計上しないとなれば，その他の益金200万円とその他の損金800万円の差額600万円を控除した後の私財提供益と債務免除益の額1,400万円に対して，最初に青色欠損金の全額1,000万円を損金算入し，その残額400万円に対して「期限切れ欠損金」を損金算入することになる（法法57①，58①，59②）。

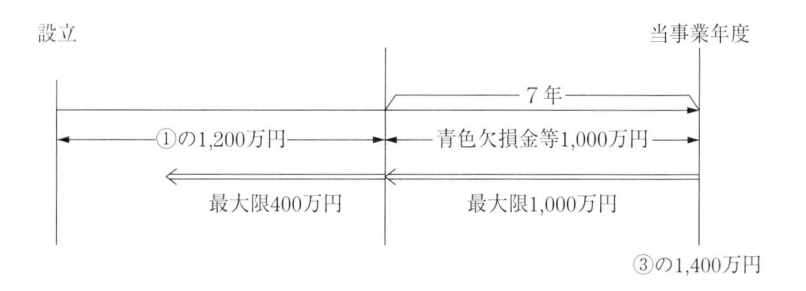

```
設立                                      当事業年度
 |                     |────── 7年 ──────|
 |←── ①の1,200万円 ──→|← 青色欠損金等1,000万円 →|
 |←── 最大限400万円 ──→|←── 最大限1,000万円 ──→|
                                          ③の1,400万円
```

事例(5)

  上記①の額 1,200万円

  ②の額 2,000万円（民事再生法を適用し，資産評価損益を計上していない）

  ③の額 2,600万円（②＋その他の益金800万円－その他の損金200万円）

　事例(4)で当事業年度の所得が債務免除益と私財提供益の合計額2,000万円とその他の益金の額800万円，その他の損金の額200万円とすると，順番としては，青色欠損金の全額1,000万円をまず損金に算入し（その内訳は，その他の益金の額800万円から，その他の損金の額200万円を控除した600万円と債務免除益等の額400万円である），次に「期限切れ欠損金」の全額1,000万円を損金に算入することになる。結局のところ，債務免除益等の400万円の額が控除し切れなかったことにより，その400万円の額が課税所得となる。

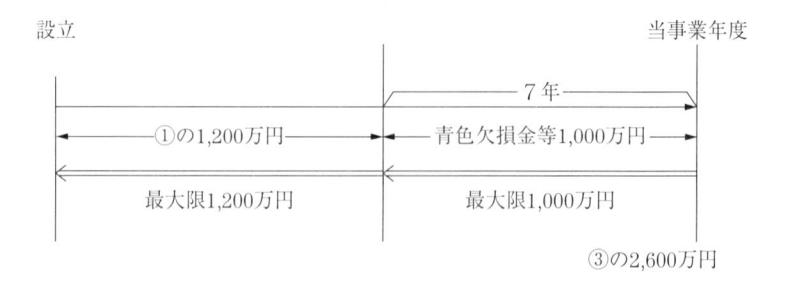

```
設立                                      当事業年度
 |                     |────── 7年 ──────|
 |←── ①の1,200万円 ──→|← 青色欠損金等1,000万円 →|
 |←── 最大限1,200万円 ──→|←── 最大限1,000万円 ──→|
                                          ③の2,600万円
```

5 本特例規定の検討課題

(1) 会社更生等による私財提供者の範囲

ところで，会社更生法や民事再生法が適用される法人ということは，いわば風前の灯火といえよう。法人が倒産すれば使用人においては職を失うことによって生活の糧が無くなり，取引先でも重要な収入基盤を失うことによって将来的に甚大な損害を被ることもあり得よう。そのような使用人や取引先も，ここでの範囲に含めるべきではないか。たとえば使用人においては勤続10年以上であって，更生・再生認可決定の時点で退職が予定されていない者や，得意先で売上の額の10％以上の割合をその適用法人に依存しているものからの私財提供益を対象としてはどうであろうか。何れにしても，租税回避行為の起こりえないようなものからの私財提供があれば，その行為は尊重すべきともいえる。

(2) 会社更生等の適用に伴う資産再評価のための時価

会社更生法及び民事再生法等の適用に伴い資産再評価が行われる場合が多いであろうが，先に述べたように会社更生法と民事再生法では資産再評価で用いられる時価が異なることもあり得る。先に述べたように，会社更生法では，更生会社は更生開始決定日を基準日として，その時の「時価」で一切の財産につきその価額を評定しなければならないとされている（会更法83①，②）。そしてその評定価額は更生計画の認可決定日の決算に引き継がれ，その決算における会社法上の帳簿価額を構成することになる（会更法83④，会更規1①，②）。このように会社更生法では更生開始決定時の時価でもって資産の評価換えを行うことになる。これを受けて法人税法では，会社更生法によって更生計画の認可決定日決算に資産の評価換えをして帳簿価額を増額あるいは減額した場合は，その額を益金の額あるいは損金の額に算入するとされている。会社更生法ではその「時価」として具体的な評価を示しておらないことから，法人税法でも会社更生法の時価による評価をそのまま受け入れているものと考えられている。

一方，民事再生法では，再生手続開始後に遅滞なく一切の財産について価額を評定することとなっている（民再法124）。そしてこの場合の価額は，原則，処分価額とされている（民事再生規則56）。法人税法は，再生手続開始の決定により評価換えをする必要が生じたならば，評価損の計上が認められる。もし会社更生法と同じように評価損のみでなく評価益も計上するのであれば，再生計画認可の決定があった日の価額でもって事業年度末に評価損益を計上することになる。その時価としては，当該資産が使用収益されるものとして，その時に譲渡されるものとして通常付される価額（譲渡価額）であると解される（法基通9-1-3（会社更生手続等の場合における資産評価損の根拠となる時価））。
　このように法人税法では，会社更生法により更生会社の採用した当該資産の時価をそのまま採用することとしているのに対し，民事再生法では原則として処分価額を採用するとしているが，税法では使用収益を前提とした譲渡価額を時価として用いている。民事再生法によって資産再評価を行う場合には申告調整が必要となる。
　そこで，会社更生法では如何なる時価の採用を想定しているかであるが，会社更生法施行規則の第2条では，処分予定財産の評価として処分価額の採用を認めるとともに会社全体を廃業する場合には処分価額を強制していることから，廃業に至らず処分の予定もない財産については，処分価額以外の時価の採用も十分に考えられるところである。また，民事再生法の民事再生規則においても，再生債務者が事業を継続する予定があるのであれば，処分価額以外の時価の採用を認めている。このように会社更生法及び民事再生法では，その状況に合った時価の採用を認めている。
　平成17年4月12日に公表された会計制度委員会研究報告第11号「継続企業の前提が成立していない会社等における資産及び負債の評価について」では，更生会社については「事業の清算を仮定するのではなく，更生後の事業の継続を仮定した個々の資産の時価が付される。」とし，法人税法における時価の使用収益を前提とした譲渡価額の採用を考えているものと思われる。会社更生法では財産評定については会社計算規則の規定を準用するとしてお

り，会社計算規則第3条において，会社計算規則の規定の適用は一般に公正妥当な企業会計の基準を斟酌することとしているので，上記研究報告は会計基準とまではいえなくとも，使用収益を前提とした譲渡価額を用いることが妥当ではないか。それゆえ，更生会社が原則として処分価額を用い損金経理し，その評価損を損金算入したような場合に，それが企業会計上疑義があれば，使用収益を前提とした時価までの差額についての損金不算入の額が否記されることもあり得るのではないか。慎重な検討がなされるべきである。

また民事再生法の適用される再生会社においては，「民事再生会社の場合は，民事再生手続の開始決定によって株主はその権利を喪失しないため，更生会社のように旧所有者から新所有者に事業の譲渡が行われると擬制することは困難と考えられる。また，民事再生手続の一環として実施される財産評定は，清算を仮定した財務情報の提供にとどまるものであるため，財産評定を通じて財産の評価額を利害関係者が合意した合理的な評価額として確定させることはできない。このため，民事再生会社については，継続企業の前提が成立していない会社として位置付け，会計上全ての資産及び資産の評価替えを強制することは適当でないと考えられる。しかし，民事再生手続きの開始申立を減損の徴候と見なして，再生計画に基づく将来キャッシュフローにより減損会計を適用することが必要であると考えられる。」としている。すなわち，上記研究報告では再生会社の資産については原則として帳簿価額を付することとしている。この点については，民事再生規則では再生債務者が事業の継続を予定して資産を保有しているのであれば，それに相応した評定を認めているので，そのような場合には帳簿価額を用いることも十分にあり得る。再生会社が処分価額あるいは帳簿価額のいずれを用いるとしても，法人税法では使用収益を前提とした譲渡価額の採用を求めているので，申告調整が必要といえる。この点については，再生会社といっても，様々な段階にあるといえようから，たとえばほとんど再生の可能性がないものから再スタートの目途が付いたものまで存在しようから，それらの実質に合わせて再評価を認めてよいのではないか。法人税法では時価を一律に決めていること

は問題であろう。

そして上記研究報告では,更生会社や再生会社でも解散会社となった場合には,清算を前提とした処分価額を用いるべきとしている。

(3) 会社更生法等の適用会社に対する欠損金の繰戻還付の特例

法人税法では,青色申告書を提出した事業年度において生じた欠損金額がある場合には,その事業年度の申告書を提出すると同時に,所轄税務署に,その事業年度の開始の日前1年以内に開始したいずれかの事業年度（還付所得事業年度）の所得に対する法人税の額のうち,次の算式により計算した金額の還付を請求できる。

　　還付所得事業年度の法人税額
　　　　　　×欠損事業年度の欠損金額／還付所得事業年度の所得金額
　　　　＝還付請求できる法人税額

ただし,この欠損金の繰戻還付制度は,平成4年4月1日から平成22年3月31日までの間に終了する各事業年度において生じた欠損金額については,青色申告書を提出する法人であって,かつ中小法人等（措法66の13①）以外には適用されないこととなっている（措法66の13①かっこ書,ただし書等）。

特例のひとつとして会社が解散,営業の全部の譲渡,会社更生法または金融機関等の更生手続の特例等に関する法律の規定による開始その他これに準ずる事実で政令で定める事実が生じた場合には,欠損金の繰戻しによる還付が受けられる。そして上記政令で定める事実に「民事再生法の規定による再生手続の開始」が含まれている。

平成21年度の税制改正でもって中小法人等に対して欠損金の繰戻還付制度が復活しており,中小法人とは資本金1億円以下の法人を指すので,法人数の割合からすれば,ほとんどの法人に対して欠損金の繰戻還付制度が適用できるようになったということになる。

欠損金の繰越制度と繰戻還付制度の関係をみると,原則として繰越制度の

適用期間が7年間で繰戻還付制度が1年間であり，ただし中小法人等を除いて繰戻還付制度が停止されている（措法66の13①）。この停止措置は税収安定のためである。ここで会社更生法，民事再生法等の適用法人において，その7年の青色欠損金の繰越期間を超えた「期限切れ欠損金」の損金算入を認めていることから，この取扱との平仄を合わせれば，会社更生法，民事再生法等の適用法人において繰戻期間を一年を超えて認めるべきではないか。これを永久に認めるべきか，あるいは2年等とするかについては，租税回避の防止の観点から慎重に検討すべきである。現行規定では，中小法人等を除く会社更生法，民事再生法等の適用法人に対して1年間の繰戻還付制度が認められているだけである。

近年の100年に1度といわれている大不況は，輸出依存型企業や不動産関連企業を直撃し，甚大な影響を及ぼしている。それらの企業のなかには前年には最高益を計上していたものもあり，資金繰りによって，いわば「黒字倒産」が続出している。欠損金の繰戻還付制度は，現金が還付されるのであるから資金繰りの改善に大きく貢献することから，1年の繰戻還付制度を全面的に復活すると共に，特例として，会社更生法，民事再生法等の適用法人に対しては，更にそれを超えって認めることも検討すべきである。

(4) 個々の企業再生法に相応した税制の構築

法人税法において平成9年に，会社更生手続の法人に対して，いわゆる期限切れ欠損金の繰越控除の適用を認める改正がなされた。さらに平成12年に民事再生法が成立に伴い，同年に法人税法においても会社更生法と同様の処置がなされた。その後においては他の類似法に対する適用の範囲を広げると共に，各法の間での平仄を合わせる方向で税制改正が進められてきている。このことは課税の中立性の観点から必要な対応であるが，一方で各法の特質をも十分に考慮すべきである。会社更生法は株式会社のみに適用され，経営陣は原則として更迭され，また債権者の権利行使が強く制限されることから，一般的には破綻により社会的の大きい大規模企業を想定した再建手続であり，

民事再生法は株式会社だけでなく全ての法人並びに自然人が申し立てすることができ，経営陣は原則としては更迭されず，再生手続開始決定後も再生債務者は業務を遂行し，財産の管理権や処分権を有する。各法の特質に十分配慮した税法規定を設けるべきであって，そのために異なる税務処理が行われ，課税所得に影響するとしても，くり返すが，課税の中立性に配慮しつつ，許容されるべきこともあろう。異なる税務処理により課税所得が影響を受けるとすれば，何故にそのようなこととなるかについては，十分な説明がなされるべきである。現行規定では，たとえば法人税法59条で期限切れ欠損金の繰越控除の適用を受けるために資産評価損益の相殺を行うとすれば，会社更生法では相殺後の純額での資産評価損の計上は認めないが，民事再生法では相殺後での純額での資産評価損の計上が認められている。何故において民事再生法の方が税法上有利に扱われているかである。逆に会社更生法においては，資産再評価損益を計上しようがしまいが，期限切れ欠損金を最初に用いることが可能であるが，民事再生法においては，資産再評価損益を計上しなければ，青色欠損金を最初に用いた後でなければ期限切れ欠損金を用いることができず，会社更生法を適用する方が有利となっている。何故にこのように会社更生法と民事再生法で税法上の取扱が異なっているかについて十分な説明がなされるべきである。

欠損金の繰越し制度等の理論と実務

企業会計・会社法における繰越欠損金

静岡産業大学名誉学長　守永　誠治

I　企業会計における繰越欠損金

1　企業会計原則と会計基準

(1)　わが国企業会計原則の特徴

　21世紀に入ってわが国における会計基準は20世紀に作られた会計基準の改正及び追加として，次々と公表されている。

　企業の行う会計は，20世紀においては企業の経営の成果を判断するために，主として期間損益計算を目的としていることは，通説として認められていたところである。

　この期間損益計算を行うに当たっては，その拠りどころとして「一般に認められた会計処理の基準」に従って行われている。この基準がわが国では「会計基準」と呼ばれている。

　この場合に，会計処理の諸基準が一般に認められるためには，それらを形成する根本理論が必要であり，これが企業会計原則と呼ばれるものであった。

　わが国の企業会計原則は独特の歴史的産物であり，米ソの対立が解消された20世紀の終りごろから，グローバリゼイションが活発に作用し，それと共にわが国にあってはバブル経済の発生とその崩壊が生じたのであった。21

世紀に入ってからは会計ビックバンが進み，新しい会計基準が次々と制定されて行く中で空文化している部分が生じている。

すなわち，損益計算書原則と貸借対照表原則に共通する原則である一般原則のうち，3番目にある資本取引・損益取引区分の原則と6番目にある保守主義（安全性）の原則は，政治経済の理念における分配論と株主及び債権者の優位性保持の理論によって，企業会計原則を揺るがしているものと考えられる。もとより，その源は資本主義経済によって成り立っている私有財産制度から展開されているものであろう。

わが国の会計基準は21世紀からその作成主体に変化が生じている。2001年（平成13年）に民間10団体によって，「財団法人財務会計基準機構」が設立され，この法人の寄付行為に基づき企業会計基準委員会が構成されている。当該委員会は2004年（平成16年）12月に『財務会計フレームワーク』を公表しているが，その中で財務報告の目的を「証券市場におけるディスクロージャー制度を前提として投資家の意思決定にとって有用である情報」として位置づけているので，企業会計に示されている単一性の原則から乖離して，一般目的の財務諸表から，特定目的の財務諸表を想定しているという意見が見られる(注1)。

企業会計原則にあっては財務諸表の配列が示すように，損益計算書が貸借対照表より上位にあるのに対して，法令はその逆であり，貸借対照表が損益計算書の前に位置している。

法令として営利を目的としている株式会社等を規定している会社法と，非営利の事業を行っている法人について規定している代表的な社会福祉法を比較して次に示す。

	会計原則	会社法	社会福祉法
順位	損益計算書	貸借対照表	貸借対照表
	貸借対照表	損益計算書	事業活動収支報告書

(2) 損益計算書の内容と様式の変化

企業会計原則においては損益計算書の本質について次のように述べられている。

> 「損益計算書は，企業の経営成績を明らかにするため，一会計期間に属するすべての収益とこれに対応するすべての費用とを記載して経常利益を表示し，これに特別損益に属する項目を加減して当期純利益を表示しなければならない」

この文章は，当期の営業活動の努力の結果に基づいて実現した収益と，その収益を獲得するために要した費用について因果関係をたどって対応させて，営業利益の算定表示をする。次に，営業外活動に基づく費用収益は，別に営業外費用及び営業外収益として区分表示する。このように営業外の収益と費用とを（営業活動と）区分することにより，営業の成果が測定できるのである。営業外の収益と費用の因果関係は営業に比べるとかなり希薄であり，一会計期間という関連性の視点から対応表示を求めているのである。その計算結果として経常利益を算定している。

対応表示の原則が機能するのは経常利益の段階までであって，それからの損益項目にはとくに対応関係は別のものとしているのである。

このようにして作成された損益計算書は当期業績主義損益計算書と呼ばれて，1949年（昭和24年）から1974年（昭和49年）の改正まで25年間企業において採用されていたのであるが，損益計算の主目的が費用と収益の因果関係よりも，費用と収益の所属する期間に移り，期間関係の対応表示となって処分可能利益の算定表示を主目的にするようになったのであり，これを包括主義損益計算書と呼んでいる。次に両者を比較して示す。

当期業績主義による損益計算書
自昭和×年×月×日　至昭和×年×月×日
損益計算書

営　業　収　益	×××
営　業　費　用	×××
営　業　利　益	×××
営　業　外　収　益	×××
営　業　外　費　用	×××
当期純利益（当期純損失）	×××

利益剰余金計算書

前期未処分利益剰余金	×××
当期利益剰余金処分額	×××
	×××
未処分利益剰余金増加額	×××
未処分利益剰余金減少額	×××
	×××
当期純利益（当期純損失）	×××
当期未処分利益剰余金	×××

包括主義による現行の損益計算書
自平成×年×月×日　至平成×年×月×日

営業損益計算
　売　上　高　　　　　　　　　　　　　　　×××
　売　上　原　価
　　期首商品（または製品）棚卸高　　　×××
　　当期商品仕入高（または当期製品製造原価）　×××
　　　合　　　計　　　　　　　　　　×××
　　期末商品（または製品）棚卸高　　　×××　×××
　　売　上　総　利　益（売上総損失）　　　×××
　販売費及び一般管理費
　　給　　料　　　　　　　　　　　　×××
　　退職給付引当金繰入額　　　　　　×××

    減 価 償 却 費　　　　　　　　　　×××　　×××
        営 業 利 益（営業損失）　　　　　　×××
経 常 損 益 計 算
    営 業 外 収 益
        受取利息・割引料　　　　　　　×××
        有価証券売却益　　　　　　　　×××　　×××
    営 業 外 費 用
        支払利息・割引料　　　　　　　×××
        有価証券評価損　　　　　　　　×××　　×××
        経 常 利 益（経常損失）　　　　　　×××
純 損 益 計 算
    特 別 利 益
        固定資産売却益　　　　　　　　×××
        前期損益修正益　　　　　　　　×××　　×××
    特 別 損 失
        災 害 損 失　　　　　　　　　×××
        前期損益修正損　　　　　　　　×××　　×××
        税引前当期純利益（税引前当期純損失）　×××
        法 人 税 等　　　　　　　　　　　　×××
        当 期 純 利 益（当期純損失）　　　×××

　上述のように当期業績主義損益計算書から包括主義損益計算書に移行したが，その原因は時代における経済社会の変化によるものであり，当時にあっては証券取引法に基づく監査制度と商法に基づく監査制度を一元化するものであった。

　企業会計原則はその前文に示されているように関係諸法令との調整のための指導原理を果してきたのであり，企業会計原則の制定後25年を経過した1974年（昭和49年）8月30日付で，企業会計原則の制定の意義について次のように明示している。

　「昭和49年4月2日に公布された商法の改正により，商法第32条第2項に『商業帳簿ノ作成ニ関スル規定ノ解釈ニ付テハ公正ナル会計慣行ヲ斟酌ス

ベシ』という規定が設けられるとともに，大会社に対する公認会計士監査が実施されることとなった。このため，公正なる会計慣行を要約したものとしての『企業会計原則』は，商法の計算規定の解釈指針として，また，監査制度の円滑な実施を確保するための基準として，重要な役割を果すこととなったのである。」

2　企業会計と税務会計の専門語句の比較
(1)　企業会計上の収益と費用

企業の獲得した「利益」を具体的に算出するためには純資産そのものが増加しなければならないのであり，その算出方法は「財産法」と呼ばれるものであるが，その「利益」を生ぜしめた企業の努力について原因の面から複式簿記によって抽象的に算出し，その結果「財産法」によって裏付けられる計算方式が「損益法」と呼ばれている。

企業会計の実務にあっては企業会計原則第二の一に示されている「すべての収益とこれに対応するすべての費用を記載して経常利益を表示する」と「損益法」について規定している。

ここで企業会計上の「収益」とは一般に「企業が企業の外部に財産又は用役を提供したときの対価である」と説明されている。さらに費用とはその「収益」を獲得するために犠牲となった部分を「費用」と説明しているので，「収益」と「費用」は対応関係となっている。「収益」と「費用」の具体的算出方式については時代の変化と共に会計基準が公表されている。

(2)　法人税法上の益金と損金

法人税法によって課税される所得については法人税法に明示されており，「各事業年度の課税標準たる各事業年度の益金の額から損金の額を控除した金額として算定される（法法22条①）。」と規定されている。「益金」及び「損金」については，会計学辞典によれば「課税所得（各事業年度の所得の金額）の計算要素としての積極的性格（益金）及び消極的性格（損金）をもっている。」という説明がされている。さらに益金と損金については，「別段の定

めがあるものを除いて，収益の額または費用・損失の額から誘導されるものであり（法法22条②，22条③）」と説明されており，また企業会計と税務会計については「収益の額または費用・損失の額は「一般に公正妥当と認められる会計処理の基準」に従って計算されるものとされている（法法22条④）。」このように，益金や損金の概念は収益や費用・損失概念によって原則的に規定されるものであり，収益や費用・損失概念は「一般に公正妥当と認められる会計処理の基準」によるものである。以上のように収益と益金，費用と損金の関係が説明されている(注2)。

この企業会計と税務会計の相互関係について，武田昌輔名誉教授は歴史的にその生成を詳細に説明されており，さらに課税所得の算定について太平洋戦争以前から法人税の申告に当たっては財務諸表を添付すべきものとし，賦課課税制度のもとにおいても，「課税所得は，企業利益を基盤として課税されていたのであって，いうまでもなく，その企業利益は，企業会計によって算定されることになる(注3)。」と説明しておられる。

(3) 企業会計上の利益と損失

企業会計では収益と費用は計算の上からも内容の上からも，それらの妥当性の上からも比較されているが，ITによる情報革命が進行するにつれて，人物別にまた場所別に，さらに時間別等の多方面からの分析がなされており，それらの分析の研究はさらに進み専門的業界が展開しておりクラウド革命とも呼ばれている。いうまでもなく収益と費用の差額はプラスであれば利益であり，マイナスであれば損失である。

収益と費用の対応関係から売上高とその売上の原価との直接的対応という比較から売上総利益（売上総損失）が発生するのに対してそれと販売費及び一般管理費が対応されて比較され，営業利益（営業損失）が示されている。営業外の収益と費用も当然対応関係が経営上問題視され，さらに期間外の収益と費用も対応関係が検討されている。

(4) 繰越欠損金の特徴

欠損金という税法上の専門語句は社会通念として使用されている「欠損」

という文言とは異なったものである。辞典によれば「欠損」とは「①欠け損ずること②決算の損失。収入よりも支出が多くなること。」という説明があり，また「損失」という語句については「①そこないうしなうこと。「人材の——」・利益を失うこと。また，その数・量。損害。損亡。「莫大な——」」と説明されている(注4)。

このように「欠損」も「損失」も一般にはさほどに意義を区別することなく使用しているのであるが，企業会計における「損失」という専門語句は税務会計における「欠損金」とは厳格な区別がある。企業会計上の「損失」は会社法によれば次のように用いられている。

売上高－売上原価＝売上総利益金額（売上総損失金額）

売上総利益－販売費及び一般管理費＝営業利益金額（営業損失金額）

営業利益金額＋営業外収益－営業外費用＝経常利益金額（経常損失金額）

経常利益金額＋期間外収益－期間外費用
　＝税引前当期純利益金額（当期純損失金額）

$$税引前当期純利益金額 - \begin{cases} 法人税還付額 \\ 法人税等 \\ 法人税等調整額 \\ 法人税等追徴額 \end{cases} = \begin{matrix} 当期純利益金額 \\ (当期純損失金額) \end{matrix}$$

なお，計規126条によれば損益計算書に「包括利益」に関する事項を表示することができると規定されているが，これは将来わが国会計基準が変更された場合に備えているものと考えられる。現在の会計基準によれば包括利益の内容については後に述べる会社法上の貸借対照表の純資産の部に示されることとなる。

このように損益計算書の上では「損失」という専門語が表示されることがあるが，「欠損金」という専門語は表示されないところに企業会計と税務会計の社会科学的理論の差異が見られる。「欠損金」という語句については辞典によれば次のように説明されている。

『欠損金（deficit）とは，当該事業年度の損金の額が益金の額を上回るというマイナス概念である。法人に対しては，各事業年度の所得について法人税が課される（法法5）が，その課税標準は，各事業年度の所得の金額である（法法21）。そして，各事業年度の所得の金額は，当該事業年度の益金の額から当該事業年度の損金の額を控除した金額である（法法21Ⅰ）。このように，法人税における所得の金額は，事業年度という人為的に設けられた期間ごとに算定（所得税では，暦年ごとに算定）されるが，それぞれの事業年度ごとでは損金の額が益金の額を上回ること（いわゆる赤字）もしばしば生じる。その差額が，欠損金である。

　法人税法では，「欠損金額」という用語を用いており，欠損金額とは，「各事業年度の所得の金額の計算上当該事業年度の損金の額が当該事業年度の益金の額をこえる場合におけるそのこえる部分の金額をいう。」（法法2⑲）と定めている(注5)。』

　このような税法上の欠損金を企業に対してどのように取り扱うかという行政の側の政策課題が存在している。ある事業年度に欠損金が発生した場合に過去の事業年度の所得と通算する計算方式が用いられており，これは「欠損金の繰戻し」と呼ばれる。

⑸　欠損金の繰越し・繰戻し制度の変遷

　わが国における欠損金の繰越しと繰戻し制度の変遷は，今から100年以上前の1899年（明治32年）から今日まで続いており，シャウプ勧告以降における変化について武田昌輔名誉教授が詳細に論じられている。

　教授の論文JICPAジャーナルNo. 410における「わが国の税務会計の発達の歴史—1899年（明治32年）〜1950年（昭和25年）」ではシャウプ勧告の「欠損金の繰越し及び繰戻し」の要約として次の4つにまとめられている。

⑴　欠損が生じた場合においては，翌事業年度以降繰り越すことができるものとし，その欠損が相殺されるまで認めること（無制限）。

⑵　この制度の濫用を防止するため青色申告書を提出する者について認め

ること。
(3) 欠損の2年度の繰戻しを認めること。
(4) 1949年度以前の事業年度については，繰戻しは認めないこととすること。これは，円の価値が高い時期に繰り戻すことは適当でないからである(注6)。

税法にあっては欠損の繰越しの期間は次のように推移している。

	年　　　　代	内　　容	備　　　考
1	明治32年（1899） ～大正14年（1925）	無制限控除	個人の繰越しは認められない
2	大正15年（1926） ～昭和14年（1939）	認めない	〃
3	昭和15年（1940） ～昭和20年（1945）	3年間控除	法人税法の独立
4	昭和21年（1946） ～昭和24年（1949）	1年間控除	
5	昭和25年（1950） ～平成15年（2003）	5年間控除	個人がはじめて3年間控除
6	昭和34年（1959） ～平成15年（2003）	5年間控除	白色申告についても災害損失について適用
7	平成16年（2004） ～現在	7年間控除	

3　税効果会計基準の制定

(1) 税効果会計の必要性

　企業会計原則が制定されて25年を経過した1974年（昭和49年）に，「企業会計原則の大改正」とも呼ばれた新時代に入るのと相前後して国際経済の変化が個別企業に影響を及ぼし，会計基準が次々と発表されるようになった。
　それらの会計基準は大蔵省の企業会計審議会から発表され，行政指導が行われてきたのであった。1985年（昭和60年）にソ連邦書記長にゴルバチョ

フが就任すると国際社会が大転換期に入り，彼は今後のソ連において「ペレストロイカ（改革）とグラースノスチ（情報公開）」の必要性を訴えたが，その後1991年（平成3年）にソ連邦が崩壊し，10年後の21世紀に入ると国際社会は金融商品革命とも呼ばれる新しい経済社会へと移行し，それが各国において取引されるようになり，グローバリゼイションとしてさらに大展開をもたらし，2008年（平成20年）に金融危機をもたらしたのであった。

このような経済社会の変化に伴い，わが国では会計基準の制定の主体が官から民へと移行して，2001年（平成13年）に財団法人財務会計基準機構が設立され，会計基準は新しい主体のもとに制定されるようになった。」(注6)

このような会計基準の変化の中にあって税効果会計基準については，わが国では平成バブル経済の崩壊に伴って，以下述べるように独特の制定となったのである。

すなわち都市銀行である北海道拓殖銀行が破綻し，1997年（平成9年）に648億円の「簿外債務」を持つ山一証券が自己破産したことにより始まった金融機関の再編成は，企業会計の上で「真実性の原則」の理論的解明を踏まえて税効果会計の導入を必要としたのであるが，それは平成バブルの崩壊後の経済界の回復とその再編成のために，特に必要とするに至ったのである。

税効果会計基準はこのようなわが国経済の混乱の中で意見書が公表されたのであった。すなわち，1998年（平成10年）2月に金融安定化法が成立し，30兆円の公的資金枠が銀行に投入されるよう準備され，21銀行への公的資金注入が決められた。しかし，公的資金を受けたにも拘わらず日本長期信用銀行と日本債券信用銀行が相次いで破綻し，一時国有化されたのであり，その結果，公的資金は70兆円の枠まで増加したのであった。

このように不良債権を持っている金融機関に対して，税務会計上の欠損金の確定という問題については税法上の別段の定めによって損金と決められない貸付金があるため，わが国では平成10年12月22日に欧米で実施されている税効果会計を参考にし，既に公表されている方針を具体化してその導入へと企業会計審議会は踏み切ったのであった。

2003年（平成15年）に『大手行はつぶさない』というメッセージが市場に伝わり，政府は「りそな銀行ホールディングス」に対して公的資金の注入を決定した。その結果は欠損金を「一時税金資産」として計上することとなり，2008年（平成20年）3月期の決算では純利益が3,028億円計上されたのであった。すなわち，欠損金の繰延べによる税金資産の計上の見直しによるものであった。

(2) 税引前当期純利益と法人税等の比率の合理性

　周知のとおり，課税所得と法人税等の比率は年度ごとに確定しているのであるから，もし税引前当期純利益と課税所得が一致しているならば企業会計における損益計算書の内容を理解し，収益力を判断し易いのであるが，両者の間には企業の経営と租税の政策の差異があるから当然のことながら一部の企業会計を別として，かなり企業会計において不一致となる。この不一致の原因については先に述べた税効果会計基準の意見書において「法人税等を控除する前の当期純利益と法人税等を合理的に対応させるのが目的とする手続きである。」と説明がされており，企業会計の立場基準である。

　その「不一致」については一般に次のように2つに分類されていて「差異」と呼ばれる。税効果会計基準で取扱う差異は「一時差異」の会計処理である。次頁の差異表を参照されたい。

　　　　　1. 永久差異 (permanent difference)
　　　　　2. 一時差異 (temporary difference)

　1. の永久差異とは企業会計と課税所得計算との間に生ずる差異が永久に解消しないもので，たとえば営業外収益に属する受取配当金のような項目で法人税法23条の1項と2項に該当するものは益金不算入の処理がなされる。また，企業会計上の費用のうち，交際費については税法上詳細に規定されている（措法61の4）。資本金1億円を超えている法人において，そのすべての交際費が損金不算入として処理される。また，罰金は損金不算入となる。さらに寄付金については損金不算入の別段の定めがある（法37）。

税効果会計の適用の対象の差異表

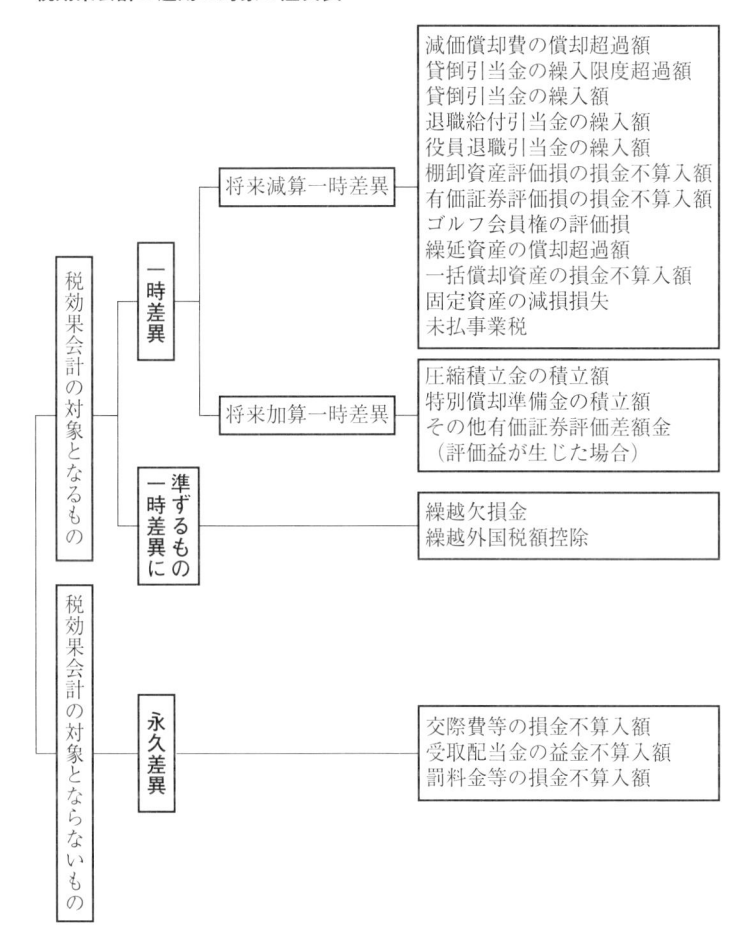

```
                                      ┌─ 減価償却費の償却超過額
                                      │  貸倒引当金の繰入限度超過額
                                      │  貸倒引当金の繰入額
                                      │  退職給付引当金の繰入額
                          ┌ 将来減算 ─┤  役員退職引当金の繰入額
                          │ 一時差異  │  棚卸資産評価損の損金不算入額
                          │          │  有価証券評価損の損金不算入額
                          │          │  ゴルフ会員権の評価損
                 ┌ 一時 ─┤          │  繰延資産の償却超過額
                 │ 差異  │          │  一括償却資産の損金不算入額
                 │       │          │  固定資産の減損損失
         税効果 ─┤       │          └  未払事業税
         会計の  │       │
         対象と  │       │          ┌  圧縮積立金の積立額
         なるもの│       └ 将来加算 ─┤  特別償却準備金の積立額
                 │         一時差異  │  その他有価証券評価差額金
                 │                   └  （評価益が生じた場合）
                 │
                 │ 準ずるもの        ┌  繰越欠損金
                 └ に一時差異        └  繰越外国税額控除

         税効果                      ┌  交際費等の損金不算入額
         会計の対象 ─ 永久差異 ──────┤  受取配当金の益金不算入額
         とならないもの              └  罰料金等の損金不算入額
```

出典：山田俊一編著『わかりやすい「中小企業の会計に関する指針」』
　　　ぎょうせい（2006）76頁に加筆している。

　2．の一時差異は永久の差異とはならないもので，どの会計期間に計上するようになるかについては時の経過と共に解消することが生ずる場合のあるものをいう。たとえば貸倒償却のような貸付上または販売上などで生じた不良債権はすべてが損金として認められるとは限らず，回収不能と確定した段

階で損金に算入される。これらの一時差異は次のように減算と加算の2つに分類される。

　　〔将来加算となる一時差異〕　　過去において発生している欠損金で法定の一定期間が過ぎたために欠損金の繰越しが認められず課税所得を増額し，税金の支払額を増加させる効果のある一時差異
　　〔将来減算となる一時差異〕　　一時差異の解消する期間の課税所得を減額し，税金支払額を減少させる効果を有する一時差異

　確定申告書を提出する法人の各事業年度開始の日前7年以内に開始した青色申告事業年度において生じた欠損金額は，その事業年度の損金の額に算入される（法57）。青色申告事業年度の欠損金は，その後連続して確定申告書を提出している場合は翌事業年度以降7年間にわたって繰越控除し得る。2以上の事業年度に欠損金が生じている場合には，古い方の欠損金から順次に繰越控除の対象となる（法基通12-1-1）。
　従って，税務上の繰越欠損金は将来の課税所得を減額してキャッシュ・フローを増加させる効果が期待されることとなっているので，「税効果会計基準」では将来減算一時差異と同じ結果が生ずることになる。
　繰越欠損金の関係については次のように規定されている。

> 「税効果会計会計基準と繰越欠損金の関係」（第二・一・4）
> 　将来の課税所得と相殺可能な繰越欠損金については，一時差異と同様に取り扱うものとする（以下一時差異及び繰越欠損金等を称して「一時差異等」という。）

　先に述べたように企業会計において売掛金や貸付金のうち不良債権を税務上の損金算入限度額を超えて貸倒償却した場合，後日，対象債権の貸倒れが

確定しその債権を放棄した時に課税所得計算上では損金算入が認められる。したがって課税所得が減少し，納税に伴うキャッシュ・アウトフローが少なくなる。そこでは課税所得を減少させ，正味のキャッシュ・フローを増加させる効果をもつこととなり，この差異を「将来減算一時差異」と呼び，貸借対照表上では「繰延税金資産」として流動資産の部または固定資産の部の「投資その他の資産」に計上する。

　将来減算となる一時差異としては，各種引当金の損金不算入限度超過額，減価償却費の損金算入限度超過額，損金不算入の棚卸資産等に係る評価損等がある。

　財団法人財務会計基準機構の設立については次のように説明されている(注7)。

経済団体連合会
日本公認会計士協会
全国証券取引所協議会
日本証券業協会
全国銀行協会
生命保険協会
日本損害保険協会
日本商工会議所
日本証券アナリスト協会
企業財務制度研究会

　我々民間10団体は，企業会計基準の整備において主体的な役割を担うことを目的とした「企業会計基準委員会」及びその運営母体としての『財団法人財務会計基準機構』の設立に関する準備委員会を本年2月に設置し，一致協力して準備を進めてきたが，今般，主務官庁の設立許可を得て，「財団法人財務会計基準機構」(以下「本財団」という。)を設立した。

　本財団は，民間における人材や資源を結集し，一般に公正妥当と認められ

る企業会計の基準の調査研究・開発，ディスクロージャー制度その他企業財務に関する諸制度の調査研究及びそれらを踏まえた提言並びに国際的な会計制度への貢献などを行い，もってわが国における企業財務に関する諸制度の健全な発展と資本市場の健全性の確保に寄与することを目的とするものである。

　本財団には，資金調達，人事及び運営全般を決定し執行する理事会と，理事・監事の選任及び事業計画・予算等の重要な事項に必要な助言等を行う評議員会を設置し，それらとは別に，各方面からの独立性を確保した機関として，企業会計の基準及びその実務上の取扱いに関する指針の開発・審議等を行う「テーマ協議会」を設けるほか，委員会のもとには，作業部会としてテーマごとの専門委員会を複数設置する予定である。

　また，財政については，独立性及び運営の安定性を確保する観点から，幅広く関係各位から協力を求め，会員制度（法人，個人）を設けて，これらの会員が納める会費をもって運営資金に充てる計画である。

　本財団は，設立後，直ちに事業活動に入り，「企業会計基準委員会」が日本の新しい会計基準の開発機構として，国際会計基準審議会（IASB）と適切な連携を保ちながら，国際的な会計基準の開発に貢献しつつ，わが国の考え方の対外的な発信を目指す一方，わが国の企業会計基準に関する理論の検討に合わせて，実務におけるニーズを迅速・的確に反映した会計基準や実務上の取扱いに関する指針の開発等，経済の重要なインフラとしての企業会計基準の整備において主体的な役割を果たせるよう適切な事業運営を行っていく所存である。

(3) 繰延税金資産及び負債

　税効果会計によって生じた一時差異は，貸借対照表上に示されることとなるが，その項目は繰延税金資産または繰延税金負債として表示される。それらの繰延税金資産または繰延税金負債の金額は，一時差異等に税率を乗じて計算される。この計算に適用される税率には「税効果会計基準第二・二・2」では，次のように示されている。

企業会計・会社法における繰越欠損金　137

> 繰延税金資産又は繰延税金負債の金額は，回収又は支払が行われると見込まれる期の税率に基づいて計算するものとする。

「税効果会計基準」では，予測税率が採用されている。予測の税率は，あらかじめ税率の変更が明らかである場合を除いて，正確に見積もることができない。実務上では，現在の税率が継続すると仮定して，予測税率とする。もし税率の変更があった場合には，過年度に計上された繰延税金資産及び繰延税金負債の金額を変更された新税率に基づいて再計算することとなる。

(4) **税効果会計基準による事例**

> A社は平成05年3月31日および翌年3月31日決算において両年度とも税引前当期純利益は5,000万円であった。平成05年3月31日決算における売掛金のうち不良債権と判断されるので，仕訳において貸倒引当金繰入額は法人税法上の損金算入限度額を1,000万超えて計上した。その予測は翌年の06年12月下旬に現実に回収不能となったので債権を放棄した。税務当局によってこの損金算入は認められた。両会計年度ともに税率は40%とする。

税効果会計基準によらない場合と同基準に従った会計の比較

	税効果会計基準によらない会計		税効果会計基準に従った会計	
	04年4月1日より～05年3月31日まで	05年4月1日より～06年3月31日まで	04年4月1日より～05年3月31日まで	05年4月1日より～06年3月31日まで
税引前純利益	5,000万円	5,000万円	5,000万円	5,000万円
貸倒引当金否認額	1,000万円		1,000万円	
損金容認貸倒額		1,000万円		1,000万円
課税所得	6,000万円	4,000万円	6,000万円	4,000万円
法人税，住民税及び事業税	2,400万円	1,600万円	2,400万円	1,600万円
法人税等調整額			△400万円	400万円
当期純利益	2,600万円	3,400万円	2,000万円	2,000万円
〔税　率〕	〔48%〕	〔32%〕	〔40%〕	〔40%〕

このように税効果会計基準に従わなかった場合は法人税等の納税額が借方

に示され貸方は未払法人税等となる。

【仕　訳】
05年3月31日決算日
　　（借）法　人　税　等　2,400万円　　（貸）未払法人税等　2,400万円
06年3月31日決算日
　　（借）法　人　税　等　1,600万円　　（貸）未払法人税等　1,600万円

　上記の仕訳において平成05年3月31日決算では税引前利益5,000万円の40％にあたる2,000万円を会計上の法人税等と考え，それを上回る400万円（＝2,400万円－2,000万円）については法人税等の前払分と考えられる。法人税等の前払いと想定した部分は，将来において税金の支払いを減少させることとなるから，繰延税金資産として貸借対照表上に資産計上するのである。損益計算書の項目の表示では，法人税等調整額として法人税等から差し引くことになる。具体的には次のような仕訳が行われる。

05年3月31日決算日
　　（借）法　人　税　等　2,400万円　　（貸）未払法人税等　2,400万円
　　　　繰延税金資産　　400万円　　　　法人税等調整額　　400万円

06年3月31日決算日
　　（借）法　人　税　等　1,600万円　　（貸）未払法人税等　1,600万円
　　　　法人税等調整額　　400万円　　　　繰延税金資産　　400万円

　税効果会計を適用した場合には，計算の表に示されているように，法人税等に法人税等調整額を加減した金額が両年度ともに2,000万円で税引前当期純利益に対応して税率も40％となる。貸倒れの判定に関する税法上の欠損金の決定については「中小企業の会計に関する指針」の解説を参照されたい。

4 わが国会計基準と国際会計基準の統合
(1) わが国会計基準の現状

　中国が年10％を超える経済発展を遂げ，中国の西南に位置するインドもこのところ急激な発展を遂げており，それぞれ日・欧・米等の外国資本を導入しており，自ずとそれぞれの会計基準に従って，決算を行い，財務諸表を作成しているのである。投資家はそれにより企業の経営を判断して，その進行方向について手を打っているが，ヨーロッパは特に国際会計基準について統一を求めており，アメリカではFASB（財務会計基準委員会）が2002年（平成14年）にコネティカット州のノーウォークで開かれ，その後2008年（平成20年）8月にヨーロッパの主張に賛同し，2014年（平成26年）から国際会計基準の採用を認めたのであった。

　わが国ではいまだ独自の会計基準を守っており，海外からの資金調達について問題を残している。もともと国際会計基準への動きは第4次中東戦争がもたらしたものであり，OPECにより石油価格が1バーレル3ドルから4倍の12ドルに値上げされたことに対する先進9カ国によるCPA団体の親睦機関で始まったものであった。それが今や日・米を除く100カ国以上が統一した国際会計基準を採用するようになったのは，資本の国際間の流れを良くするためであり，わが国でも時間の問題となっている。しかし，わが国の場合には二つの問題を抱えている。すなわち，その一つ目として商習慣の特殊性があげられる。江戸時代の鎖国から400年余りの間に存在していた制度が定着しており，鎖国的心情が残っているものと思われる。またその二つ目として，国際会計基準に移行する場合の会計システムの変更の問題である。この会計システムの変更には相当のコストがかかるであろう。たとえば現金主義会計の支持者から反対の強かった公益法人会計基準が制定されたのが，1977年（昭和52年）であり，それが改正された1987年（昭和62年）には剰余金の表示をしないこととしたため，埋蔵金の隠れ場所となっており，21世紀に入ってからも改正が渋られ，今日でもなお漂流している会計基準の姿である。新しい会計基準についてはソフトの変更が必要であり，全国組織の公益

旧大蔵省
【企業会計審議会により設定されたもの】

タイトル	公表日（改定時期）
リース取引に係る会計基準	昭和 38 年　　（平成 5 年 3 月）
新改定連結財務諸表原則	昭和 51 年 10 月（平成 5 年 3 月）
中間連結財務諸表作成基準	昭和 52 年 3 月（平成 10 年 3 月）
連結キャッシュ・フロー計算書等の作成基準	昭和 61 年 10 月（平成 10 年 3 月）
研究開発費等に係る会計基準	平成 9 年 12 月（平成 10 年 3 月）
退職給付に係る会計基準	昭和 43 年　　（平成 10 年 6 月）
税効果会計に係る会計基準	昭和 50 年 6 月（平成 10 年 10 月）
金融商品に係る会計基準	平成 2 年 5 月（平成 11 年 1 月）
改定外貨建取引等会計処理基準	昭和 54 年 6 月（平成 11 年 10 月）
固定資産の減損に係る会計基準	平成 14 年 8 月
企業結合に係る会計基準	平成 15 年 10 月

法人にあってはソフトの変更のコストは研修費と共に相当のものとなるであろう。

(2) **国際会計基準への接近**

サブプライムに端を発した国際金融危機は各国会計基準の違いを明るみに出している。このところ会計基準を国際的に統一しようとする動きが強まっているように思われる。1973 年（昭和 48 年）に 9 職業会計士団体により，会計の国際的調和へ向って国際会計基準委員会（International Accounting Standards Committee；IASC）が設立された。日本公認会計士協会も当初からのメンバーであった。

民間団体の集まりであったから，強制力もなく，10 年間ほど国際経済の間では注目されなかったのである。しかし資本の移動に伴って，アジアやヨーロッパにおける各国の要請があり，それぞれの国では多くの代替的な会計処理を認めたのであった。その結果，会計基準の国際的調和化という目的は達成されなかったのである。

財団法人　財務会計基準機構
【企業会計基準委員会により設定されたもの】

号　数	タ　イ　ト　ル	公表日（改定時期）
第1号	「自己株式及び準備金の額の減少等に関する会計基準」	平成18年8月11日
第2号	「1株当たり当期純利益に関する会計基準」	平成18年1月31日
第3号	「『退職給付に係る会計基準』の一部改正」	平成17年3月16日
第4号	「役員賞与に関する会計基準」	平成17年11月29日
第5号	「貸借対照表の純資産の部の表示に関する会計基準」	平成17年12月9日 （平成20年3月10日）
第6号	「株主資本等変動計算書に関する会計基準」	平成17年12月27日
第7号	「事業分離等に関する会計基準」	平成17年12月27日 （平成20年3月10日）
第8号	「ストック・オプション等に関する会計基準」	平成17年12月27日 （平成20年3月10日）
第9号	「棚卸資産の評価に関する会計基準等」	平成18年7月5日 （平成20年3月10日）
第10号	「金融商品に関する会計基準」	平成20年3月10日
第11号	「関連当事者の開示に関する会計基準」	平成18年10月17日
第12号	「四半期財務諸表に関する会計基準」	平成19年3月14日
第13号	「リース取引に関する会計基準」	平成19年3月30日
第14号	「『退職給付に係る会計基準』の一部改正（その2）」	平成19年5月15日
第15号	「工事契約に関する会計基準」	平成19年12月27日
第16号	「持分法に関する会計基準」	平成20年3月10日
第17号	「セグメント情報等の開示に関する会計基準」	平成20年3月21日
第18号	「資産除去債務に関する会計基準」	平成20年3月31日
第19号	「『退職給付に係る会計基準』の一部改正（その3）」	平成20年7月31日

わが国の会計基準と国際会計基準との比較

比較項目	国際会計基準との具体的比較	わが国の企業会計への影響
原価と時価	資産の価値は時価で評価する。日本では取得価額で評価する。	長期保有の株式や土地等の含み損などがあれば，それが明るみに出てくる。
国際会計基準の採用状況	日本以外のほとんどの国で現在採用している。	海外の投資家が日本と海外の企業について会計を通して比較しやすくなり，対日投資が増加するであろう。
企業の買収	「のれん」代は評価が下がった時に減損評価をする。日本では「のれん」価値の実際の増減にかかわらず一律に償却している。	「のれん」代の償却負担が少なくなり，企業買収がし易くなる。
利益	税引き後利益に金融資産などの評価損益を加えた「包括利益」を重視している。	株式の持ち合いが多い企業は，利益が株価動向に左右されやすくなっている。
損失	営業損失，経常損失・包括的損失が明瞭である。	株式の持ち合いによって不明瞭な面が生じ易くなっている。
有給休暇	有給休暇を買い取る制度があることを前提に，従業員が繰り越した有給休暇は決算の結果負債となって表示される。	「有給休暇が取り易い」という可能性が生じてくる。
サービスポイント	実際の売上金額から，サービスポイントの発行額を差し引いた額を売り上げとして計上している。	財務諸表では最終的な利益は変わらないのであるが，売上高はサービスポイント分が減少することとなる。
企業年金	積み立ての不足額は即時に計上しなければならない。日本では一定期間内に処理することが認められている。	運用の上で利子率が急に低下することが度々発生しており，そのときには運用成績が悪化するため，財務に悪影響が及んでいる

(注8)

1987年（昭和62年）になると，各国の証券市場を監督する機関の集まりである証券監督者国際機構（International Organization of Securities Commissions；IOSCO）が国際会計基準委員会の諮問グループに参加し，会計基準の統合へと前進したのであった。国際会計基準委員会は，証券監督者国際機構と共に，包括的な国際会計基準を完成すべく会合を重ねたのである。米ソの対立に変化が見られてから，経済のグローバル化が進み，2000年（平成12年）には，証券監督者国際機構が国際会計基準の採用を承認した。2001年（平成13年）1月に，国際会計基準委員会は，国際会計基準審議会（International Accounting Standards Boad；IASB）に改組され，同年2月には，欧州委員会がヨーロッパ連合（EU）のすべての上場企業が2005年（平成17年）までに国際会計基準IFRSに準拠すべきことを承認した。

　2007年（平成19年）には日本の企業会計基準委員会（ASBJ）と国際会計基準審議会（IASB）は，2011年6月末までに会計基準を全面的に共通化することで合意したのである。このことを「東京合意」と呼んでいる。同年米国の証券取引委員会（SEC）は，SECに登録する外国企業に国際財務報告基準の採用を承認したのである。しかし，各国の法制度の違いや，歴史・文化等の違いがあるため，それらを軽視することは問題を起こし易いし，会計の学問的水準と実務の進んでいる先進国が，財務会計の報告基準の採用を主張して，それを推し進めることは新興国の懸念するところである。2016年（平成28年）迄にはわが国のIFRS導入が進み会社法と関連する予定であり，319頁に示すスケジュールのようになるものと思われる。

注(1) 斎藤真哉教授編著『減損会計の税務論点』1頁及び7頁　中央経済社刊によれば『会計上の諸基準か，国際対応の必要性もあり，証券市場におけるディスクロージャー制度を前提として，投資家の意思決定に有用な情報の提供という特定目的に傾斜している現状を指摘することができる。』と述べられている。一般原則の7に示されている「単一性の原則」の理論に変化が見られ，特定目的の財務諸表を想定しているものと思われる。

注(2) 神戸大学会計学研究室編『会計学辞典』第5版 益金（武田隆二教授）1282頁 同文舘刊
注(3) 武田昌輔名誉教授「課税所得と企業利益」『税務会計論文集』119頁 森山書店刊
注(4) 新村出編『広辞苑』第五版 岩波書店刊
注(5) 吉牟田勲教授・成道秀雄教授編『税務会計学辞典』欠損金（品川芳宣教授）108頁 中央経済社刊
注(6) 武田昌輔名誉教授「わが国の税務会計の発達の歴史」『税務会計論文集』34頁 森山書店刊
注(7) 財団法人財務会計基準機構の設立説明書 前文
注(8) 読売新聞（平成20年）9月15日朝刊「国際会計基準どうする日本」を参照している。

II 会社法における繰越欠損金

1 会社法の制定
(1) 商法・法人税法から会社法の制定への経緯

　わが国の商法は1899年（明治32年）に施行されたのであるが，1890年（明治23年）の旧商法では，一般会社法が定められそこでは会社の設立は免許主義であった。しかし，1899年（明治32年）の商法にあっては，施行後太平洋戦争が終結して約半世紀が経過した1950年（昭和25年）に，経済の民主化と資本の導入の必要による大改正に至るまでは，さほど大きな改正は行なわれていなかったのであった。

　その後，1985年（昭和60年）に旧ソ連書記長ゴルバチョフが就任してから，米ソの対立に変化が見られ，ペレストロイカ（改革）グラースノスチ（情報）の必要性から政治と経済に変化が見られ，ついに1989年（平成元年）にベルリンの壁が開放されて東西の冷戦が終結したのであった。

　さらに鉄のカーテンが崩壊し，1991年（平成3年）にはソ連邦は新しいロシア大統領制を導入したため，通貨のドル圏とルーブル圏は国際貿易におい

て統合され，経済は地球規模に拡大されたのであった。

　一方において旧ソ連圏に対して1949年（昭和24年）に西側の統合へ進んだ北大西洋条約機構（NATO）は，ベルリンの壁の崩壊による東西ドイツの統合と共に1995年（平成7年）に欧州の通貨制度としてEUROの発行に踏み切り，1999年（平成11年）から欧州11ヵ国の通貨として導入したので，その後ドル・ユーロ・円等による資金の国際的移動が活発に行なわれてきたのであった。

　このような国際金融市場にあって，わが国の経済は少資源国として独特の発展をなし，ドル安誘導協調介入の要請を受け，1985年のプラザ合意のあと一時不況に入ったものの，企業にあっては在庫量そのものが少なかったために，輸出が順調に推移し，設備投資が活発に行われ，過剰融資から平成不況に入ってしまった。その結果1997年（平成9年）における北海道拓殖銀行の破綻と山一証券の自主廃業に始まって，翌年には日本長期信用銀行と日本債券信用銀行が破綻し，1998年（平成10年）と99年（平成11年）には，大手銀行に9兆3千億円の公的資金の直接投入によって金融危機を乗り切ったのであった。しかしアメリカにおけるサブプライム問題は世界経済をリードして来たアメリカの過剰融資体質に対する問いかけであり，国際的な資金が証券から石油に向い，1バーレルが100ドルを超えてから，国際的資金は少しずつ穀物へ移動し，物価全体を押し上げてしまったのであった。さらに，中国とインドの経済発展と並んでロシアの石油資源開発は，国際間の資金の無秩序な運動となり，従来のスタグフレーションとは異なった方向に展開している。

　先に述べたようにわが国にあっては商法はドイツ人ヘルマン・ロエスラーの草案により19世紀末に導入されたが，20世紀の後半期には，会社に関する特有の法律は商法の一部であったものの，上述の国際経済の変化に伴い，会社に関してはかなり複雑化しており，1955年（昭和30年）以後，会社に関する商法改正が行われて来たのであるが，2005年（平成17年）に新しく会社法が制定され，2006年（平成18年）5月1日から施行されたのである。

それまでの半世紀間に特に20世紀末期には，次頁に示すように矢継ぎ早に改正がなされたのであった。

改正年度　　　　　　　改正の内容
1955年（昭和30年）……… 新株引受権について改正された。
1962年（昭和37年）……… 計算規定について改正された。
1966年（昭和41年）……… 株式譲渡制限について改正された。
1974年（昭和49年）……… 監査役制度について改正された。
1981年（昭和56年）……… 株式制度及び機関について改正された。
1990年（平成2年）……… 株式制度，閉鎖会社について改正された。
1993年（平成5年）……… 代表訴訟，監査役，社債について改正された。

バブルが崩壊し，その後の経済状況の回復を目的とした改正がなされた。また，グローバル経済に対応するために約10年間に以下のように商法改正がなされた。

1994年（平成6年）……… 自己株式について改正された。
1997年（平成9年）……… 3回改正　株式償却について特例が規定され，さらに合併について改正された。
1998年（平成10年）……… 株式消却時の特例について改正された。
1999年（平成11年）……… 2回改正　株式交換と移転，また時価会計について改正された。
2000年（平成12年）……… 2回改正　株式消却について特例の規定が制定され，さらに会社分割について改正された。
2001年（平成13年）……… 3回改正　株式制度，コーポレート・ガバナンス，IT化について改正された。
2002年（平成14年）……… 会社機関について改正された。
2003年（平成15年）……… 自己株式について改正された。
2004年（平成16年）……… 電子広告について改正された。

(2) 会社法における繰越欠損金の表示

会社法が制定されてから繰越欠損金については会社計算規則において次のように「税効果会計に関する注記」が新しく要求されるようになったのである。

（会社計算規則）

【税効果会計に関する注記】

第138条　税効果会計に関する注記は，次に掲げるもの（重要でないものを除く。）の発生の主な原因とする。

一　繰延税金資産（その算定に当たり繰延税金資産から控除された金額がある場合における当該金額を含む。）

二　繰延税金負債

法人税法における欠損金及び繰越欠損金は企業会計における当期純損失及び未処分損失等と同じ金額になるとは限らないので，注意を要する。

(3) 会社法の純資産と税法上の資本金等の比較

会社法へ移行する以前の商法にあっては「資本」という語句が何回となく使用されていたが，それは企業会計上の「資本」とは異なったもので次の関係になっていた。

　　　商法上の資本＝企業会計上の資本金

当時においては企業会計上の「資本」という用語は複式簿記によって誘導された結果として，次の式において算出されていたものであった。

$$総資産－総負債＝資本$$

会社法が制定されてからは商法上の「資本」の意義は改められて，上述の式における「資本」は「純資産」と名称が変更されているのである。しかし，純資産の中において「資本」の専門語句は次のように残されて使用されることとなったのであり，会社法と企業会計は同一の方向へ歩んでいるのである。

　　株主**資本**

資本金
　　　資本剰余金
　　　資本準備金
　　　その他資本剰余金

　このような企業会計の「資本」の考え方に対して，法人税法において規定している「資本金等の額」は株主等の払込資本のことであり，富岡幸雄名誉教授は資本金（出資金を含む）の額に次のような「加算14項目」及び「減算7項目」をプラス・マイナスすることについて詳細に説明されている[注1]。

資本金等の額の加算14項目
 1．株式払込剰余金
 2．新株予約権の行使による自己株式譲渡益
 3．取得条項付新株予約権の行使による自己株式譲渡益
 4．協同組合等の加入金
 5．合併差益金
 6．分割型分類による分割剰余金
 7．分社型分類による分割剰余金
 8．適格現物出資による現物出資剰余金
 9．非適格現物出資による現物出資剰余金
10．適格事後設立の場合の受入簿価修正益
11．株式交換剰余金
12．株式移転剰余金
13．減資差益金
14．医療法人の設立時の受贈益

資本金等の額の減算7項目
 1．準備金もしくは剰余金または再評価積立金の資本組入額

2．非適格分割型分割による分割減資差損益
3．適格分割型分割による引継減資差損益
4．適格事後設立による受入簿価修正損
5．減資差損益
6．法法24Ⅰの1④〜⑥に示されている自己株式の取得等における取得資本金額
7．法令23の3①〜⑦，また5つの限定されている自己株式の取得の対価の額

2　会社法上の会計参与

(1)　「会計参与」の職務

「会計参与」には次の8つの種類の職務について権限と義務とがある。

1．計算書類の作成
2．会計参与報告の作成
3．会計帳簿等の閲覧請求権，報告請求権
4．子会社の業務及び財産の状況の調査権
5．法令違反等の報告（株主又は監査役）
6．取締役会への出席
7．株主総会での意見陳述（取締役〔執行役〕と意見が異なる場合）
8．計算書類の備置（「会計参与」が定めた場所での備置）

「会計参与」の職務については会社法374条から379条に規定されており，そのほか施行規則102条から104条にも規定がある。なお会社法423条には「会計参与」が役員等に含まれることの定めがあるから，同法423条から430条による「役員等の損害賠償責任」があり，株主代表訴訟においても被告となることがある。

「会計参与」の設置については特例有限会社を除いてすべての株式会社が任意的に設置することができるが，取締役会を設置しながら監査役を設置しない株式会社（公開会社でなく，かつ大会社でないもの）には同法327条2項に

より，設置が義務付けられている。

(2)「会計参与」の責任

このたび制定された会社法では新しく「会計参与」について規定されたが，この規定の必要性はかねてから大中小の会社を問わず全ての会社に会計の適正さが求められて内容のある監査の必要性が論じられていたものである。その前段階として会社に対して監査によらず，財務諸表の作成の面から「会計参与」として公認会計士若しくは監査法人又は税理士若しくは税理士法人等の参与の必要性が規定されたのである（会社法333条1項）。「会計参与」は取締役，監査役などとの兼任はできず，また会社の取締役等が就任することもできない（会社法333条3項1号）。

前章の「税効果会計」で述べた繰延税金資産については「中小企業の会計指針」において次の【イ】及び【ロ】に示すように回収可能性についての判断基準とし，特に欠損金との関係が定められており，「会計参与」の注意すべきことである。

【イ】 業績が不安定であり，期末における将来減算一時差異を十分に上回るほどの課税所得がない場合又は税務上の繰越欠損金が存在する場合であっても将来の合理的な見積可能期間（最長5年）内の課税所得の見積額を限度として，一時差異等の将来解消の見込みについて取締役会等による合理的な計画（スケジューリング）に基づくものであれば，回収可能性があるものと判断する。スケジューリングを行うことができない場合又は行っていない場合には，回収可能性はないものと判断する。

【ロ】 過去3年以上連続して重要な税務上の欠損金を計上し，当期も欠損金の計上が見込まれる会社及び債務超過又は資本の欠損の状況が長期にわたっており，短期間に当該状況の解消が見込まれない場合には回収可能性はないと判断する。

欠損金と回収可能性との関係は次の図のように図示されている(注2)。

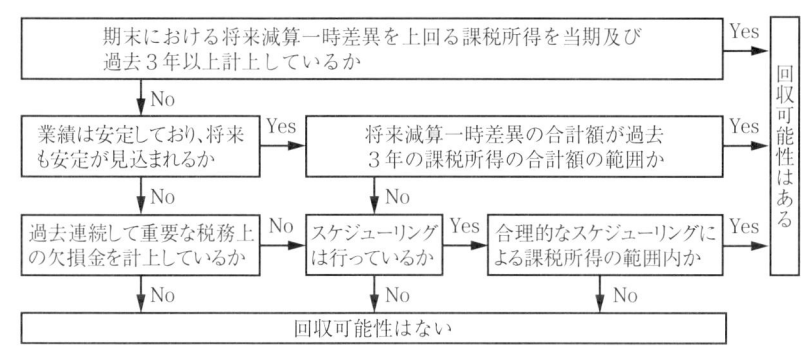

企業会計・会社法における繰越欠損金　151

```
期末における将来減算一時差異を上回る課税所得を当期及び      Yes
過去3年以上計上しているか                            ──→ 回
           │No                                          収
           ▼                                            可
業績は安定しており、将来  Yes  将来減算一時差異の合計額が過去  Yes 能
も安定が見込まれるか    ──→  3年の課税所得の合計額の範囲か ──→ 性
           │No                    │No                   は
           ▼                      ▼                     あ
過去連続して重要な税務上 No  スケジューリング  Yes  合理的なスケジューリングに Yes る
の欠損金を計上しているか ──→ は行っているか   ──→  よる課税所得の範囲内か   ──→
           │No                    │No                    │No
           ▼                      ▼                      ▼
           回収可能性はない
```

　さらに欠損金については，その計算の正確性と共に繰越期間の有効性について注意しなければならないし，計算規則上の書類の作成において内容を検討する場合には会計原則に定める「一年基準」について会計専門家として正当な注意を払う義務がある。

3　臨時巨額の損失と繰越欠損金

(1)　企業会計における繰延資産

　わが国の企業会計原則にあっては，第三貸借対照表原則において繰延資産の計上を次のように説明している。

> 　創立費，開業費，新株発行費，社債発行費，社債発行差金，開発費，試験研究費及び建設利息は，繰延資産に属するものとする。これらの資産については，償却額を控除した未償却残高を記載する。

　平成18年5月1日に会社法が施行されたが，繰延資産については従来からの計算規定において具体的な定めがなく，同年8月11日に企業会計基準委員会から実務対応報告（第9号）として，「繰延資産の会計処理に関する当面の取扱い」が公表され，「新株発行費」の名称は「株式交付費」と改正されている。また，「社債発行差金」は理論的には社債の評価勘定であるから，社債の金額から控除するようになった。なお，「社債発行費」は「社債発行費等」と名称を変えて新株予約権の発行費を含むこととしている。さらに会

社法で廃止された建設利息は繰延資産から削除されている。注解15においては繰延資産の説明と共に臨時巨額の損失について次のように述べている。

・「将来の期間に影響する特定の費用」とは，すでに代価の支払が完了し又は支払義務が確定し，これに対応する役務の提供を受けたにもかかわらず，その効果が将来にわたって発現するものと期待される費用をいう。これらの費用は，その効果が及ぶ数期間に合理的に配分するため，経過的に貸借対照表上繰延資産として計上することができる。なお，天災等により固定資産又は企業の営業活動に必須の手段たる資産の上に生じた損失が，その期の純利益又は当期未処分利益から当期の処分予定額を控除した金額をもって負担しえない程度に巨額であって特に法令をもって認められた場合には，これを経過的に貸借対照表の資産の部に記載して繰延経理することができる。

この注解15の「なお」書き以下の文章の条件は次の3つにまとめられる。
(1) 天災（地震・風水害等），戦災（国際取引の売掛金等）により固定資産または企業の営業活動に必須の手段たる資産の上に生じた損失であること。
(2) その損失額がその期の純利益または当期未処分利益から当期の処分予定額を控除した金額をもって負担しえない程度に巨額であること。
(3) 特に法令によって繰延資産とすることが認められている場合であること。

私有財産制のもとにおいてこれらを資産と考えることには無理がある。法律の考え方からすれば，繰延資産に貸借対照表能力を定めることは困難であろう。このような積極財産でないものに対して，注解15においてあえて貸借対照表に繰延資産の例外として認める理論的根拠を忖度すれば，「臨時巨額の損失」は経営者の責任とすることが困難であるにも拘わらず，その損失の為に配当を通常通り行うことができない。」ということになれば，株主の可所分所得に影響を与えることにもなるので，経済政策上の配慮と考えられ

るのである。従って、企業会計の理論にその根拠を求めることは困難であろう。

このような「臨時巨額の損失」についての発生事例としては、米ソの対立の時代において、国際間の取引の結果、売掛金の回収がほとんど不可能と定められたことから生じたことがあった。

また、税法上の災害損失については税効果会計の理論と共に解決がなされている。なお、繰延資産の会計処理の実務にあっては、従来の年額の償却であったものが月割の償却へと変更され、社債発行費の償却については、従来3年以内均等額以上の償却と規定されていたが、当該社債の償還までの期間にわたって利息法によることとなった。例外として継続性の原則を遵守する場合には定額法も認められることとなった。

(2) 会社法から除外された繰延資産

わが国の企業会計原則は、1982年（昭和57年）4月20日に最終改正がなされたのであるが、商法において定められている繰延資産の8項目（創立費、開業費、新株発行費、社債発行費、社債発行差金、開発費、試験研究費及び建設利息）が繰延資産に属するものと規定している（貸借対照表原則四（一）C）。

新しく制定された会社法には繰延資産に関する規定はないのであるが、会社計算規則において、「繰延資産として計上することが適当であると認められるもの」は繰延資産に属すると規定するとされている（会計規106Ⅲ⑤）。従って、会社法上の繰延資産の範囲の考え方は、「一般に公正妥当と認められる企業会計の基準その他企業会計の慣行」を斟酌をすることになった（会計規3）。

会社計算規則においてこれらの規定ができたので、企業会計上の取扱いとして2006年（平成18年）8月11日に公表された企業会計基準委員会の実務対応報告第19号「繰延資産の会計処理に関する当面の取扱い」によることとなり、そこでは繰延資産として(1)株式交付費、(2)社債発行費等（新株予約権の発行費を含む）、(3)創立費、(4)開業費、(5)開発費の5項目と規定したのである。

その結果をまとめると次のようになり，また繰延資産の順序に変更がみられるのである。

(1) 新株発行費は株式交付費となった。
(2) 社債発行費は社債発行費等
　　社債発行差金は社債の評価勘定として繰延資産から除去された。
(3) 創立費
(4) 開業費
(5) 開発費（従来の試験研究費は除去された。）
　　建設利息は除去された。

現在，税法上の繰延資産は上述の企業会計基準委員会の5項目と，すでに規定されている税法固有のその他の繰延資産である次の5項目の計10項目となっている。

公共施設等の負担 ……………………… 自己が便益を受ける公共施設の負担の費用
資産の貸借に係る権利金等 …………… 権利金及び立退料
役務の提供を受けるための権利金等 …… ノウハウ契約で支出する一時金
広告宣伝用資産の贈与費用 …………… 特約店等の広告宣伝用ネオンサイン等
その他の受益費用 ……………………… スポーツ選手との契約金

(3) 臨時巨額の損失と欠損金の関係

臨時巨額の損失は文字通り「損失」であり，例外的に繰延資産として貸借対照表の資産の部に計上されるのであるから，実質的には他の繰延資産と性質が異なるものであるが，償却については，それら資産と同様に償却年数を定めて費用化すべきものであろう。

この臨時巨額の損失については法令の定めによって繰延資産となるのであ

るが，内容は税法上の欠損金の性質を持っている税法の繰越欠損金と同様の会計処理をなすことが合理的と思われる。

(4) 合同会社における欠損額

新しく会社法が制定されるに際して，旧有限会社法により設立されていた有限会社が会社法に組み込まれるようになったが，また，新しく合同会社の設立が認められるようになった。

合同会社にあっては法務省令によって「合同会社の欠損額」という専門語句を使用することとなったのである。会社法では次のように定めている。

「合同会社の利益配当日の属する事業年度末日に欠損額（合同会社の欠損の額として法務省令で定める方法により算定される額をいう）が生じたときは，利益配当に関する業務を執行した社員は，その職務を行うにつき無過失を証明した場合を除き，会社に対し，配当を受けた社員と連帯して，その欠損額（欠損額が配当額を超えるときは，配当額）を支払う義務を負う（631条1項）。この義務は，総社員の同意がなければ免除できない（同条2項）。」

4　会社法に基づく財務書類の例示

税効果会計の事例を含んだ中小企業の製造業の場合の財務諸表の例を以下に示す。この例示にあっては次の条件の場合である。

〔1〕　資本金は中小企業として7千万円としている。
〔2〕　税務会計を特に尊重し毎期計算表示しているが，平成×4年度は出版不況のため赤字を出している。
〔3〕　税金は法人税・住民税等を40％として表示している。
〔4〕　財務諸表は会計上複式簿記で導かれる貸借対照表・損益計算書及び製造原価報告書を例示している。

Ａ出版株式会社　　　　　　　貸　借　対　照　表

(単位：千円)

科　目	平成X3年度 平成X4年 3月31日 金額	平成X4年度 平成X5年 3月31日 金額	増減額 金額	科　目	平成X3年度 平成X4年 3月31日 金額	平成X4年度 平成X5年 3月31日 金額	増減額 金額
〔資産の部〕				〔負債の部〕			
流　動　資　産	400,306	368,580	△31,726	流　動　負　債	228,400	222,925	△5,475
現　金　預　金	68,527	88,975	20,448	買　掛　金	131,134	135,361	△4,227
売　掛　金	180,259	135,324	△44,935	未　払　金	75,697	74,710	△987
製　　　品	318,563	316,611	△1,952	未払消費税	9,406	9,757	351
単行本在庫調整勘定	△165,000	△169,000	△4,000	未払法人税等	7,400	0	△1,781
材　　　料	2,121	1,419	△702	前　受　金	35	137	102
仕　掛　品	990	3,312	2,322	預り原稿税	305	374	69
未　収　金	90	90	0	預り源泉税	261	205	△56
前　渡　金	6,656	5,349	△1,307	従業員預り金	4,162	2,381	△1,781
繰延税金資産	0	2,000	2,000				
貸倒引当金	△11,900	△15,500	△3,600	固　定　負　債	105,272	93,772	△11,500
固　定　資　産	15,466	16,117	651	長期借入金	103,800	92,800	△11,000
有形固定資産	6,026	5,677	△348	退職給付引当金	1,472	972	△500
建　　　物	5,561	5,310	△251	負　債　合　計	333,672	316,697	△16,975
車両運搬具	116	81	△35				
器具及び備品	349	286	△63	〔純資産の部〕			
投資その他の資産	9,440	10,440	1,000	株　主　資　本	82,100	68,000	△14,100
投資有価証券	1,102	1,102	0	資　本　金	70,000	70,000	0
出　資　金	1,600	2,600	1,000	利益準備金	1,000	1,000	0
長期貸付金	5,150	5,150	0	当期純利益	11,100	△3,000	8,100
差入保証金	2,088	2,088	0				
貸倒引当金	△500	△500	0	純　資　産　合　計	82,100	68,000	△14,100
資　産　合　計	415,772	384,697	△31,075	負債及び純資産合計	415,772	384,697	△31,075

注1　減価償却累計額

建　　物	16,798
車両運搬具	1,563
器具及び備品	4,773
合　　計	23,134

損 益 計 算 書

A出版株式会社 （単位：千円）

科目	平成X3年度 自平成X3年4月1日 至平成X4年3月31日 金額		平成X4年度 自平成X4年4月1日 至平成X5年3月31日 金額		増減額 金額	
売上高						
一般売上	416,615		410,520		△6,095	
広告売上	48,221	464,836	50,926	461,446	2,705	△3,390
売上原価						
期首製品棚卸高	138,300		153,563		15,263	
当期製品製造原価	302,198		290,739		△11,459	
当期仕入高	18,829		894		△1,671	
合計	443,063		445,196		2,133	
△期末製品棚卸高	153,563		147,611		△5,952	
広告交渉料	18,830	308,330	20,869	318,454	2,039	10,124
売上総利益		156,506		142,992		△13,514
販売費及び一般管理費						
給与	64,034		55,759		△8,275	
退職給金	183		66		△117	
退職給与引当金繰入額	130		0		△130	
法定福利費	6,220		5,912		△308	
福利厚生費	2,248		2,249		1	
適格年金保険料	3,894		3,294		△600	
労務副費	3,136		2,649		△487	
広告宣伝費	28,250		27,474		△776	
荷造運賃	3,715		3,726		11	
倉庫料	5,852		6,178		326	
旅費交通費	10		86		76	
支払保険料	428		379		△49	
通信費	1,775		1,934		159	
交際費	275		283		8	
修繕費	734		896		162	
図書研究費	310		306		△4	
会議費	1,450		1,576		126	
租税公課	8,312		10,100		1,788	
顧問料	1,960		1,955		△5	
消耗品費	3,397		3,813		416	
減価償却費	330		348		18	
リース料	2,732		582		△2,150	
貸倒引当金繰入額	0		3,600		3,600	
貸倒損失	0		15,344		15,344	
雑費	784	140,159	884	149,393	101	9,234
営業利益		10,347		△6,401		△22,748
営業外収益						
受取利息	143		243		100	
印税収入	1,267		1,220		△17	
雑収入	2,210		2,144		△66	
貸倒引当金戻入額	500	4,120	0	3,607	△500	△513
営業外費用						
支払利息割引料	1,967	1,967	2,206	2,206	239	239
経常利益		18,500		△5,000		△23,500
税引前当期純利益		18,500		△5,000		△23,500
法人税・住民税及び事業税		7,400		0		△7,400
法人税等調整額		0		2,000		△2,000
当期純利益		11,100		△3,000		14,100

A 出版株式会社　　　　　　製造原価報告書　　　　　　（単位：千円）

	平成X3年度 自平成X3年4月1日 至平成X4年3月31日		平成X4年度 自平成X4年4月1日 至平成X5年3月31日		増　減　額	
I　材　料　費						
期首材料棚卸高	1,533		2,121		588	
当 期 仕 入 高	36,103		34,734		△1,369	
合　　　　計	37,636		36,855		△781	
期末材料棚卸高	2,121	35,515	1,419	35,436	△702	△79
II　労　務　費						
給　　　　　与	69,027		67,880		△1,147	
法 定 福 利 費	7,820		7,594		△226	
適格年齢保険料	4,044	80,891	4,020	79,494	△24	△1,397
III　経　　　費						
印 刷 製 本 費	117,338		112,218		△5,120	
印　税　稿　料	34,983		33,271		△1,712	
編　　集　　費	26,530	178,851	25,268	170,757	△1,262	△8,094
直接原価合計		295,257		285,687		△9,570
IV　間 接 原 価						
給　　　　　与	6,474		6,478		4	
法 定 福 利 費	480		481		1	
適格年金保険料	287		301		14	
編　　集　　費	110	7,351	114	7,374	4	23
当期総製造費用		302,608		293,061		△9,547
期首仕掛品棚卸高		580		990	410	410
合　　　　計		303,188		294,051		△9,137
期末仕掛品棚卸高		990		3,312	2,322	2,322
当期製品製造原価		302,198		290,739		△11,459

個別注記表

1．重要な会計方針

　(1)　資産の評価基準及び評価方法

　　(a)　有価証券の評価基準及び評価方法

　　　　個別法による原価法

　　(b)　棚卸資産の評価基準及び評価方法

　　　　個別法による原価法

　(2)　固定資産の減価償却の方法

　　　　有形固定資産　　法人税法の改正により，新しい方法に従った定率法

により計算している。
(3) 引当金の計上基準

　　貸倒引当金　　債権の貸倒れによる損失に備えるため，一般債権について法人税法の規定による法定繰入率により計上している。

　　退職給付引当金　従業員の退職給付に備えるため，退職金規程に基づく期末要支給額により計上している。

(4) その他計算書類の作成のための基本となる重要事項

　　消費税等の会計処理

　　消費税等の会計処理は，税込方式によっている。

2．その他の注記

　　有形固定資産の減価償却累計額　　　　　　　　　　　23,134 千円

　　損益計算書の期首製品棚卸高と期末製品棚卸高は，単行本在庫調整勘定の戻し入れ額と繰り入れ額を各々控除した残額を表示している。

注(1)　富岡幸雄名誉教授『新版税務会計学講義』371〜377頁　中央経済社刊
注(2)　『中小企業会計に関する指針』32頁　日本税理士協会・日本公認会計士協会・日本商工会議所・企業会計基準委員会　発行

参考　わが国のIFRS導入スケジュールの概要

年	コンバージェンス	アダプション	参考／米 (SEC)
07	「東京合意」(8月)		
08	「東京合意」における短期コンバージェンス項目の終了 (12月)		
09		『わが国における国際会計基準の取り扱いについて (中間報告)』(6月)	任意適用開始
10		国際的な財務・事業活動を行っているわが国の上場企業の連結財務諸表に対し，IFRSの任意適用を認める予定 (10年3月期の年度末より)	
11	コンバージェンス期限 (6月)		強制適用の適否判断
12		わが国の上場企業にIFRSの適用を強制するかどうかを決定	
13			
14			強制適用開始。段階的に適用対象を拡大
15		わが国の上場企業に対しIFRSの適用を強制する可能性	
16			

エコノミスト　2009年11月3日号より引用

欠損金の繰越し制度等の理論と実務

組織再編成と繰越欠損金

桜美林大学教授 野田 秀三

はじめに

　法人の業績がふるわず当該事業年度末に未処理欠損金額が生じた場合には，当該法人の繰越欠損金額は，一定の要件を満たしている場合には，7年間にわたって当該事業年度以降の各事業年度の所得金額を限度として繰越しが認められている。

　法人が合併，分割の組織再編成をした場合においては，法人税法における組織再編税制では，合併法人等の繰越欠損金は，一定の要件を満たしている場合には，7年間にわたって繰越欠損金の損金算入が認められている。

　合併法人等が被合併法人等の繰越欠損金額を引き継ぐことができるのは，合併法人と被合併法人等の間で適格合併が行われている場合である。

I　組織再編成税制前の繰越欠損金の取扱い

　平成13年度税制改正前において，合併における欠損金の引継ぎは，合併法人の繰越欠損金の繰越しは認めていたが，被合併法人の欠損金を合併法人

に引き継ぐことは認められなかった。

1　合併法人の繰越欠損金

　法人が合併した場合に，合併法人の繰越欠損金は合併の日の前の事業年度5年以内に生じたものについては，一定の要件を満たしている場合には，損金の額に算入することが認められていた。

　昭和40年の法人税法の全文改正により，現在の法人税法第57条に青色申告書を提出した事業年度の欠損金の繰越しの規定が設けられた。

　昭和40年の法人税法第57条第1項における欠損金の繰越しの規定では，青色申告書である確定申告書を提出する内国法人の各事業年度開始の日前5年以内に開始した事業年度において生じた欠損金額（当該事業年度前の事業年度の所得の金額の計算上損金の額に算入されたもの及び欠損金の繰戻しによる還付を受けることになったものを除く。）がある場合には，当該欠損金額に相当する金額は，当該事業年度の所得の金額の計算上，損金算入前の当該事業年度の所得を限度として損金の額に算入するものとした（旧法法57①）。

　昭和43年（1968）3月の税制改正前は，法人税法第57条第2項では，内国法人が青色申告法人において生じた欠損金額の5年間の繰越しを認める要件として，欠損金額が生じた事業年度に青色申告書である確定申告書を提出し，かつ，その後において連続して青色申告の確定申告書を提出することが要件とされていた（旧法法57②）。

　しかし，欠損金額が生じた事業年度に青色申告書を提出し，その後においても連続して青色申告書を提出することを要件とすると納税する法人に過酷な手続を要求することになることから，昭和43年度税制改正では，欠損金額が生じた事業年度に青色申告書を提出しておれば，その後の事業年度では，青色申告書でなくとも，連続して白色の確定申告書を提出していることを条件に，繰越欠損金の繰越しを認める緩和措置がとられた。

2 被合併法人の欠損金額

　法人が合併した場合に，被合併法人の欠損金額は，合併法人の繰越欠損金額の引継ぎと同一条件であっても合併法人に引き継ぐことは認められなかった（旧法基通4-2-18）。

　その理由は，法人の合併は被合併法人の権利義務を包括的に合併法人に引き継ぐことにあるが，被合併法人の損益計算上の数値までも合併法人に引き継ぐものではないとする考えである。しかも，当時の商法における会社法の規定の考えでは，合併に伴う合併差損の計上は認められていなかったことから，税法上も被合併法人の繰越欠損金を合併法人に引き継ぐことは認められないとする見解が示されていた[注1]。

II　組織再編成における繰越欠損金の引継ぎ

　平成13年度税制改正により，組織再編成税制が創設され，合併法人等が被合併法人等を合併するときは，その組織再編成が適格合併である場合に被合併法人等の繰越欠損金を引き継ぐことが認められた。ただし，それには一定の要件を満たしていなければならない。

　なお，以下の12～17の説明は，拙稿「連結納税制度と繰越欠損金」の「IV　連結納税制度における欠損金」8～13に再掲されていることをお断りしておく。

1　青色申告法人の繰越欠損金の繰越し

　青色申告書を提出している法人において，7年以内に生じた繰越欠損金額のうち未処理となっている繰越欠損金額は，欠損金額が生じた事業年度に青色申告書である確定申告書を提出し，かつ，その後において連続して確定申告をしている場合に限り，各事業年度の所得の金額を限度として，各事業年度の損金の額に算入することができる（法法57①，法法57⑪）。期限切れと

なっている繰越欠損金額は，損金の額に算入することはできない。

なお，青色申告法人が繰越欠損金を繰り越すことができる要件として，「欠損金額が生じた事業年度に青色申告書である確定申告書を提出し，かつ，その後において連続して確定申告をしている場合」とは，欠損金額が生じた事業年度に青色の確定申告書を提出しており，かつ，その後において青色の申告書にこだわらず白色の申告書である確定申告書を連続して提出している場合には，繰越欠損金の繰越しを認めるものである。

2　白色申告法人の繰越欠損金の繰越し

確定申告書を提出する法人が，7年以内に生じた繰越欠損金額のうち，棚卸資産，固定資産又は繰延資産について，震災，風水害，火災その他の災害で生じた災害損失欠損金額は，その各事業年度の所得の金額を限度として，各事業年度の損金の額に算入することができる（法法58①）。すなわち，法人において生じた災害損失欠損金額については，青色申告を要件とせず，白色申告の確定申告書を提出していれば，7年間の繰越控除を認めるものである。

この取扱いは，当初は，昭和34年12月の改正で災害損失に限られ5年間の繰越控除が認められていたが，平成16年度税制改正で7年間に繰越控除が改められている。

3　合併等における繰越欠損金の引継ぎ

(1)　適格合併等の繰越欠損金

平成13年度税制改正で創設された組織再編成税制では，適格合併又は分割型分割で一定の要件を満たす適格分割型分割に該当するもの（以下「適格合併等」という。）である場合は，被合併法人又は分割法人（以下「被合併法人等」という。）の合併又は分割型分割の日の前事業年度以前7年以内（創設当初は5年以内）の繰越欠損金額について，各事業年度の所得の金額を限度として，合併法人又は分割承継法人（以下「合併法人等」という。）における損金

の額に算入することができる（法法57②）。

① 適格合併の要件

適格合併となる要件は，合併に際して合併法人から被合併法人の株主に株式以外の資産（株主等に株式又は出資に対する剰余金の配当，利益の配当又は剰余金の分配として交付される金銭その他の資産あるいは株主等からの買取請求に対して対価として交付される金銭その他の資産は除く。）の交付がないもので，次の条件のいずれかに該当する合併である（法法2十二の八）。

(i) 被合併法人と合併法人との間に100％の持分関係（直接及び間接所有含む。）がある場合の合併（法法2十二の八イ）

(ii) 被合併法人と合併法人との間に50％超100％未満の持分関係（直接及び間接所有を含む。）がある場合の合併で，次の二つの要件のすべてに該当するもの（法法2十二の八ロ）

　(a) 被合併法人の従業員のおおむね80％以上が合併法人の業務に従事することが見込まれていること（従業員引継要件）。

　(b) 被合併法人の主要な事業が合併法人において引き続き営まれることが見込まれていること（事業継続要件）。

(iii) 被合併法人と合併法人とが共同で事業を行うための合併で，一定の要件に該当すること（法法2十二の八ハ）

グループ企業内の合併では，適格合併となるのは100％の持分関係（直接又は間接の所有を含む。）であり，間接所有を含む持分関係が50％超100％未満では，被合併法人の従業員のおおむね80％以上が合併法人の業務に従事し，被合併法人の主要な事業が合併法人に引き継がれることが要件になっている。

② 適格合併等の共同事業の要件

合併において共同事業を行う場合には，政令で一定の要件を満たす場合には適格合併として認められる。

適格合併等における共同事業要件とは，次の(a)から(d)の要件を満たす場合，あるいは(a)と(e)の要件を満たす場合の共同事業である（法令112⑦）。

(a) 被合併法人等の被合併等事業と合併法人等の合併等事業とが相互に関連するものであること（事業相互関連性要件）。

(b) 被合併等事業と合併等事業の売上金額，従業者の数，適格合併等に係る被合併等法人等と合併法人等のそれぞれの資本金の額若しくは出資金の額又はこれらに準ずるものの規模の割合がおおむね5倍を超えないこと（事業の相対的な規模関連性の要件）。

(c) 被合併等事業が適格合併等に係る被合併法人等と合併法人等との間に特定資本関係の生じた時から適格合併等の直前の時まで継続して営まれており，しかも，被合併法人等特定資本関係発生時と適格合併等の直前の時における被合併等事業の規模の割合がおおむね2倍を超えないこと（被合併等事業の同等規模継続要件）。

(d) 合併等事業が適格合併等に係る合併法人等と被合併法人等との間に特定資本関係の生じた時から適格合併等の直前の時まで継続して営まれており，しかも，合併法人等特定資本関係発生時と適格合併等の直前の時における合併等事業の規模の割合がおおむね2倍を超えないこと（合併等事業の同等規模継続要件）。

(e) 適格合併等に係る被合併法人等の適格合併等の前における特定役員である者のいずれかの者と当該合併法人等の適格合併等の前における特定役員である者のいずれかの者とが適格合併等の後に合併法人等の特定役員となることが見込まれていること（特定役員要件）。

なお，特定役員とは，社長，副社長，代表取締役，代表執行役，専務取締役，若しくは，これらに準ずる者で法人の経営に従事している者をいう。

また，適格合併等に係る被合併法人等あるいは合併法人等の特定役員である者とは，それぞれの法人において適格合併等をする前にそれぞれの役員であった者あるいは当該法人で経営に従事していた者に限られている。

③ 共同事業を営む適格合併等の判定

被合併法人等からの青色欠損金の引継ぎの制限（法57③），あるいは青色欠損金の繰越しの制限（法57⑤）で規定されている共同で営む事業が適格合

併等に該当するかどうかの判定は，組織再編成税制では，法人税基本通達の1-4-4（従業者の範囲），1-4-5（主要な事業の判定），1-4-6（事業規模を比較する場合の売上金額等に準ずるもの），1-4-7（特定役員の範囲）が準用される（法基通12-1-3）。

(イ) 従業者の範囲

共同事業を営む事業が適格合併等に該当するための従業者とは，役員，使用人その他の者で，合併，分割の直前において被合併法人の合併前に営む事業，分割事業に従事する者をいう。ただし，これらの事業に従事する者であっても，例えば，日々雇い入れられる者で従事した日ごとに給与等の支払を受ける者について，法人が従業者の数に含めないこととしている場合は，これを認めるものとする（法基通1-4-4）。

(ロ) 主要な事業の判定

被合併法人の合併前に営む事業が2以上ある場合において，そのいずれが主要な事業であるかは，それぞれの事業に属する収入金額又は損益の状況，従業者の数，固定資産の状況等を総合的に勘案して判定することになる（法基通1-4-5）。

(ハ) 売上金額等

事業規模を比較する場合のそれぞれの売上金額，従業者の数，資本金の額若しくは出資金の額若しくはこれらに準ずるものの規模の割合がおおむね5倍を超えないこと等の判定基準としては，その例として，金融機関における預金量等，客観的・外形的にその事業の規模を表すものと認められる指標が挙げられている（法基通1-4-6）。

④ 合併類似適格分割型分割の要件

合併類似適格分割型分割となる要件は，次の要件のすべてに該当するものをいう（法令112①）。

一 分割法人の分割型分割前に営む主要な事業が分割承継法人に引き続き営まれることが見込まれていること。

二 分割法人の分割型分割の直前に有する資産及び負債の全部が分割承継

法人に移転すること。
三　分割法人は，分割型分割後直ちに解散することが分割型分割の日までに分割法人の株主総会又は社員総会において決議されていること。

合併類似適格分割型分割は，分割法人が分割後解散することにより，分割法人が分割後分割承継法人に引き継ぐ部分が，実質的に合併法人が被合併法人を吸収合併することと類似することから，合併法人に適用される行為と同様に取り扱っている。

なお，合併類似適格分割型分割の分割法人は，分割後解散することになり，被合併法人と同様となることから，合併類似適格分割型分割の日の事業年度以降においては，分割法人の繰越欠損金額はないものとして取り扱われる（法法57④）。

(2)　非適格合併等の繰越欠損金

適格要件を満たしていない合併における合併の日の事業年度前の被合併法人の7年以内の繰越欠損金は，合併法人には引き継ぐことはできない。同様に分割型分割においても，適格分割型分割であるか非適格分割型分割であるかにより，取扱いが異なる。

非適格分割型分割では，分割法人の繰越欠損金は分割承継法人に引き継ぐことはできない。合併類似適格分割型分割に該当するもの以外の分割型分割の分割法人の繰越欠損金を分割承継法人に引き継ぐことはできない。

4　適格合併等における災害損失金の繰越し

適格合併又は適格分割型分割（以下「適格合併等」という。）で被合併法人又は分割法人（以下「被合併法人等」という。）の適格合併等の事業年度以前7年以内の事業年度に生じた災害損失欠損金額で，損金の額に算入した額を除いた未処理災害損失欠損金額がある場合には，確定申告書を提出していることを条件に，合併法人等で生じた災害損失欠損金額とみなして繰越しを認めている（法法58①②）。

5 被合併法人等の未処理欠損金額

　適格合併等において，被合併法人等において未処理欠損金額があるときは，その未処理欠損金額に相当する金額については合併法人等の欠損金額とみなして，引き継ぐことを認めている。ただし，次のような制限がある（法57①②③④⑤）。

　一　引き継げる未処理欠損金額は，適格合併等事業年度直前の事業年度7年以内に生じた適格合併法人又は適格分割型分割法人における欠損金であること。
　二　被合併法人等が適格合併等事業年度直前の事業年度7年以内について青色申告書を提出し，かつ，確定申告書を継続して提出している場合に生じた欠損金であること。
　三　被合併法人等において生じた上記の欠損金額のうち，被合併法人等において損金の額に算入している金額又は災害損失欠損金又は還付を受ける部分の欠損金額は除く。
　四　合併法人等の合併等事業年度の確定申告書に未処理欠損金額に関する明細の記載があること。
　五　合併類似適格分割型分割に係る分割法人が当該合併類似適格分割型分割の日の属する事業年度以後の各事業年度においては，すでに合併類似適格分割型分割で合併法人あるいは分割承継法人に，合併類似適格分割型分割の日の直前の事業年度以前の未処理欠損金額が引き継がれていることから，当該分割事業年度以後の青色申告に基づく欠損金があったとしても欠損金がないものとして取扱うことになる。

6 合併法人等の未処理欠損金額の帰属年度

(1) 原則

　適格合併等において，被合併法人等に適格合併等の日前7年以内の各事業年度に生じた未処理欠損金額があるときは，合併法人等に引き継がれる。
　この場合に，適格合併等の合併法人等の適格合併等の日の属する合併等事

業年度以後の各事業年度において，適格合併等の前7年以内事業年度において被合併法人等に生じた未処理欠損金額は，合併法人等の合併等の日の前事業年度前7年以内に対応する未処理欠損金額とみなされる（法法57②）。

なお，合併法人等の合併等事業年度開始の日以後に開始した被合併法人等の前7年以内事業年度において生じた未処理欠損金額は，合併等事業年度の前事業年度に帰属する未処理欠損金額とみなされる。

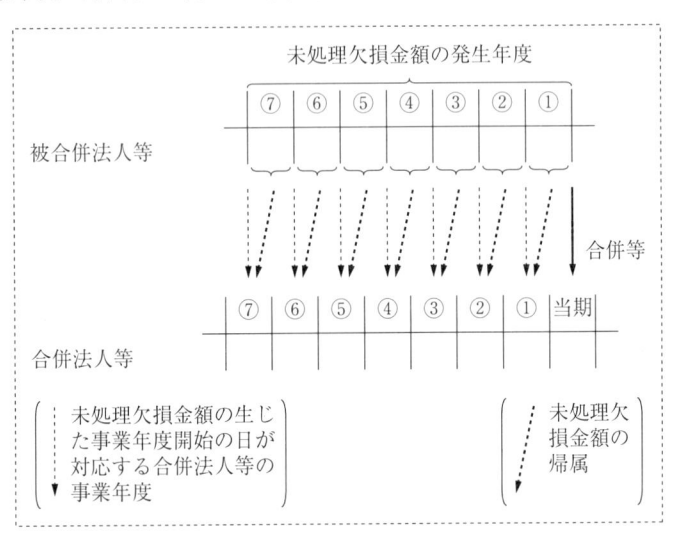

被合併法人等と合併法人等の未処理欠損金額の発生年度の対応

〔設例1〕

　合併の日　2007年1月5日
　合併法人（A社）の事業年度　4月1日～3月31日
　被合併法人（B社）の事業年度　1月1日～12月31日

B社（被合併法人）の未処理欠損金額の帰属期間	A社（合併法人）における被合併法人の未処理欠損金額の帰属期間
前1年事業年度分（2006.1.1～12.31）	（2005.4.1～2006.3.31）
前2年事業年度分（2005.1.1～12.31）	（2004.4.1～2005.3.31）
前3年事業年度分（2004.1.1～12.31）	（2003.4.1～2004.3.31）

前4年事業年度分（2003.1.1〜12.31）　（2002.4.1〜2003.3.31）
前5年事業年度分（2002.1.1〜12.31）　（2001.4.1〜2002.3.31）
前6年事業年度分（2001.1.1〜12.31）　（2000.4.1〜2001.3.31）
前7年事業年度分（2000.1.1〜12.31）　（1999.4.1〜2000.3.31）

(2)　合併法人等に合併等の前の事業年度がない場合

　適格合併等における合併法人等の合併等事業年度開始日前7年以内に開始した各事業年度のうち最も古い事業年度開始日が，被合併法人等の適格合併等前7年以内の事業年度の各年度に生じた未処理欠損金額で最も古い事業年度開始日後である場合には，被合併法人等の7年前事業年度開始日から合併法人等の7年前事業年度開始日の前日までの期間を当該期間に対応する被合併法人等の7年前事業年度開始日における被合併法人の適格合併等前7年内事業年度ごとに区分したそれぞれの期間は，合併法人等のそれぞれの事業年度とみなして，合併法人等が被合併法人等の未処理欠損金額を合併法人等の未処理欠損金額として引き継ぐ（法令112③）。

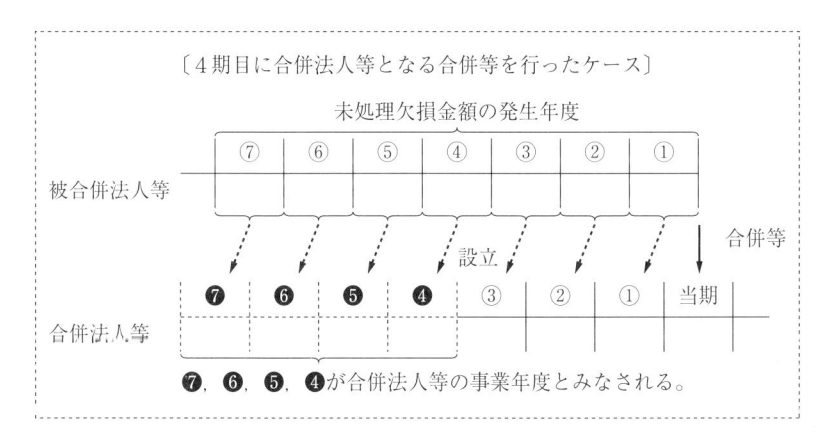

〔4期目に合併法人等となる合併等を行ったケース〕

❼、❻、❺、❹が合併法人等の事業年度とみなされる。

〔設例2〕
　合併の日　　2007年1月5日
　合併法人（A社）の設立　　2003年4月1日
　合併法人（A社）の事業年度　　4月1日〜3月31日

被合併法人（B社）の事業年度　1月1日～12月31日

B社（被合併法人）の未処理欠損金額の帰属期間	A社（合併法人）における被合併法人の未処理欠損金額の帰属期間
前1年事業年度分（2006.1.1～12.31）	（2005.4.1～2006.3.31）
前2年事業年度分（2005.1.1～12.31）	（2004.4.1～2005.3.31）
前3年事業年度分（2004.1.1～12.31）	（2003.4.1～2004.3.31）
前4年事業年度分（2003.1.1～12.31）	（2002.4.1～2003.3.31）（みなし期間）
前5年事業年度分（2002.1.1～12.31）	（2001.4.1～2002.3.31）（みなし期間）
前6年事業年度分（2001.1.1～12.31）	（2000.4.1～2001.3.31）（みなし期間）
前7年事業年度分（2000.1.1～12.31）	（1999.4.1～2000.3.31）（みなし期間）

7　被合併法人等から引き継ぐ未処理欠損金額に係る制限

　適格合併等において、被合併法人等の繰越欠損金額（未処理欠損金額）を引き継ぐことが認められたことから、繰越欠損金あるいは含み損を利用した租税回避行為が行われることが考えられ、租税回避行為に繰越欠損金額等が利用されないようにするために一定の制限が設けられた。

　適格合併等に係る被合併法人等と合併法人等との間に特定資本関係があり、その特定資本関係が合併法人等の適格合併等に係る合併等事業年度開始の日の5年前の日以後に生じている場合は、適格合併等が共同事業を営むための適格合併等に該当しないときは、引き継げる被合併法人等の未処理欠損金額には、次の欠損金額は含まれない（法法57③）。

① 被合併法人等の特定資本関係事業年度以前7年以内に生じた未処理欠損金額
② 被合併法人等の特定資本関係事業年度以後の各事業年度で7年以内に生じた特定資産の譲渡等損失額に相当する未処理欠損金額

　したがって、適格合併等で合併法人等が被合併法人等から引き継げる未処理欠損金額は、上記の①及び②の未処理欠損金額を控除した金額となる。

　なお、平成16年度税制改正で平成13年4月1日以後の事業年度以後に生

じた未処理欠損金額の繰越しについては，5年から7年に延長されたが，特定資本関係については適格合併等の事業年度開始日の5年前の日以後となっており，変更されていない。

(1) **特定資本関係**

特定資本関係とは，いずれか一方の法人が他方の法人の発行済株式又は出資（他方の法人が有する自己株式又は出資を除く。）の総数又は総額の50％超の数又は金額の株式又は出資を直接又は間接に保有する関係をいう（法法57③）。

この特定資本関係は，次のいずれかに該当する法人をいう（法令112④）

① 二の法人のいずれか一方の法人が他の法人の発行済株式又は出資（自己が保有する自己株式又は出資は除く。）の総数又は総額の50％超の数又は金額の株式又は出資を直接又は間接に保有する関係

② 二の法人が同一の者（個人又は同族関係にある特殊な関係にある個人）によって，それぞれの法人の発行済み株式等の総数の50％超の数の株式を直接又は間接に保有される関係

(2) **特定資本関係の判定**

直接又は間接に，一方の法人が他方の法人の発行済株式又は出資の数又は金額を保有するかどうかの判定は，一方の法人が他方の法人の発行済株式の直接保有割合と間接保有割合を合計した割合で判定する（法令112⑤）。

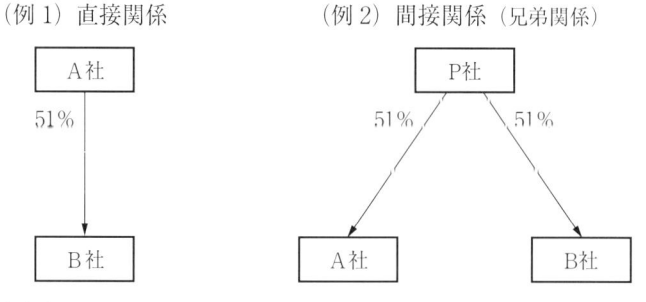

（例1）直接関係

A社
↓ 51%
B社

（例2）間接関係（兄弟関係）

P社
51% ↙ ↘ 51%
A社　　B社

特定資本関係の判定において，一方の法人が他方の法人の発行済株式の直接保有割合と間接保有割合を合計した割合で判定する場合に，次のような

ケースがある（法令112⑤）。
一　当該他方の法人の株主等である法人の発行済株式等の総数の50％超の数の株式が当該一方の法人により所有されている場合
　　当該株主等である法人の有する当該他方の法人の株式の数が当該他方の法人の発行済株式等の総数のうちに占める割合
二　当該他方の法人の株主等である法人と当該一方の法人との間にこれらの者と発行済株式等の所有を通じて連鎖関係にある一又は二以上の法人（以下「出資関連法人」という。）が介在している場合（出資関連法人及び当該株主等である法人がそれぞれその発行済株式等の総数の50％超の数の株式を当該一方の法人又は出資関連法人（発行済株式等の総数の50％超の数の株式が当該一方の法人又は他の出資関連法人によって所有されているものに限る。）によって所有されている場合に限られる。）
　　当該株主等である法人の有する当該他方の法人の株式の数が当該他方の法人の発行済株式等の総数のうちに占める割合（当該株主等である法人が二以上ある場合には、当該二以上の株主等である法人につきそれぞれ計算した場合の合計割合）

　（例3）　法人株主が介在するケース

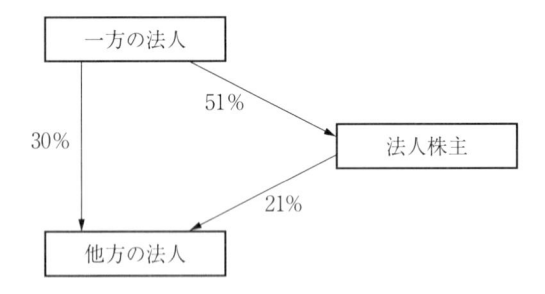

```
        ┌─────────┐
        │ 一方の法人 │
        └─────────┘
         │      ＼ 51%
     30% │       ＼
         │        ＼→┌─────────┐
         │           │ 法人株主  │
         │           └─────────┘
         │          ／ 21%
         ↓        ↙
        ┌─────────┐
        │ 他方の法人 │
        └─────────┘
```

(例4) 出資関連法人と法人株主が介在するケース

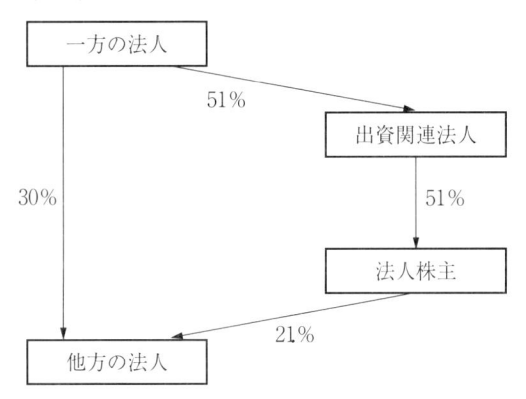

```
   ┌─────────┐
   │ 一方の法人 │
   └─────────┘
    │    ╲ 51%
    │     ╲
  30%      ▶┌───────────┐
    │       │ 出資関連法人 │
    │       └───────────┘
    │            │ 51%
    │            ▼
    │       ┌─────────┐
    │       │ 法人株主 │
    │       └─────────┘
    │         ╱ 21%
    ▼        ▼
   ┌─────────┐
   │ 他方の法人 │
   └─────────┘
```

　特定資本関係があるかどうかを判定する場合に，一方の法人が他方の法人の株式（出資を含む。）を保有する関係にあるかどうかは，株主名簿，社員名簿又は定款に記載又は記録されている株主等により判定することになるが，その株主等が単なる名義人であって，当該株主等以外の者が実際の権利者である場合にはその実際の権利者が保有するものとして判定する（法基通12-1-2）。

(3)　**特定役員の範囲**

　特定役員には，役員又は役員以外の者で，社長，副社長，代表取締役，代表執行役，専務取締役又は常務取締役と同等に法人の経営の中枢に参画している者が該当する（法基通1-4-7）。

(4)　**特定資産譲渡等損失額**

　ここに特定資産譲渡等損失額とは，次の損失額の合計額である（法法62の7②）。

(イ)　特定資本関係法人から特定適格合併等により移転を受けた資産のうちで特定資本係法人が特定資本関係が生じた日以前から有していたものの譲渡，評価換え，貸倒れ，除却その他これらに類する事由による損失額の合計額から特定引継資産の譲渡又は評価換えによる利益の額の合計額を控除した金額

(ロ) 内国法人が特定資本関係開始日前から有していた資産の譲渡，評価換え，貸倒れ，除却その他これらに類する事由による損失の額の合計額から特定引継資産の譲渡又は評価換えによる利益の額の合計額を控除した金額

特定資産譲渡等損失額は，法人が特定資本関係を有する法人と適格合併等をするときに，当該被合併法人等の特定資本関係以前の含み損に該当する額であり，組織再編成により，当該含み損を持ち込むことに対して制限をするものである。

8 被合併法人等から引き継ぐ未処理欠損金額に係る制限の特例

適格合併等において，合併法人等が被合併法人の未処理欠損金額を引き継ぐ場合に，適格合併等の事業年度前5年以内に被合併法人等との間に特定資本関係が生じた場合には，被合併法人等との間に特定資本関係事業年度以前7年以内に生じた未処理欠損金額については，制限があるが，被合併法人等の特定資本関係事業年度前の純資産価額を時価評価した場合には，次の特例により被合併法人等の未処理欠損金額を引き継ぐことができる場合がある（法令113）。

一 時価純資産価額超過額が特定資本関係前未処理欠損金額の合計額以上である場合

被合併法人等の特定資本関係事業年度の前事業年度終了時の純資産価額を時価評価して，時価純資産価額と簿価純資産価額との差額である時価純資産価額超過額が被合併法人等の特定資本関係前未処理欠損金額の合計額以上である時又は被合併法人等の特定資本関係前未処理欠損金額がないときは，法人税法57条3項で制限している欠損金額はないものとされていることから，全額の未処理欠損金額を引き継ぐことができる。

なお，時価純資産価額超過額とは，時価純資産価額（資産の価額の合計額から負債（新株予約に係る義務を含む。）の価額の合計額を減算した金額）から簿価純資産価額（資産の帳簿価額の合計額から負債の帳簿価額の合計額を減算した金額）を

減算した金額である。

これは，被合併法人等において，特定資本関係前未処理欠損金額の合計額以上の時価純資産価額超過額があれば，未処理欠損金額は時価純資産価額超過額である含み益で補填しえると見るからと解される。

〔設例〕
- 被合併法人等の特定資本関係前未処理欠損金額の合計額　　100万円
- 被合併法人等の特定資本関係事業年度の前事業年度
  終了時の時価純資産価額　　　　　　　　　　　　　　　200万円
- 被合併法人等の特定資本関係事業年度の前事業年度
  終了時の簿価純資産価額　　　　　　　　　　　　　　　50万円
- 特定資本関係事業年度以後の事業年度の未処理欠損金額　　80万円

　　　時価純資産価額超過額＝200万円－50万円＝150万円
　　　時価純資産価額超過額＞特定資本関係前未処理欠損金額の合計額
　　引き継げる被合併法人等の未処理繰越欠損金額
　　　＝100万円＋80万円＝180万円

二　簿価純資産価額超過額が特定資本関係前未処理欠損金額の合計額に満たない場合

被合併法人等の特定資本関係事業年度の前事業年度終了時の時価純資産価額超過額が特定資本関係前未処理欠損金額の合計額よりも満たない場合には，特定資本関係前未処理欠損金額の合計額には含み損が含まれることになり，未処理欠損金額の引き継ぎに制限がある。

特定資本関係前未処理欠損金額の合計額から時価純資産価額超過額を控除した金額が制限対象金額となり，特定資本関係前未処理欠損金額の最も古いものから成るものとした場合に制限対象金額に係る特定資本関係前未処理欠損金額がある事業年度ごとに，次のイからロの金額を控除した金額が引き継げない未処理欠損金額となる。

　イ　その事業年度の制限対象金額に係る特定資本関係前未処理欠損金額
　ロ　その事業年度の特定資本関係前未処理欠損金額のうち特定資本関係事

業年度から合併等事業年度までの各事業年度において繰越控除された金額

なお、被合併法人等の特定資本関係事業年度以後の各事業年度で適格合併等事業年度前7年以内に生じた特定資産の譲渡等損失額に相当する未処理欠損金額はないものとして取り扱われる。

これから、適格合併等で合併法人等に引き継ぐことができる被合併法人等の未処理欠損金額は、それぞれの事業年度の未処理欠損金額からその事業年度において、上記の引き継げない金額を控除した金額となる。

この場合においては、特定資本関係事業年度以後の事業年度に係る未処理欠損金額のうち特定資産譲渡等損失相当額から成る金額はないものとされており、特定資本関係事業年度以後に係る未処理欠損金額は全額引き継ぐことができる。

〔設例〕
・被合併法人等の特定資本関係前未処理欠損金額の合計額　　100万円
・被合併法人等の特定資本関係事業年度の前事業年度
　終了時の時価純資産価額　　　　　　　　　　　　　　　80万円
・被合併法人等の特定資本関係事業年度の前事業年度
　終了時の簿価純資産価額　　　　　　　　　　　　　　　60万円
・特定資本関係事業年度以後の事業年度に係る
　未処理欠損金額　　　　　　　　　　　　　　　　　　100万円

　　時価純資産価額超過額＝80万円－60万円＝20万円
　　時価純資産価額超過額＜特定資本関係前未処理欠損金額の合計額
　　　　　20万円　　　　　　　　100万円
　　特定資本関係前未処理欠損金額の合計額のうち合併法人等に引き継げない金額　　20万円
　　合併法人等に引き継ぐことのできる未処理欠損金額
　　　　（100万円－20万円）＋100万円＝180万円

　三　簿価純資産超過額が特定資本関係事業年度以後の特定資産譲渡等損失

相当額の合計額に満たない場合

　被合併法人等の特定資本関係事業年度の前事業年度終了の時における時価純資産価額が簿価純資産価額に満たない場合で，かつ，その満たない簿価純資産超過額が被合併法人等前7年内事業年度のうちその特定資本関係事業年度以後の各事業年度において生じた特定資産譲渡等損失相当額の合計額に満たないときは，引き継ぎが認められない金額は，次のイ及びロの金額である（法令113①三）。

　　イ　被合併法人等の特定資本関係事業年度以前7年以内に生じた未処理欠損金額
　　ロ　特定資本関係事業年度以後の事業年度に係る未処理欠損金額のうち特定資産譲渡等損失相当額から成る部分の金額

　特定資本関係事業年度以後の事業年度における未処理欠損金額のうち合併法人等に引き継ぎが認められない金額は，簿価純資産超過額が特定資本関係事業年度以後の各事業年度における特定資産譲渡等損失相当額のうちもっとも古いものから成るものとした場合に，それぞれの事業年度ごとに，次の(イ)から(ロ)の金額を控除した金額となる。

　　(1)　その事業年度の簿価純資産超過額に相当する金額に係る特定資産譲渡等損失相当額
　　(2)　その事業年度の青色欠損金額のうち合併等事業年度までの各事業年度において繰越控除された金額及び欠損金の繰戻還付となった金額

　したがって，適格合併等で合併法人等が被合併法人等から引き継げる未処理欠損金額は，簿価純資産超過額が特定資本関係事業年度以後の特定資産譲渡等損失相当額の合計額に満たない場合は，特定資本関係事業年度以後の事業年度における未処理欠損金額のうち，簿価純資産超過額に相当する金額にかかる特定資産譲渡等損失相当額を控除した金額となる。

〔設例〕
　・被合併法人等の特定資本関係前未処理欠損金額の合計額　　100万円
　・被合併法人等の特定資本関係事業年度の前事業年度

終了時の時価純資産価額　　　　　　　　　　　　　　60万円
・被合併法人等の特定資本関係事業年度の前事業年度
　　　終了時の簿価純資産価額　　　　　　　　　　　　　　80万円
・特定資本関係事業年度以後の事業年度に係る
　　　未処理欠損金額　　　　　　　　　　　　　　　　　　90万円
・特定資本関係事業年度以後の
　　　特定資産譲渡等損失相当額の合計額　　　　　　　　　50万円
　　　　簿価純資産価額超過額＝80万円－60万円＝20万円
　　　　簿価純資産価額超過額＜特定資本関係後特定資産譲渡等損失
　　　　　（20万円）　　　相当額の合計額　　（50万円）
　　　特定資本関係以後の未処理欠損金額の合計額のうち合併法人等に引き継げない金額　　20万円
　　　合併法人等に引き継ぐことのできる未処理欠損金額
　　　　　90万円－20万円＝70万円

9　内国法人と特定資本関係法人との間で組織再編成をした場合の欠損金の取扱い

　内国法人に欠損金額があるときに，内国法人を合併法人，分割承継法人又は被現物出資法人とし，被合併法人等との間で特定資本関係があり，共同事業を営まない適格合併，適格分割又は適格現物出資に該当する組織再編成をした場合には，内国法人である合併法人等の欠損金額にも制限が加えられている。

　これは，被合併法人等の含み益と合併法人等の欠損金額とが相殺されることに対する規制である。

(1) 特定適格合併等における欠損金額

　内国法人と特定資本関係にある法人との間で，内国法人を合併法人，分割承継法人又は被現物出資法人とする特定適格合併等（適格合併，適格分割又は適格現物出資のうち，共同で事業を営むための適格合併，適格分割又は適格現物出資

に該当しないものをいう。）が行われた場合に，当該特定資本関係にある期間が5年以内であれば，特定資本関係法人との間における次の欠損金額と特定資産譲渡等損失額の金額は，当該内国法人において，損金の額に算入しないという制限を設けている（法57⑤）。

一　内国法人と特定資本関係法人との間に特定資本関係が生じた日の属する事業年度前の各事業年度で合併等事業年度開始事業年度前7年以内の事業年度に該当する事業年度において生じた欠損金額

二　内国法人の特定資本関係事業年度以後の各事業年度で前7年内事業年度に該当する事業年度において生じた欠損金額のうち特定資産譲渡等損失額に相当する金額

(2) 特定適格合併等における特定資産譲渡等損失額

(イ) 適用期間

特定適格合併等において欠損金額を損金の額に算入することについて制限が設けられているが，内国法人を合併法人等とする特定適格合併等が行われた場合において，特定資本関係が内国法人の特定適格合併等の日の属する事業年度開始の5年前の日以後に生じているときは内国法人の適用期間（当該特定適格合併等事業年度開始の日から同日以後3年を経過する日（その経過する日が当該特定資本関係が生じた日以後5年を経過する日後となる場合にあっては，その5年を経過する日）までの期間）において生ずる特定資産譲渡等損失額は，当該内国法人の各事業年度の所得の金額の計算上，損金の額に算入しないとされる（法法62の7①）。

(ロ) 特定資産譲渡等損失額

特定適格合併等において，特定適格合併等を行った内国法人における特定資産譲渡等損失額は，次の金額の合計額となる（法62の7②）。

一　内国法人が特定資本関係法人から特定適格合併等により移転を受けた資産で特定資本関係法人が特定資本関係が生じた日前から有していた特定引継資産の譲渡，評価換え，貸倒れ，除却その他これらに類する事由による損失の額の合計額から特定引継資産の譲渡又は評価換えによる利

益の額の合計額を控除した金額
　二　内国法人が特定資本関係発生日前から有していた特定保有資産の譲渡,評価換え,貸倒れ,除却その他これらに類する事由による損失の額の合計額から特定保有資産の譲渡又は評価換えによる利益の額の合計額を控除した金額
　(ハ)　特定引継資産又は特定保有資産の範囲
　特定引継資産又は特定保有資産に該当する資産には,次の資産は除かれる（法令123の8⑤⑥）。
　①　棚卸資産（土地を除く。）
　②　売買目的有価証券
　③　特定適格合併等の日における帳簿価額又は取得価額が千万円に満たない資産
　⑤　特定資本関係発生日における価額が特定資本関係発生日における帳簿価額を下回つていない資産
　なお,⑤の資産は,特定適格合併等事業年度の確定申告書に,特定資本関係発生日における当該資産の価額及びその帳簿価額に関する明細書の添付があり,かつ,当該資産に係る特定資本関係発生日の価額の算定の基礎となる事項を記載した書類その他の財務省令で定める書類を保存している場合における資産に限られる（法令123の8⑥四）。
　特定引継資産は,内国法人が特定資本関係法人から特定適格合併等により移転を受けた資産であり,特定保有資産は,内国法人が特定資本関係発生日前から有していた資産である。
　いずれも,合併法人等が,特定資本関係のある法人との間に適格合併等をした場合に,被合併等法人から引き継ぐ資産に含まれる含み損あるいは当該合併法人等が保有する資産に含まれる含み損を,特定資本関係発生日後に当該資産を譲渡等して損失を実現させた場合には,合併法人等の損失額とすることを認めないとするものである。

10　新設合併における青色欠損金額の引継ぎの判定

　新設合併において，3社以上の法人が被合併法人となり，新設法人を合併法人とした場合に，被合併法人の間に青色欠損金額がある場合に合併法人が青色欠損金額を全額引き継げるかどうか，引継ぎに制限があるかどうか，特定資本関係があるかどうか，共同事業を行う合併であるかどうかということを判定する必要がある。

　これについては，法人税基本通達12-1-4において，法人を新設する適格合併が行われた場合において，適格合併に係る被合併法人が3以上あるときに，法人税法57条3項の被合併法人等からの青色欠損金の引継ぎに係る制限の規定を適用するときは，被合併法人ごとに，それぞれ他の被合併法人との間でそれぞれの規定を適用があるかどうかを判定することとしている。

　被合併法人と他の被合併法人とのいずれかの間で規定を適用するときは，その適用のある法人間については特定資本関係があるかどうかを判定する場合には，その特定資本関係が生じた日のうち最も遅い日の属する事業年度を特定資本関係事業年度として判定している。

図1　被合併法人等の未処理欠損金額の引継ぎ制限の判定関係

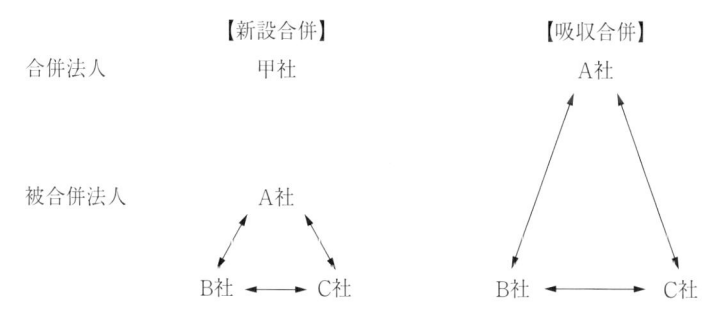

	【新設合併】	【吸収合併】
合併法人	甲社	A社
被合併法人	A社／B社 ⇔ C社	B社 ⇔ C社

出典　窪田悟嗣編著『法人税基本通達逐条解説5訂版』1016頁～1017頁

11 適格合併等に係る特定資本関係法人が2以上ある場合の特定資本関係日の判定

法人が2以上の特定資本関係法人との間でその法人を合併法人,分割承継法人又は被現物出資法人とする適格合併,適格分割又は適格現物出資を行った場合に,特定資本関係の生じた日がいつであるかの判定は,法人税基本通達12-1-5において,その法人と特定資本関係法人との間で特定資本関係が生じた日のうち最も遅い日としている。

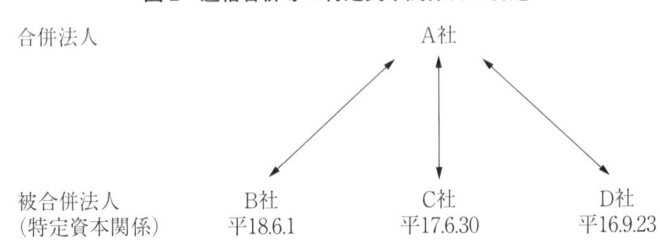

図2　適格合併等の特定資本関係日の判定

```
合併法人                        A社
                             ↗  ↑  ↖
                           ↙    │    ↘
被合併法人        B社        C社        D社
（特定資本関係）  平18.6.1   平17.6.30  平16.9.23
```

出典　窪田悟嗣編著『法人税基本通達逐条解説5訂版』1018頁～1019頁

12 連結欠損金個別帰属額の単体納税における欠損金額へのみなし規定（法法57⑥）

(1) 連結法人が分割型分割をした場合

法人が,連結法人で連結親法人事業年度の開始日の翌日からその終了の日までに,当該法人を分割法人とする分割型分割を行った場合に,分割型分割の日の前日の属する事業年度の開始の日前7年以内の連結欠損金個別帰属額は,連結個別帰属額が生じた連結事業年度開始の日の属する当該法人の単体で生じた欠損金額として引き継ぐこととなる（法法57⑥）。

(2) 連結法人が連結納税の承認を取り消された場合

法人が,連結納税義務者の承認が取り消された場合,あるいはやむをえない事情により,当該法人が連結法人であることをやめる承認をえた場合に,連結納税が取り消された最終の連結事業年度終了の日の翌日の事業年度開始

前7年以内の連結欠損金個別帰属額は，連結納税の連結欠損金個別帰属額から除外されるが，連結欠損金個別帰属額が生じた連結事業年度開始の日の属する当該法人の単体で生じた欠損金額として引き継ぐこととなる（法法57⑥）。

13　連結法人の組織再編成に伴う欠損金額の取扱い

(1)　連結子法人等の連結事業年度開始日の未処理欠損金額の引継ぎの規制

連結法人が，最初の連結事業年度開始の日に連結法人グループの連結子法人を適格合併し，同一連結事業年度内に当該連結法人を分割法人とする分割型分割をするような組織再編成をする場合には，連結法人は，連結子法人の連結前からの未処理欠損金額を，連結法人において引き継ぐことはできないとする（法令112⑮）。

この規制は，連結納税をするにあたって，連結子法人の連結前の未処理欠損金額が適格合併により，合併法人の未処理欠損金額として引き継がれたとしても，同一連結事業年度内の分割型分割により，未処理欠損金額が分割により，引き継がれない場合もあることから，この規定により，連結子法人の未処理欠損金額の引き継ぎを認めないとすることで明確にしたといえる。なお，この規制は，合併類似適格分割型分割にも適用される。

ただし，適格株式移転による株式移転完全子法人であったものについては，もともとは合併法人と一体とみることができることから，この組織再編成では，税法上，この適格合併において，合併法人において連結子法人の未処理欠損金額は引き継がれる。

(2)　連結法人が適格合併等をした場合の特定資本関係要件の不適用

連結親法人事業年度の期間内に，連結法人間で適格合併，適格分割又は適格現物出資を行ったときは，連結法人が合併法人である場合は，共同事業を営むものでない場合の被合併法人の欠損金の引継ぎ制限（法法57③），連結法人が被合併法人である場合は合併法人の欠損金の引継ぎ制限（法法57⑤）の規定は適用されない（法令112）。

この規定は，平成15年度税制改正で，連結グループ内の共同事業を満たさない適格合併等を行った場合の連結欠損金額の減額措置が廃止されたことによる。

　改正前においては，連結グループ内の共同事業を満たさない適格合併等が行われた場合（当該事業年度開始前5年以内に特定資本関係がある場合に限る。）に，その被合併法人等の連結欠損金個別帰属額の一定額は合併法人等に引き継ぐことができないとともに，連結欠損金額からその引き継ぐことができないとされた連結欠損金個別帰属額に相当する金額を減額することとされていた（旧法法81の9⑤一イ，三イ，旧法令155の21②二）。

　また，それと同様に，連結グループ内の共同事業を満たさない適格合併，適格分割又は適格現物出資が行われた場合（当該事業年度開始前5年以内に特定資本関係がある場合に限る。）には，その合併法人，分割承継法人又は被現物出資法人の連結欠損金個別帰属額の一定額はないものとされ，連結欠損金個別帰属額から減額されていた（旧法法81の9⑤四，旧法令155の21②五）。

　平成15年度税制改正により，連結グループ内の適格合併等で共同事業を満たさない場合（当該事業年度開始前5年以内に特定資本関係がある場合に限る。）に，連結欠損金個別帰属額が合併法人等に引き継がれる（法法81の9④一，三，法令155の21②二）。それとともに，同様に，連結グループ内の適格合併，適格分割又は適格現物出資が行われた場合（当該事業年度開始前5年以内に特定資本関係がある場合に限る。）に，その合併法人，分割承継法人又は被現物出資法人の連結欠損金個別帰属額が引き継がれる（法法81の9④四）。

　なお，連結グループ内で非適格合併等が行われた場合は，被合併法人の連結欠損金個別帰属額は，合併法人には引き継ぐことができない。また，連結欠損金額からその被合併法人の連結欠損金個別帰属額は減額されることになる（法法81の9④一）。

　連結親法人が連結グループ外の法人との間で，自己を合併法人等とする適格合併等を行った場合の被合併法人の欠損金額等（当該事業年度開始前5年以内に特定資本関係がある場合に限る。）の引継ぎ制限の措置，及び自己を合併法

人,分割承継法人又は被現物法人とする適格合併,適格分割又は適格現物出資を行った場合（当該事業年度開始前5年以内に特定資本関係がある場合に限る。）の連結欠損金個別帰属額相当額はないものとする制限措置が設けられている（法法81の9②三,④四）。

(3) 連結法人が連続して分割型分割を行った場合の欠損金の取扱い

連結法人である法人が自己を分割法人とする分割型分割（連結親法人事業年度開始日を除く。）を行ない,その分割型分割の日から連結親法人事業年度終了の日までの間に,さらにその分割法人を分割法人とする分割型分割を行った場合又は連結子法人の解散あるいは連結子法人が連結親法人との間で連結完全支配関係がなくなったことにより連結納税承認が取り消された場合は,その連結法人は単体申告する事業年度が連続することから,最初の分割において単体納税における欠損金額とみなして,これらの事業年度における繰越控除となる欠損金額とすることになる（法法57⑥,法令112⑰）。

連結法人である内国法人が,連結親法人事業年度開始の日の翌日からその終了の日までの間に,自己を被合併法人とする合併（当該法人との間に連結完全支配関係がある連結法人を合併法人とするものに限り,連結親法人を被合併法人とするものを除く。）又は自己を分割法人とする分割型分割を行った場合において,合併の日の前日の属する事業年度（最後事業年度）あるいは分割型分割の日の前日の属する事業年度（分割前事業年度）開始の日からその終了の日までの間に,次の一の合併又は二の分割を行い,あるいは最後事業年度又は分割前事業年度に三の分割を行っていたときは,それぞれの欠損金額は,その最後事業年度又は分割前事業年度の所得の金額の計算上,損金の額に算入することとされる（法令112⑬）。

一　その内国法人を合併法人とする合併（その内国法人との間に連結完全支配関係がある連結法人を被合併法人とするものに限り,連結親法人事業年度開始の日に行うものを除く。）においては,その被合併法人の合併の日の前日に属する事業年度において生じた欠損金額

二　その内国法人を分割型法人とする合併類似適格分割型分割（その内国

法人との間に連結完全支配関係がある連結法人を分割法人とするものに限り，連結親法人事業年度開始の日に行う分割型分割及び連結申請特例年度開始日から承認を受ける日の前日までに行う分割型分割を除く。）においては，その分割法人の合併類似適格分割型分割の日の前日に属する事業年度において生じた欠損金額
　三　その内国法人を分割法人とする分割型分割（連結親法人事業年度開始の日に行う分割型分割及び連結申請特例年度開始日から承認を受ける日の前日までに行う分割型分割並びに合併類似適格分割型分割を除く。）では，その内国法人のその分割型分割の日の前日に属する事業年度において生じた欠損金額

これらの欠損金額は，合併等の組織再編成が行われた事業年度の前の事業年度の欠損金額として，単体の欠損金額として取り扱われる。

14　適格合併等に係る被合併法人等が連結法人である場合の未処理欠損金額

　適格合併において被合併法人が連結法人である場合には，当該連結法人の欠損金の取扱いは，単体申告における内国法人の取扱いと同様に取り扱うことになる。すなわち，連結法人の適格合併の日前7年以内に開始した連結事業年度において生じた連結欠損金個別帰属額は，単体申告における欠損金額，連結確定申告書は青色申告書である確定申告書，連結欠損金個別帰属額が生じた事業年度は被合併法人の事業年度とみなして，欠損金の繰越しの規定を適用することになる（法法57⑦）。

　合併類似適格分割型分割における分割法人が連結法人である場合も，同様に取り扱うことになる（法法57⑦）。

　なお，適格合併における被合併法人が連結子法人である場合は，連結事業年度終了の日の翌日に連結子法人を被合併法人とする適格合併を行うものに限られる。

　合併類似適格分割型分割においては，当該連結法人の連結事業年度終了の

日の翌日に当該連結法人を分割法人とする合併類似適格分割型分割に限られる。

15 適格合併等における被合併法人等の欠損金の切捨て

適格合併あるいは合併類似適格分割型分割において被合併法人あるいは分割法人が連結法人である場合は，被合併法人あるいは分割法人の適格合併又は合併類似適格分割型分割の日の前の事業年度7年以内に生じた欠損金額は，適格合併等であっても引き継がれず切り捨てられることが明らかにされている（法法57⑧）。

16 単体納税における欠損金額の切捨て

連結法人である内国法人が分割型分割の分割法人である場合，連結法人である内国法人が連結親法人による被合併法人となる場合，連結法人である内国法人が連結納税を取り消された場合には，単体申告となってからも，分割法人となる前の欠損金額，被合併法人となる前の欠損金額，連結納税が取り消される前の欠損金額は，切り捨てられて，引き継ぐことはできない（法法57⑨）。

17 連結子法人が被支配法人を適格合併等となる合併等を行った場合

連結法人である連結子法人がその連結子法人との間で連結支配関係のない非支配法人を被合併法人あるいは分割法人とする適格合併あるいは合併類似適格分割型分割において，非支配法人の未処理欠損金額は合併法人あるいは分割承継法人である連結子法人に引き継ぐことはできないために切り捨てられる（法法57⑩一）。

なお，この場合の非支配法人を被合併法人又は分割法人とする適格合併又は適格分割を行った場合の連結子法人の欠損金額については，特定資本関係に係わる規制は受けず，連結納税において，引き継ぐことができる（法法57

⑩二）。

　この規定は，平成19年度税制改正で，連結子法人を合併法人とする適格三角合併に対応して，連結子法人が連結グループ外の法人を適格合併等した場合の被合併法人の非支配法人の欠損金の引継ぎを規制し，連結子法人の欠損金額の連結納税における引継ぎについては，緩和する措置がとられている。

　図3は，連結子法人を合併法人とする連結グループ外の支配関係のない法人を合併した場合に，被合併法人の欠損金は連結グループ内に持ち込むことができないことを明らかにしたものである。

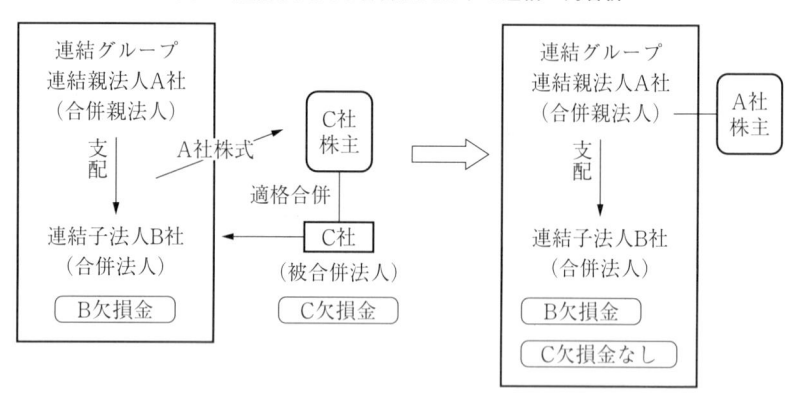

図3　連結子法人を合併法人とする適格三角合併

```
連結グループ                            連結グループ
連結親法人A社                           連結親法人A社          A社
（合併親法人）   C社                    （合併親法人）          株主
               株主
    支配   A社株式                           支配
           ↗     適格合併       ⇒
連結子法人B社 ← C社                     連結子法人B社
（合併法人）   （被合併法人）            （合併法人）
[B欠損金]      [C欠損金]                [B欠損金]
                                        [C欠損金なし]
```

むすび

　組織再編成税制では，適格合併等において，被合併法人等の繰越欠損金額（未処理欠損金額）が，適格合併等の7年前以内において生じたものである場合は，それが災害損失金額であるか，未処理欠損金額であるときは，当該繰越欠損金額を引き継ぐことが認められているが，繰越欠損金あるいは含み損を利用した租税回避行為を防止する目的で，租税回避行為に繰越欠損金額等が利用されないようにするために一定の制限が設けられている。

適格合併等において，合併法人等が被合併法人の未処理欠損金額を引き継ぐ場合に，適格合併等の事業年度前5年以内に被合併法人等との間に特定資本関係が生じた場合には，被合併法人等との間に特定資本関係事業年度以前7年以内に生じた未処理欠損金額については，制限があるが，被合併法人等の特定資本関係事業年度前の純資産価額を時価評価した場合には，特例により被合併法人等の未処理欠損金額を引き継ぐことができる場合がある（法令113）。なお，平成16年度税制改正で平成13年4月1日以後の事業年度以後に生じた未処理欠損金額の繰越しについては，5年から7年に延長されたが，特定資本関係については，適格合併等の事業年度開始日の5年前の日以後となっているが，変更されていない。特定資本関係の期間を5年とするかどうかは検討すべきである。状況によっては，一定の要件を満たしている場合は，緩和措置として，期間を短縮することも検討すべきである。

注(1)　小武山智安監修『コンメンタール法人税基本通達』税務研究会出版局　1997年　186頁。

参考文献

　武田昌輔編『DHCコンメンタール法人税法』第一法規
　武田昌輔他編『企業再編の税務』第一法規
　窪田悟嗣編著『法人税基本通達逐条解説5訂版』税務研究会出版局　2008年

欠損金の繰越し制度等の理論と実務

連結納税制度と繰越欠損金

桜美林大学教授　野田　秀三

I　はじめに

　連結納税は，連結グループの親法人又は子法人に欠損金がある場合には，連結グループの親法人と子法人の所得と欠損金を通算することにより，連結グループの連結所得に対する課税額が，連結グループの単体課税としての個別法人の所得に対する課税額の合計額よりも少なくなるという特徴がある制度である。

　連結納税制度が制定されたときに，法人税法132条の3に連結法人に係る行為又は計算の否認規定が設けられた。連結納税をすることにより，連結グループの連結所得を通算したときの連結所得を不当に減少させることに対する租税回避防止規定であり，法人税法132条の3を連結納税の租税回避防止の包括規定とみれば，法人税法及び法人税法施行令等で定めている連結納税に係る規定は，個別規定といえる。

　連結グループにおいて繰越欠損金がある場合には，単体課税において繰越欠損金の繰越控除が一定の規制を受け認められていることから，連結納税においても同様に連結欠損金の繰越しが認められるべきであるが，連結所得の圧縮あるいは，連結所得の軽減ということに対する租税回避行為の防止を目

的として，連結納税制度では連結欠損金に対する種々の制限規定が設けられている。

わが国の連結納税制度では，連結グループに加入するとき又は脱退するとき，あるいは組織再編成を行ったときに連結グループにおける連結欠損金の取扱いに一定の制限を設けている。

Ⅱ　欠損金の基本的な考え方

欠損金は，企業の努力にもかかわらず，損失が生じ結果として欠損金となったものである。企業会計では，会社法の規定により株主総会における資本の減少の特別決議で欠損金は自己資本で補てんすることにより消滅する（会社法149①二，計算規則179）。これに対して，課税所得の計算では，本来は過去の欠損金は将来の益金で補てんしていくべきであるが，課税の公平性の維持と中立的な課税所得計算をするという見地から，税法における欠損金の取扱いでは，課税所得計算において損金に算入する額を制限している。

わが国の欠損金の取扱いは，欠損金額が生じた場合には，欠損金額が生じた年度に青色申告をしており，以後確定申告をしていることを条件に，青色申告法人の過年度7年以内に生じた繰越欠損金額については，7年間（平成16年31日以前開始事業年度は5年間）繰越しが認められている。また，青色申告書を提出していない場合においても，災害損失金についても，同様に7年間の繰越欠損金額を繰越控除することが認められている。

株式移転によって持株会社となる親会社を設立した場合には，既存の会社は子会社となり，持株会社を連結親法人，持株会社を設立した既存の会社を連結子法人とする連結納税を開始した場合には，連結親法人は連結子法人との間でもともとは同一の組織体を形成していたことを考慮に入れて，株式移転の場合の連結子法人の欠損金額は，連結納税では，一定の要件のもとで引き継ぐことができる。

平成18年度税制改正で株式移転及び株式交換に適格要件が追加され，株式移転については適格要件により欠損金又は連結欠損金の繰越控除の制限の有無にも関係することになった。
　ここで，適格株式移転とは，次のいずれかに該当する株式移転で，株式移転完全子法人の株主に株式移転完全親法人の株式以外の資産が交付されないものをいう（法法2ⅩⅡのⅩⅦ，法令4の2⑯～24）。
① 株式移転完全子法人と他の株式移転完全子法人との間に100％の持株関係がある場合の株式移転又は単独株式移転（完全支配関係）
② 株式移転完全子法人と他の株式移転完全子法人との間に50％超の持株関係がある場合の株式移転のうち，次の要件のすべてに該当するもの
　(イ) 各株式移転完全子法人の従業者のおおむね80％以上がその株式移転完全子法人の業務に引き続き従事することが見込まれていること（業務従事要件）
　(ロ) 各株式移転完全子法人の主要な事業がその株式移転完全子法人において引き続き営まれることが見込まれていること（事業継続要件）
③ 株式移転完全子法人と他の株式移転完全子法人とが共同で事業を営むための株式移転で，次の(イ)から(ヘ)までの要件のすべてに該当するもの
　(イ) 株式移転完全子法人の主要な事業と他の株式移転完全子法人の事業とが相互に関連性を有すること（事業関連性の要件）
　(ロ) 関連するそれぞれの事業の売上金額，従業者数若しくはこれらに準ずるものの規模の割合がおおむね5倍を超えないこと又は株式移転完全子法人若しくは他の株式移転子法人の特定役員のいずれかが退任をするものではないこと（事業規模・特定役員の要件）
　(ハ) 株式移転完全子法人又は他の株式移転完全子法人の従業者のそれぞれおおむね80％以上が株式移転完全子法人又は他の株式移転完全子法人の業務に引き続き従事することが見込まれていること（従業員引継ぎ要件）
　(ニ) 株式移転完全子法人又は他の株式移転完全子法人の事業が株式移転

完全子法人又は他の株式移転完全子法人において引き続き営まれることが見込まれていること（事業継続要件）

(ホ) 株式移転完全子法人又は他の株式移転完全子法人の株主で株式移転により交付された株式移転完全親法人の株式の全部を継続して保有する者が有する株式移転完全子法人又は他の株式移転完全子法人の株式の保有割合が株式移転完全子法人又は他の株式移転完全子法人の発行済株式等の総数の80％以上であること（株式移転完全子法人又は他の株式移転完全子法人の株主数が50人以上である場合を除く。）（株式保有要件）

(ヘ) 株式移転後に株式移転完全親法人が株式移転完全子法人及び他の株式移転完全子法人の発行済株式等の全部を継続して保有することが見込まれること（子法人株式継続保有要件）

適格株式移転となる要件では、上記のように、株式移転完全子法人の株主に株式移転完全親法人の株式のみが交付され、株式移転子法人の間における資本関係により、その適格要件が定められている。

すなわち、第一に、株式移転子法人と他の株式移転子法人の間の持株関係が100％である場合である。これは、株式移転前に同一の者により株式移転完全子法人と他の株式移転完全子法人との間に同一の者によってそれぞれの法人の株式の全部を直接又は間接に保有される関係（完全支配関係）があり、株式移転後においても同一の者による完全支配関係が継続している場合である。適格株式移転では、株式移転完全法人が1社のみの単独株式移転の場合もある（法令4の2⑯）。

第二は、株式移転完全子法人と他の株式移転完全子法人との間に50％超の持株関係がある場合の適格株式移転では、従業員の80％以上が株式移転完全子法人に引き続き業務に従事する業務従事要件及び事業継続要件を満たしていなければならない（法法2 xii の xvii ロ、法令4の2⑰）。

第三は、株式移転完全子法人と他の株式移転完全子法人とが共同事業を行う場合の適格株式移転では、事業関連性の要件、事業規模・特定役員の要件、従業員引継ぎ要件、事業継続要件、株式保有要件、子法人株式継続保有要件

のすべての要件をみたしていなければならない（法法2 xii の xvii ハ，法令4の221）。

　なお，株式交換の場合は，これに対して株式を交換する会社同士は，直接又は間接に同一の組織体を形成していた訳ではないので，一体性に欠けるということから，株式交換によって完全親会社と完全子会社が完全親会社を連結親法人とし，完全子会社を連結子法人とする連結納税を開始した場合は，連結子法人の欠損金を連結親法人に引き継ぐことは認めていない。

Ⅲ　連結納税における連結事業年度とみなし事業年度

　連結納税制度では，連結親法人と連結子法人の個別の所得を通算して，連結所得を計算し連結納税額を確定することになるが，その計算の期間は，連結法人の連結親法人の事業年度開始の日からその終了の日までの期間を連結事業年度という（法法15の2①）。

　連結親法人の事業年度と連結子法人の事業年度が異なる場合には，連結子法人の連結納税の適用の時期の前後に，みなし事業年度が生じる（法法14五）。

　連結事業年度において，次のようなことが生じた場合には，連結法人において連結事業年度に含まれない期間があり，連結事業年度に含まれない事業年度は，連結法人は単体申告することになる（法法15の2①）。

　一　連結親法人事業年度の中途において自己を分割法人とする分割型分割を行った連結法人においては，その連結親法人事業年度開始の日から分割型分割の日の前日までの期間は，連結事業年度に含まれず単体申告となる（法法15の2①一）。

　二　連結親法人事業年度の中途において連結納税の承認の取消し（法法4の5①）の規定により連結納税義務者の承認を取り消された連結子法人においては，その連結親法人事業年度開始の日からその取り消された日

の前日までの期間は，連結事業年度に含まれず単体申告することになる（法法15の2①二）。

三　連結親法人事業年度の中途において解散した連結子法人においては，その連結親法人事業年度開始の日からその解散の日（合併による解散の場合は，合併の日の前日）までの期間は，連結事業年度に含まれず，単体申告することになる（法法15の2①三）。

四　連結親法人事業年度の中途において連結親法人との間に連結完全支配関係を有しなくなった連結子法人においては，その連結親法人事業年度開始の日からその有しなくなった日の前日までの期間は，連結事業年度に含まれず，単体申告することになる（法法15の2①四）。

Ⅳ　連結納税制度における欠損金

　連結納税制度は，連結グループの連結親法人と連結子法人の資本関係が，100％の直接又は間接の所有関係にある法人を1つの課税単位として課税対象にしている。連結グループの繰越欠損金においては，連結親法人の繰越欠損金については連結事業年度開始の日前7年以内の繰越欠損金は連結所得計算では引き継ぐことができる。しかし，連結グループの連結子法人の繰越欠損金については，原則として引き継ぐことは認めていない。

　ただし，5年以内に株式移転で連結親法人と連結子法人の関係にある場合には，適格要件を満たしている適格株式移転に限り連結親法人は連結子法人の繰越欠損金の引継ぎを認めている。

　組織再編成では，株式移転又は株式交換により親法人と子法人の関係が成立する場合があるが，株式移転の場合は，子法人が親法人を設立することにより成立する組織再編成であり，もともと子法人は親法人の分身である。それに対して，株式交換の場合は，外部の他の法人を新たに株式交換という手法により子法人とする組織再編であり，親法人と子法人の関係は資本関係で

保つものの，もともとは別の組織を構成していたものが資本関係で一体化したものである。

連結納税制度は，連結グループを構成する法人を一つの納税単位として，グループ全体の法人税等を一括して納税する制度である。わが国の連結納税制度は，米国の連結納税制度を参考にしているものの，制度そのものの導入が検討から導入まで短期間に行われた関係から再検討しなければならない問題も含んでいるが，連結グループを構成する範囲も狭くしている関係から，株式交換による親子関係の場合は連結納税制度の対象から除外している。

なお，以下の，8～13の説明は，拙稿「組織再編成と繰越欠損金」の「Ⅱ 組織再編成における繰越欠損金の引継ぎ」の12～17に再掲されていることをお断りしておく。

1　連結親法人の繰越欠損金

連結親法人の各連結事業年度開始の日（連結親法人を分割法人とする分割型分割を行った場合には，連結親法人事業年度開始の日）前7年以内に開始した連結事業年度において生じた連結欠損金額（各連結事業年度前の連結事業年度の連結所得の計算上損金の額に算入されたもの及び連結欠損金の繰戻しにより受けるべき還付額は除く。）がある場合には，当該連結欠損金額に相当する金額は，当該各連結事業年度の連結所得の金額を限度として，当該各連結事業年度の連結所得の計算上，損金の額に算入する（法法81の9①）。

連結欠損金額として繰越しが認められるものとしては，次のものがある（法法81の9②）。

(1) 連結親法人の連結納税開始事業年度前の7年以内に生じた連結親法人の青色申告を提出した事業年度の欠損金額又は白色申告をした事業年度の災害損失欠損金額（法法81の9②一）

(2) 連結親法人の連結納税開始事業年度の5年前の日から連結納税開始の日までの間に行われた株式移転で，株式移転の日から連結納税開始の日まで株式移転完全親法人により継続して株式の全部が保有されていた株

図1 株式移転に係る株式移転完全子法人であった連結子法人の欠損金額に係るみなし連結欠損金額

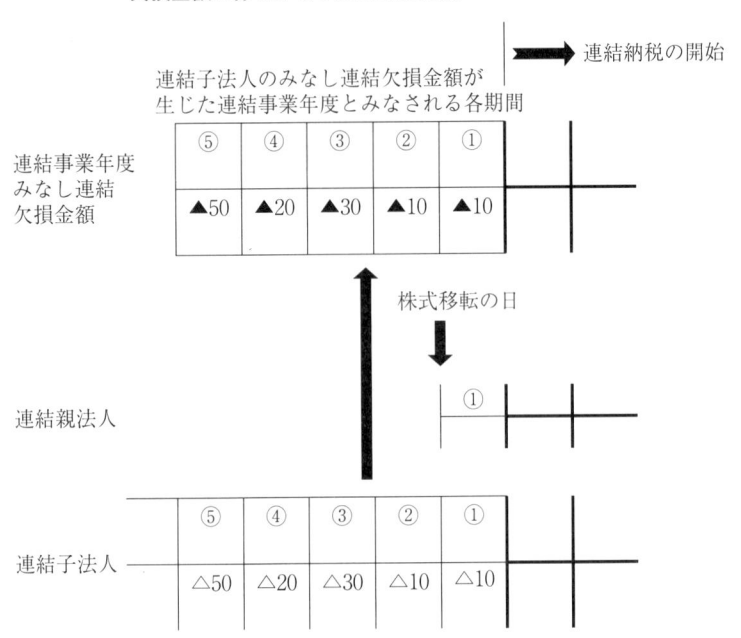

	⑤	④	③	②	①
連結事業年度みなし連結欠損金額	▲50	▲20	▲30	▲10	▲10

連結子法人のみなし連結欠損金額が生じた連結事業年度とみなされる各期間

連結納税の開始

株式移転の日

連結親法人　①

	⑤	④	③	②	①
連結子法人	△50	△20	△30	△10	△10

　式移転完全子法人であった連結子法人の，次の欠損金額又は連結欠損金個別帰属額がある場合の当該欠損金額又は連結欠損金個別帰属額（法令155の19⑤，法81の9②二）（図1）

　イ　連結納税開始の日前7年以内に開始した当該連結子法人の各事業年度において生じた青色申告に係る欠損金額又は災害損失欠損金額

　ロ　連結納税開始の日前7年以内に開始した当該連結子法人の連結欠損金個別帰属額なお，当該連結子法人は，適格株式移転により連結子法人となった法人で，連結納税義務者として連結親法人であったものに限られる。

　なお，連結欠損金個別帰属額とは，連結グループ内の連結欠損金額のうち各連結法人に帰せられる金額として政令で定める金額のことをいう（法81の

9⑤)。

　平成18年度税制改正により，最初の連結親法人の連結事業年度開始の日前5年以内に行われた株式移転に係る株式移転完全子法人のその開始の日前7年以内に開始した各事業年度において生じた青色欠損金額及び災害損失欠損金額のうち，適格株式移転に該当しない株式移転の日の属する事業年度前の各事業年度において生じたものは，連結欠損金額にみなされない金額とされた。

　なお，この規定は，連結子法人が平成18年10月1日以後に行う適格株式移転に該当しない株式移転に係る株式移転完全子法人である場合におけるその株式移転の日の属する事業年度又は連結事業年度前の各事業年度において生じた欠損金額又は連結欠損金個別帰属額について適用し，連結子法人が平成18年10月1日前に行った株式移転に係る株式完全子法人である場合におけるその株式移転の日の属する事業年度又は連結事業年度前の各事業年度又は各連結事業年度において生じた欠損金額又は連結欠損金個別帰属額については，従前通りの取扱いとされた（改正税法等附則47①）。

　連結欠損金個別帰属額は，連結欠損金額として繰越しは認められない。すなわち，株式移転に係る連結子法人は，株式移転前に100％子法人でなかった連結子法人の欠損金額は引き継ぐことを認めていない。

　なお，この要件は，連結子法人が平成18年10月1日以前に行った株式移転に係る完全子会社の欠損金額には，適用されない。

2　連結親法人が非支配法人を適格合併等した場合の連結欠損金

　連結親法人が完全支配関係を有しない法人との間で連結親法人を合併法人等とする適格合併又は適格分割型分割（以下「適格合併等」という。）を行った場合の被合併法人又は分割法人（以下「被合併法人等」という。）の欠損金額又は連結欠損金個別帰属額で，次に該当する欠損金額は，連結欠損金額とみなす（法81の9②三）。

　イ　適格合併等における被合併法人等の適格合併等の日前7年以内に開始

した各事業年度において生じた未処理欠損金額又は未処理災害損失欠損金額

ただし，適格合併等における被合併法人等の未処理欠損金額には，被合併法人が連結親法人との間に，連結親法人の適格合併等の日の属する連結親法人事業年度開始の日の5年前の日以後に特定資本関係にあり，適格合併等に該当しない場合の未処理欠損金額は除外される。

ロ　適格合併等における被合併法人等の適格合併等の日前7年以内に開始した各連結事業年度において生じた被合併法人等の連結欠損金個別帰属額

ただし，この場合の被合併法人等に該当するのは，適格合併等により連結納税義務者の承認が取り消された連結法人，あるいは合併類似適格分割型分割に係る分割法人では，連結法人で連結親法人事業年度開始事業年度に合併類似適格分割型分割を行ったものに限られ，上記イと同様に被合併法人等の連結欠損金個別帰属額のうち，連結親法人との間に，連結親法人の適格合併等の日の属する連結親法人事業年度開始の日の5年前の日以後に特定資本関係にあり，適格合併等に該当しない場合の未処理欠損金額は除外される。

イ及びロにおける特定資本関係とは，適格合併等の行われた日の事業年度前5年以内に被合併法人等と合併法人等との間に50％超の直接又は間接の資本関係で当該適格合併等が共同事業に該当しない場合をいう（法法57⑥）。ここでいう特定資本関係における資本の持分は，一方の者が他方の者の資本を50％超直接又は間接の資本持分関係にある場合の他，同一の者により二の法人がそれぞれの法人の株式の50％超を直接又は間接に所有されている場合の資本関係をいう（法令112④⑤）。また，適格合併等における共同事業とは，事業相互関連性要件，事業資本等規模要件（5倍以内），事業継続要件，事業規模要件（2倍以内），特定資本関係（2倍以内），特定役員関係の要件を満たしている場合をいう（法令112③）。

図2 連結親法人が連結グループ外の法人との間で適格合併をした場合のその被合併法人の未処理欠損金額に係るみなし連結欠損金額の引継ぎ

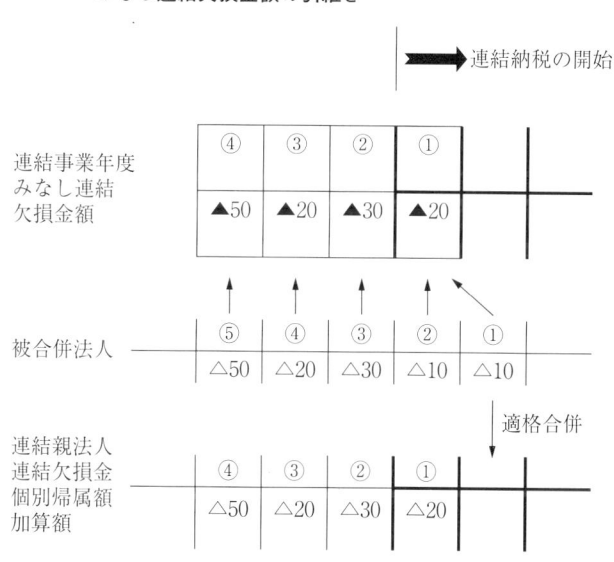

→ 連結納税の開始

連結事業年度
みなし連結
欠損金額

④	③	②	①
▲50	▲20	▲30	▲20

被合併法人

⑤	④	③	②	①
△50	△20	△30	△10	△10

↓ 適格合併

連結親法人
連結欠損金
個別帰属額
加算額

④	③	②	①
△50	△20	△30	△20

3 連結法人が連結完全支配法人を合併又は分割した場合の欠損金

連結法人が，連結親法人事業年度開始の日の翌日からその終了の日までに，連結法人との間に連結完全支配関係を有する他の連結法人を被合併法人とする合併を行った場合又はこの連結法人を分割法人とする分割型分割を行った場合の被合併法人又は分割法人の欠損金は，連結グループ内の欠損金額として，次のように取り扱う（法法81の9③）。

(1) 合併の場合

連結法人が，連結親法人の事業年度開始の日の翌日からその終了する日までの間に，連結法人との間に連結完全支配関係のある他の連結法人を被合併法人とする合併を行った場合に，被合併法人の合併の日の前日の事業年度において生じた欠損金額は，連結法人の合併の日の属する連結事業年度の連結所得の金額の計算上，損金の額に算入する（法81の9③）。

連結親法人（合併法人）		連結完全子法人（被合併法人）
合併の日の属する事業年度の損金の額に算入	⇐	合併の日の前日の事業年度の欠損金

　同じ連結グループ内において，合併が行われた場合は，被合併法人は合併に伴い消滅することになり，法人税法第4条の5第2項五により，合併の日の前日の事業年度に生じた欠損金額は単体申告することになるが，被合併法人の資産等は合併法人に引き継がれ，連結内にとどまることになることから，合併法人である連結親法人の合併の日の属する事業年度の損金の額に算入することになる。

(2) 分割型分割の場合

　連結グループ内において，連結親法人事業年度開始の日の翌日からその終了の日までに，連結法人が連結法人を分割法人とする分割型分割を行った場合には，分割法人の分割型分割の日の前日の事業年度において生じた欠損金額は，単体申告するにしても，連結申告ではその連結グループ内に残ることから，その欠損金額に相当する金額は，連結親法人の分割型分割の日の属する連結事業年度の連結所得の金額の計算上，その損金の額に算入することになる（法法81の9③）。

連結親法人（分割承継法人）		連結完全子法人（分割法人）
分割の日の属する連結事業年度の損金の額に算入	⇐	分割の日の前日の事業年度の欠損金

4　連結欠損金として認められない欠損金

　連結欠損金額であっても連結欠損金個別帰属額に該当しないものとして連結欠損金として認められず，連結欠損金額から減額されるものは，次の場合である（法法81の9④）。

(1) 連結子法人が自己を被合併法人とする合併を行った場合

　連結法人が，自己を被合併法人とする合併を行った場合のその合併の日に属する連結事業年度以後の各連結事業年度においては，合併の日の属する事

業年度以前7年以内に生じた連結子法人の連結欠損金個別帰属額であっても，連結欠損金個別帰属額としては認められない。

連結親法人事業年度開始の日前7年以内に開始した各連結事業年度において生じた連結子法人の連結欠損金個別帰属額は，連結子法人が被合併法人となる合併を行ったことにより，連結納税の承認が取り消されたものとされ（法法4の5②四），その連結親法人事業年度開始の日からその取り消された日の前日までの期間は，連結事業年度に含まれず単体申告することになり（法法15の2①二），単体申告により繰越控除されることから，その金額は，合併の日の属する連結事業年度以後の各連結事業年度において，連結所得からは繰越控除はできないことになる（法法81の9④一）。

連結納税において，連結グループ内の連結親法人が連結子法人を合併した場合には連結子法人が消滅することになり，連結子法人の繰越欠損金を引き継ぐことを認めていないことから，合併された連結子法人は，合併の日の前日の属する事業年度に単体申告をすることになり，連結グループの連結欠損金個別帰属額からは除外されることになる。

なお，適格合併である場合は，前述の3(1)で明らかにしているように，連結完全子法人の合併の日の前日の事業年度の欠損金は未処理欠損金額として当該前事業年度の連結子法人の単体申告における損金の額として処理されることから，連結欠損金個別帰属額から除外される。この場合に，連結子法人の合併の日の前日の事業年度の単体申告で損金の額に算入することができなかった繰越欠損金は切り捨てられることになる。

(2) 連結法人が自己を分割法人とする分割型分割を行った場合

連結法人が自己を分割法人とする分割型分割を行った場合は，分割の日の属する事業年度以後の各連結事業年度では，分割型分割を行った事業年度前の連結親法人事業年度開始前7年以内に生じた連結法人の連結欠損金個別帰属額のうち分割の日の前日に属する事業年度に連結法人において，損金の額に算入された金額は，連結欠損金個別帰属額からは控除される。

これは，連結法人が自己を分割型分割することにより，分割の日の前日の

事業年度の欠損金額は単体申告となることから，単体申告により処理された欠損金は，連結欠損金個別帰属額から除外されことになる（法法81の9④二，法法15の2①一）。

(3) **連結法人が自己を分割法人とする合併類似適格分割型分割を行った場合**

連結法人が自己を分割法人とする合併類似適格分割型分割を行った場合においても，合併類似適格分割型分割の日の属する連結事業年度以後の各連結事業年度では，合併類似適格分割型分割の日の属する連結親法人事業年度開始の日前7年以内に開始した各連結事業年度において生じた連結法人の連結欠損金個別帰属額は，ないものとして取り扱うことにしている（法法81の9④三）。

(4) **連結親法人が非支配法人を合併等の組織再編成をした場合**

連結親法人が自己との間に連結完全支配関係がない法人との間で，自己を合併法人，分割承継法人又は被現物出資法人とする適格合併等を行った場合の連結親法人事業年度終了の日の属する連結事業年度以後の各連結事業年度の連結欠損金は，ないものとする。なお，この場合の適格合併等における被合併法人，分割法人又は現物出資法人となる法人との間に適格合併等の日の属する連結親法人事業年度開始の日の5年前の日以後に生じた特定資本関係がある場合に限られる（法法81の9④四）。

(5) **連結子法人が解散した場合**

連結子法人が合併による解散及び合併類似適格分割型分割後の解散による以外の理由で解散をした場合の解散の日の翌日に属する連結事業年度以後の各連結事業年度における連結子法人の7年以内の連結繰越欠損金個別帰属額は，ないものとして取り扱う（法法81の9④五）。

(6) **連結子法人と連結完全支配関係を有しなくなった場合**

連結子法人が連結親法人との間で連結完全支配関係を有しなくなった場合のその有しなくなった連結事業年度以後の連結事業年度では，連結子法人の7年以内の連結繰越欠損金個別帰属額はないものとして取り扱う（法法81の9④六）。

5　連結法人が連結子法人を合併等した場合の欠損金の取扱い

　連結法人が連結親法人事業年度開始の日の翌日からその終了の日までの間に，連結法人と連結完全支配関係のある他の連結法人を被合併法人とする合併を行った場合又は連結法人を分割法人とする分割で分社型分割以外の分割を行った場合において，被合併法人又は分割法人の合併又は分割の日の前日の属する事業年度において生じた欠損金額がある場合は，欠損金額に相当する金額は，連結法人の合併又は分割の日の属する連結事業年度の連結所得の金額の計算において，当該事業年度の損金の額に算入する（法81の9④）。

6　単体に引き継がれない連結欠損金額

　連結法人が次のように分割又は連結納税の承認を取り消された場合には，単体納税に繰越欠損金額は引き継ぐことはできない（法57⑪）。
(1)　連結法人が自己を分割法人とする分割で分社型分割以外の分割を行った場合の分割の日の前日の属する事業年度における繰越欠損金額
(2)　連結法人が最初の連結事業年度以後に連結納税の承認を取り消された場合の最終の連結事業年度以後の単体の事業年度における連結事業年度前の繰越欠損金額
(3)　連結完全支配関係のある他の連結法人が合併法人となり，連結法人が被合併法人となる合併を連結法人の連結事業年度開始の日からその終了の日までの間に行った場合のその合併の日の前日の属する事業年度における被合併法人の繰越欠損金額

7　連結欠損金個別帰属額
(1)　連結欠損金個別帰属額の計算

　連結グループにおける連結欠損金個別帰属額とは，連結欠損金額のうち各連結法人に帰せられる金額のことをいう（法81の9⑥，法令155の21①）。
　連結事業年度に連結欠損金額が生じた場合には，各連結欠損金個別帰属額は，連結グループの欠損金額のある法人の欠損金額を欠損法人で按分比例し

て計算した金額とする。

【設例1】

連結Pグループの連結親法人P社の個別所得金額1,000万円,連結子法人S1社の個別欠損金額 ▲600万円,連結子法人S2社の個別欠損金額 ▲1,000万円とする。この場合の連結欠損金額,連結欠損金個別帰属額は次のようになる。

　連結親法人　P社　　個別所得金額　　1,000万円
　連結子法人　S1社　個別欠損金額　▲　600万円
　連結子法人　S2社　個別欠損金額　▲1,000万円

　　連結欠損金額＝1,000万円＋▲600万円＋▲1,000万円＝▲600万円
　　個別欠損金額のある連結法人に帰属する連結欠損金個別帰属額
　　　＝連結欠損金額×(個別欠損金額÷修正個別欠損金額の合計額)
　　S1社の連結欠損金個別帰属額
　　　＝▲600万円×▲600万円/(▲600万円＋▲1,000万円)＝▲225万円
　　S2社の連結欠損金個別帰属額
　　　＝▲600万円×▲1,000万円/(▲600万円＋▲1,000万円)＝▲375万円

(2)　欠損金額の繰越控除の処理

連結納税において,連結欠損金額を繰越控除する場合は,連結欠損金額の繰越控除をした次の連結事業年度における各連結法人の連結欠損金繰越控除個別帰属額の計算は,次のように行う。

【設例2】

設例1における連結Pグループの連結親法人P社の個別所得金額1,000万円,連結子法人S1社の個別欠損金額 ▲600万円,連結子法人S2社の個別欠損金額 ▲1,000万円とする。この場合の連結欠損金額,連結欠損金個別帰属額は設例1から,S1社の連結欠損金個別帰属額は,225万円,S2社の連結欠損金個別帰属額は,375万円となる。

次年度における連結事業年度の連結親法人P社及びS1社の連結欠損金繰越控除前の個別所得金額を1,000万円,600万円,連結子法人S2社の連結

欠損金繰越控除前の個別欠損金額600万円とする。

　　連結欠損金額控除前の連結所得金額＝1,000万円＋600万円＋▲600万円
　　　　　　　　　　　　　　　　　　＝1,000万円

　　連結欠損金の繰越控除額＝▲225万円＋▲375万円＝▲600万円

　　連結欠損金の繰越控除後の連結所得金額＝1,000万円＋▲600万円
　　　　　　　　　　　　　　　　　　　　＝400万円

　　連結親法人の個別所得金額＝1,000万円

　　連結子法人S1社の個別欠損金額＝600万円＋▲225万円＝375万円

　　連結子法人S2社の個別欠損金額＝▲600万円＋▲375万円＝▲975万円

　　繰越欠損金個別帰属額残高：S1社　なし　　S2社　▲975万円

(3) 組織再編成における連結欠損金の繰越控除

　連結事業年度に連結グループの所得を通算して生じた連結欠損金額が各連結法人に帰属する連結欠損金個別帰属額は，連結グループの欠損金額のある法人を対象として，その欠損金額を欠損法人で按分比例して計算した金額とするが，合併等の組織再編成があった場合には，連結欠損金個別帰属額は，次のように調整することになる。すなわち，連結欠損金個別帰属額は，〔Ⅰ〕～〔Ⅲ〕を加え，〔Ⅳ〕～〔Ⅶ〕を控除した金額となる（法令155の21②）。

　　連結欠損金個別帰属額＝〔Ⅰ〕＋〔Ⅱ〕＋〔Ⅲ〕－〔Ⅳ〕－〔Ⅴ〕－〔Ⅵ〕－〔Ⅶ〕

　〔Ⅰ〕連結欠損金額の発生事業年度の連結欠損金個別帰属発生額

　〔Ⅱ〕連結親法人が完全支配関係を有しない連結グループ外の法人を被合併法人とする適格合併等を行った場合の適格合併等に係る被合併法人等の欠損金額又は連結欠損金個別帰属額のうちその欠損連結事業年度において生じた連結欠損金額とみなされた金額（法令155の21②）

　〔Ⅲ〕連結法人が連結完全支配関係のある連結グループ内の他の連結法人との間で自己を合併法人等とする適格合併等を行った場合で，次のケースの場合の金額

　　(1)　適格合併の場合は，被合併法人の連結欠損金個別帰属額のうち，その欠損連結事業年度において生じたもので，次に掲げる金額を控除し

た金額
　　イ　被合併法人の最後事業年度において単体納税の欠損金額とみなされて繰越控除された金額
　　ロ　合併法人である連結法人がその適格合併の後で自己を分割法人とする分割型分割をして，その適格合併により引き継いだ欠損金額をその分割事業年度に繰越控除した金額
　(2)　合併類似適格分割型分割の場合は，合併類似適格分割型分割における分割法人の連結欠損金個別帰属額のうち，その欠損連結事業年度において生じたもので次に掲げる金額を控除した金額，
　　イ　分割法人の分割前事業年度において単体納税の欠損金額とみなされて繰越控除した金額
　　ロ　分割承継法人である連結法人がその合併類似適格分割型分割の後に自己を分割法人とする分割型分割を行った場合でその合併類似適格分割型分割により引き継いだ欠損金額をその分割前事業年度において繰越控除したときのその繰越控除した金額
〔Ⅳ〕その欠損連結事業年度において生じた連結欠損金額に相当する金額が，連結欠損金の繰越控除により，その欠損連結事業年度後の各連結事業年度の連結所得の金額の計算で，損金の額に算入された場合の，連結法人に帰属することになった損金の額
〔Ⅴ〕その欠損連結事業年度において生じた連結欠損金額につき連結欠損金の繰戻しによる還付の適用を受けた場合の当該連結法人に帰属することになった金額
〔Ⅵ〕その連結法人を分割法人とする分割型分割（連結親法人事業年度開始の日に行うもの及び合併類似適格分割型分割を除く。）を行った場合の欠損連結事業年度において生じた連結欠損金額で減額される金額
〔Ⅶ〕連結親法人が自己を合併法人，分割承継法人又は被現物出資法人とする適格合併，適格分割又は適格現物出資を行った場合で，その適格合併，適格分割又は適格現物出資が共同事業要件を満たしていないも

ので，しかも，その被合併法人，分割法人又は被現物出資法人との間に特定資本関係がある場合に，連結親法人の欠損連結事業年度における連結欠損金個別帰属額のうち，その欠損連結事業年度においてその以後の各連結事業年度の連結欠損金は，ないものとされて減額された金額

8　連結欠損金個別帰属額の単体納税の欠損金額へのみなし規定
(1)　連結法人が分割型分割をした場合
　法人が，連結法人で連結親法人事業年度の開始日の翌日からその終了の日までに，当該法人を分割法人とする分割型分割を行った場合に，分割型分割の日の前日の属する事業年度の開始の日前7年以内の連結欠損金個別帰属額は，連結個別帰属額が生じた連結事業年度開始の日の属する当該法人の単体で生じた欠損金額として引き継ぐこととなる（法法57⑥）。

(2)　連結法人が連結納税の承認を取り消された場合
　法人が，連結納税義務者の承認が取り消された場合，あるいはやむをえない事情により，当該法人が連結法人であることをやめる承認をえた場合に，連結納税が取り消された最終の連結事業年度終了の日の翌日の事業年度開始前7年以内の連結欠損金個別帰属額は，連結納税の連結欠損金個別帰属額から除外されるが，連結欠損金個別帰属額が生じた連結事業年度開始の日の属する当該法人の単体で生じた欠損金額として引き継ぐこととなる（法法57⑥）。

9　連結法人の組織再編成に伴う欠損金額の取扱い
(1)　連結子法人等の連結事業年度開始日の未処理欠損金額の引継ぎの規制
　連結法人が，最初の連結事業年度開始の日に連結法人グループの連結子法人を適格合併し，同一連結事業年度内に当該連結法人を分割法人とする分割型分割をするような組織再編成をする場合には，連結法人は，連結子法人の連結前からの未処理欠損金額を，連結法人において引き継ぐことはできない

とする（法令112⑮）。

この規制は，連結納税をするにあたって，連結子法人の連結前の未処理欠損金額が適格合併により，合併法人の未処理欠損金額として引き継がれたとしても，同一連結事業年度内の分割型分割により，未処理欠損金額が分割により，引き継がれない場合もあることから，この規定により，連結子法人の未処理欠損金額の引き継ぎを認めないとすることで明確にしたといえる。なお，この規制は，合併類似適格分割型分割にも適用される。

ただし，適格株式移転による株式移転完全子法人であったものについては，もともとは合併法人と一体とみることができることから，この組織再編成では，税法上，この適格合併において，合併法人において連結子法人の未処理欠損金額は引き継がれる。

(2) 連結法人が適格合併等をした場合の特定資本関係要件の不適用

連結親法人事業年度の期間内に，連結法人間で適格合併，適格分割又は適格現物出資を行ったときは，連結法人が合併法人である場合は，共同事業を営むものでない場合の被合併法人の欠損金の引継ぎ制限（法法57③），連結法人が被合併法人である場合は合併法人の欠損金の引継ぎ制限（法法57⑤）の規定は適用されない（法令112）。

この規定は，平成15年度税制改正で，連結グループ内の共同事業を満たさない適格合併等を行った場合の連結欠損金額の減額措置が廃止されたことによる。

改正前においては，連結グループ内の共同事業を満たさない適格合併等が行われた場合（当該事業年度開始前5年以内に特定資本関係がある場合に限る。）に，その被合併法人等の連結欠損金個別帰属額の一定額は合併法人等に引き継ぐことができないとともに，連結欠損金額からその引き継ぐことができないとされた連結欠損金個別帰属額に相当する金額を減額することとされていた（旧法法81の9⑤一イ，三イ，旧法令155の21②二）。

また，それと同様に，連結グループ内の共同事業を満たさない適格合併，適格分割又は適格現物出資が行われた場合（当該事業年度開始前5年以内に特

定資本関係がある場合に限る。）には，その合併法人，分割承継法人又は被現物出資法人の連結欠損金個別帰属額の一定額はないものとされ，連結欠損金個別帰属額から減額されていた（旧法法81の9⑤四，旧法令155の21②五）。

平成15年度税制改正により，連結グループ内の適格合併等で共同事業を満たさない場合（当該事業年度開始前5年以内に特定資本関係がある場合に限る。）に，連結欠損金個別帰属額が合併法人等に引き継がれる（法法81の9④一，三，法令155の21②二）。それとともに，同様に，連結グループ内の適格合併，適格分割又は適格現物出資が行われた場合（当該事業年度開始前5年以内に特定資本関係がある場合に限る。）に，その合併法人，分割承継法人又は被現物出資法人の連結欠損金個別帰属額が引き継がれる（法法81の9④四）。

なお，連結グループ内で非適格合併等が行われた場合は，被合併法人の連結欠損金個別帰属額は，合併法人には引き継ぐことができない。また，連結欠損金額からその被合併法人の連結欠損金個別帰属額は減額されることになる（法法81の9④一）。

連結親法人が連結グループ外の法人との間で，自己を合併法人等とする適格合併等を行った場合の被合併法人の欠損金額等（当該事業年度開始前5年以内に特定資本関係がある場合に限る。）の引継ぎ制限の措置，及び自己を合併法人，分割承継法人又は被現物法人とする適格合併，適格分割又は適格現物出資を行った場合（当該事業年度開始前5年以内に特定資本関係がある場合に限る。）の連結欠損金個別帰属額相当額はないものとする制限措置が設けられている（法法81の9②三，④四）。

(3) 連結法人が連続して分割型分割を行った場合の欠損金の取扱い

連結法人である法人が自己を分割法人とする分割型分割（連結親法人事業年度開始日を除く。）を行い，その分割型分割の日から連結親法人事業年度終了の日までの間に，さらにその分割法人を分割法人とする分割型分割を行った場合又は連結子法人の解散あるいは連結子法人が連結親法人との間で連結完全支配関係がなくなったことにより連結納税承認が取り消された場合は，その連結法人は単体申告する事業年度が連続することから，最初の分割におい

て単体納税における欠損金額とみなして、これらの事業年度における繰越控除となる欠損金額とすることになる（法法57⑥，法令112⑰）。

　連結法人である内国法人が，連結親法人事業年度開始の日の翌日からその終了の日までの間に，自己を被合併法人とする合併（当該法人との間に連結完全支配関係がある連結法人を合併法人とするものに限り，連結親法人を被合併法人とするものを除く。）又は自己を分割法人とする分割型分割を行った場合において，合併の日の前日の属する事業年度（最後事業年度）あるいは分割型分割の日の前日の属する事業年度（分割前事業年度）開始の日からその終了の日までの間に，次の一の合併又は二の分割を行い，あるいは最後事業年度又は分割前事業年度に三の分割を行っていたときは，それぞれの欠損金額は，その最後事業年度又は分割前事業年度の所得の金額の計算上，損金の額に算入することとされる（法令112⑬）。

　　一　その内国法人を合併法人とする合併（その内国法人との間に連結完全支配関係がある連結法人を被合併法人とするものに限り，連結親法人事業年度開始の日に行うものを除く。）においては，その被合併法人の合併の日の前日に属する事業年度において生じた欠損金額

　　二　その内国法人を分割型法人とする合併類似適格分割型分割（その内国法人との間に連結完全支配関係がある連結法人を分割法人とするものに限り，連結親法人事業年度開始の日に行う分割型分割及び連結申請特例年度開始日から承認を受ける日の前日までに行う分割型分割を除く。）においては，その分割法人の合併類似適格分割型分割の日の前日に属する事業年度において生じた欠損金額

　　三　その内国法人を分割法人とする分割型分割（連結親法人事業年度開始の日に行う分割型分割及び連結申請特例年度開始日から承認を受ける日の前日までに行う分割型分割並びに合併類似適格分割型分割を除く。）では，その内国法人のその分割型分割の日の前日に属する事業年度において生じた欠損金額

　これらの欠損金額は，合併等の組織再編成が行われた事業年度の前の事業

年度の欠損金額として，単体の欠損金額として取り扱われる。

10　適格合併等に係る被合併法人等が連結法人である場合の未処理欠損金額

　適格合併において被合併法人が連結法人である場合には，当該連結法人の欠損金の取扱いは，単体申告における内国法人の取扱いと同様に取り扱うことになる。すなわち，連結法人の適格合併の日前7年以内に開始した連結事業年度において生じた連結欠損金個別帰属額は，単体申告における欠損金額，連結確定申告書は青色申告書である確定申告書，連結欠損金個別帰属額が生じた事業年度は被合併法人の事業年度とみなして，欠損金の繰越しの規定を適用することになる（法法57⑦）。

　合併類似適格分割型分割における分割法人が連結法人である場合も，同様に取り扱うことになる（法法57⑦）。

　なお，適格合併における被合併法人が連結子法人である場合は，連結事業年度終了の日の翌日に連結子法人を被合併法人とする適格合併を行うものに限られる。

　合併類似適格分割型分割においては，当該連結法人の連結事業年度終了の日の翌日に当該連結法人を分割法人とする合併類似適格分割型分割に限られる。

11　適格合併等における被合併法人等の欠損金の切捨て

　適格合併あるいは合併類似適格分割型分割において被合併法人あるいは分割法人が連結法人である場合は，被合併法人あるいは分割法人の適格合併又は合併類似適格分割型分割の日の前の事業年度7年以内に生じた欠損金額は，適格合併等であっても引き継がれず切り捨てられることが明らかにされている（法法57⑧）。

12 単体納税における欠損金額の切捨て

連結法人である内国法人が分割型分割の分割法人である場合，連結法人である内国法人が連結親法人による被合併法人となる場合，連結法人である内国法人が連結納税を取り消された場合には，単体申告となってからも，分割法人となる前の欠損金額，被合併法人となる前の欠損金額，連結納税が取り消される前の欠損金額は，切り捨てられて，引き継ぐことはできない（法法57⑨）。

13 連結子法人が被支配法人を適格合併等となる合併等を行った場合

連結法人である連結子法人がその連結子法人との間で連結支配関係のない非支配法人を被合併法人あるいは分割法人とする適格合併あるいは合併類似適格分割型分割において，非支配法人の未処理欠損金額は合併法人あるいは分割承継法人である連結子法人に引き継ぐことはできないために切り捨てられる（法法57⑩一）。

なお，この場合の非支配法人を被合併法人又は分割法人とする適格合併又は適格分割を行った場合の連結子法人の欠損金額については，特定資本関係に係わる規制は受けず，連結納税において，引き継ぐことができる（法法57⑩二）。

この規定は，平成19年度税制改正で，連結子法人を合併法人とする適格三角合併に対応して，連結子法人が連結グループ外の法人を適格合併等した場合の被合併法人の非支配法人の欠損金の引継ぎを規制し，連結子法人の欠損金額の連結納税における引継ぎについては，緩和する措置がとられている。

図3は，連結子法人を合併法人とする連結グループ外の支配関係のない法人を合併した場合に，被合併法人の欠損金は連結グループ内に持ち込むことができないことを明らかにしたものである。

図3 連結子法人を合併法人とする適格三角合併

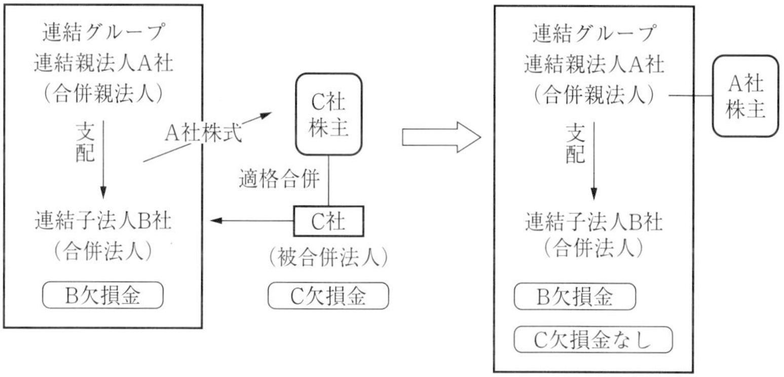

V 欠損等連結法人の繰越欠損金

1 株主等により支配された欠損等連結法人の連結欠損金の繰越しの不適用

　特定の者が欠損金又は含み損のある資産を有する法人を合併等により買収をして買収した法人の事業を大幅に変更した場合でも，その法人の有する欠損金の繰越控除が認められていたが，平成18年度税制改正で，欠損金又は資産の含み損のある法人を買収するような租税回避行為を防止するために，特定の資本関係のある者が欠損法人を買収した場合には，欠損法人の有する欠損金の繰越控除を認めないことにするとともに，資産に含み損を実現した場合には制限措置が講じられた。

　連結納税においても，連結欠損金を有する法人を特定の株主等が支配した場合には，連結欠損金の繰越控除を認めず，含み資産においても制限している。

(1) **制度の概要**

　連結親法人で他の者との間に当該他の者による特定支配関係を有すること

となったもの及び当該連結親法人との間に連結完全支配関係がある連結子法人のうち，当該特定支配関係を有することとなった日（支配日）の属する連結事業年度（特定支配連結事業年度）において，当該特定支配連結事業年度前の各連結事業年度において生じた連結欠損金額又は評価損資産を有するもの（欠損等連結法人）が，その特定支配日以後5年を経過した日の前日までに適用事由に該当する場合は，その該当することになった該当日の属する連結事業年度以後の各連結事業年度においては，その適用連結事業年度前の各連結事業年度において生じた連結欠損金額の一定額について適用連結事業年度以後に繰越控除することができないものとしている（法81の9の2①，法57の2①）。

　　　　　　　　連結親法人　←　　特定支配関係者
　　　　　　　　連結子法人　←　　特定支配関係者
特定支配日の連結事業年度：特定支配連結事業年度前の各連結事業年度において生じた連結欠損金額又は評価損資産を有するもの
・その特定支配日以後5年を経過した日の前日までに適用事由に該当する場合
　適用事由該当日の事業年度から特定支配連結事業年度前の各連結事業年に生じた連結欠損金額の繰越控除を認めない。

(2) 特定支配関係

特定支配関係とは，他の者が当該内国法人の発行済み株式又は出資（自己株式は除く）の総数又は百分の50を超える数又は金額の株式又は出資を直接又は間接に保有する関係その他政令（令113の2①～⑪）で定める関係をいう（法57の2①）。

(3) 適用事由

適用事由とは，次の場合に該当する場合である（法57の2①一～六）。

① 当該欠損等連結法人が当該特定支配日の直前において事業を営んでいない場合（清算中の場合を含む。）において，その特定支配日以後に事業

を開始すること（清算中の当該欠損等連結法人が継続することを含む。）。
② 当該欠損等連結法人が当該特定支配日の直前において営む旧事業のすべてを当該特定支配日以後に廃止し，又は廃止することが見込まれている場合において，当該旧事業のその特定支配日の直前における事業規模（売上金額，収入金額その他の事業の種類に応じて政令で定めるもの）のおおむね5倍を超える資金の借入れ又は出資による金銭その他の資産の受入れを行うこと。
③ 当該他の者又は当該他の者との間に関連者の関係にある者が当該他の者及び関連者以外の者から当該欠損等連結法人に対する債権で政令で定める特定債権を取得している場合（特定支配日前に取得した特定債権を含み，特定支配日以後に債務免除等を行うことが見込まれている場合は除く。）において，当該欠損等連結法人が旧事業の当該特定支配日の直前における事業規模のおおむね5倍を超える資金借入れ等を行うこと。
④ ①又は②に該当するか，又は③の特定債権が取得されている場合において，当該欠損等連結法人が自己を被合併法人又は分割法人とする適格合併等を行うこと。
⑤ 当該欠損等連結法人が当該特定支配関係を有することとなったことに基因して，当該欠損等連結法人の当該特定支配日の直前の役員（社長その他政令で定めるもの）のすべてが退任（業務を執行しないものとなることを含む。）をし，かつ，当該特定支配日の直前において当該欠損等連結法人の業務に従事する旧使用人の総数のおおむね百分の20以上に相当する数の者が当該欠損等連結法人の使用人でなくなった場合において，当該欠損等連結法人の非従事事業（当該旧使用人が当該特定支配日以後その業務に実質的に従事しない事業）の事業規模が旧事業の当該特定支配日の直前における事業規模のおおむね5倍を超えることとなること。
⑥ その他政令で定める事由

(4) 評価損資産

評価損資産は，次の資産である。なお，支配日における評価損額がその法

人の連結個別資本等の額の2分の1に相当する金額と1,000万円とのいずれか少ない金額に満たないものは評価損資産から除かれる。
　① 　固定資産，
　② 　土地（土地の上に存する権利を含み，固定資産に該当するものを除く。）
　③ 　有価証券（売買目的有価証券及び償還有価証券を除く。）
　④ 　金銭債権
　⑤ 　繰延資産
　⑥ 　資産調整勘定の金額にかかる資産

2　欠損等連結親法人が特定支配日以後に行う合併等における未処理欠損金額又は連結欠損金個別帰属額の不適用

　欠損等連結法人である連結親法人が特定支配日以後に合併，分割又は現物出資を行う場合には，未処理欠損金額又は連結欠損金個別帰属額の繰越控除について，次に該当する場合は，繰越控除を認めていない（法81の9の2②）。
　① 　連結親法人が当該連結親法人との間に完全支配関係のない法人（非支配法人）との間で連結親法人を合併法人等とする適格合併等を行う場合における適格合併等に係る被合併法人等（被合併法人又は分割法人）である非支配法人の当該適格合併等の日の前日の属する事業年度又は連結事業年度以前の各事業年度において生じた未処理欠損金額又は連結欠損金個別帰属額
　なお，当該適格合併等が当該連結親法人の適用事業年度又は適用連結事業年度開始の日以後3年を経過する日（その経過日が特定支配日以後5年を経過する日後である場合は同日）後に行われるものである場合は，当該未処理欠損金額又は連結欠損金個別帰属額のうち，これらの生じた事業年度又は連結事業年度開始の日が当該適用事業年度又は適用連結事業年度開始の日前に限る。
　② 　当該連結親法人が当該連結親法人との間に連結完全支配関係のない法人との間で当該連結親法人を合併法人，分割承継法人又は被現物出資法人とする適格合併等を行う場合における当該連結親法人の適用連結事業

年度前の各連結事業年度において生じた連結欠損金個別帰属額
　欠損等連結法人において，特定支配関係が生じた日以後において，連結親法人が支配関係のない法人との間で適格合併等を行った場合には，①及び②に該当する未処理欠損金額又は連結欠損金個別帰属額は，繰越控除を認めないこととしている。
　なお，欠損等連結法人である連結親法人が特定支配関係のない法人と適格合併等を行った後に生じた未処理欠損金額又は連結欠損金個別帰属額は，繰越控除を認めると解することができる。

3　連結納税開始前に連結親法人等が欠損等連結法人等の場合の連結欠損金等の繰越しの不適用

　連結親法人又は適格株式移転に伴う連結子法人が最初の連結親法人の連結事業年度開始日の前日において欠損等法人又は欠損等連結法人である場合は，当該連結親法人又は連結子法人の適用事業年度又は適用連結事業年度前の各事業年度又は各連結事業年度において生じた欠損金額若しくは連結欠損金個別帰属額又は災害損失欠損金額は，繰越控除を認めていない（法81の9の2③）。
　連結親法人又は適格株式移転に伴う連結子法人が欠損等法人又は欠損等連結法人でなければ，7年以内の当該連結親法人又は連結子法人の適用事業年度又は適用連結事業年度前の各事業年度又は各連結事業年度において生じた欠損金額若しくは連結欠損金個別帰属額又は災害損失欠損金額は，繰越控除が認められている（法81の9②）。

4　法人と欠損等連結法人等との適格合併等における連結欠損金等の繰越しの不適用

　連結親法人が欠損等法人又は欠損等連結法人である非支配法人との間で，連結親法人を合併法人等とする適格合併等を行う場合において，被合併法人（非支配法人）の適用事業年度又は連結事業年度前（前事業年度7年以内）にお

いて生じた欠損金額又は連結欠損金個別帰属額は，繰越控除が認められない（法81の9の2④）。

Ⅵ　連結納税制度における繰越欠損金の取扱いの諸問題

1　検討課題

　連結納税制度において，連結親法人の繰越欠損金については連結事業年度開始日前7年以内の繰越欠損金は引き継ぐことができる。しかし，連結グループの連結子法人の繰越欠損金については，適格株式移転により子法人となった連結子法人の繰越欠損金のみ繰越控除を認め，それ以外の連結子法人の繰越欠損金は，原則として引き継ぐことを認めていない。連結親法人が完全支配関係を有していない法人との間で，連結親法人を適格合併等とした場合は，特定資本関係がある等の一定の制限を認めたうえで当該子法人の欠損金を引き継ぐことを認めている。

　連結法人が連結子法人を合併等した場合には，合併等の前日の属する事業年度において生じた欠損金額がある場合は，当該欠損金額に相当する金額は，当該連結法人の当該合併等の日の属する連結事業年度の連結所得の金額の計算上，損金の額に算入することを認めている。

　平成18年度税制改正で，欠損金又は資産の含み損のある法人を支配するような租税回避行為を防止するために，特定の資本関係のある者が欠損法人を支配した場合には，欠損法人の有する欠損金の繰越控除を認めないことにするとともに，資産に含み損を実現した場合には制限措置が講じられた。

　連結納税においても，連結欠損金を有する法人を特定の株主等が支配した場合には，連結欠損金の繰越控除を認めず，含み資産においても制限している。

　連結親法人が欠損等法人又は欠損等連結法人である非支配法人との間で，連結親法人を合併法人等とする適格合併等を行う場合において，被合併法人

（非支配法人）の適用事業年度又は連結事業年度前（前事業年度7年以内）において生じた欠損金額又は連結欠損金個別帰属額は，繰越控除が認められない（法81の9の2④）。

現在の連結納税制度では，連結納税を開始する場合に子会社の欠損金が切り捨てられ，連結所得に通算できないが，政府は，子会社の欠損金を連結所得で通算することができる制度への見直しの検討を進めていると報道されている[1]。

2　米国における欠損金の取扱い

わが国における連結納税制度における繰越欠損金の取扱いはどうあるべきかを検討する場合に，米国の連結納税制度における繰越欠損金の取扱いが参考になる[2]。

米国においては，租税回避防止の観点から連結グループに加入する以前の子会社の繰越欠損金の控除については税制上制限している。連結グループにある場合には，子会社の繰越欠損金と親会社の益金との連結所得の通算が可能である。

わが国では，子会社の繰越欠損金額は，株式移転に係る連結子法人の欠損金額又は連結欠損金個別帰属額については連結納税の所得計算上，繰越しを認めているが，原則として連結子会社の繰越欠損金額の引継ぎを認めていない。

米国の連結納税制度では，わが国のように原則として子会社の繰越欠損金の引継ぎを認めないということではなく，子会社が親会社の連結グループに加入する前の繰越欠損金については，SRLY（separate return limitation year）原則により所得制限を設けて規制しているのである。

(1)　欠損金の取扱い

米国では，純事業損失（net operating loss）（以下「欠損金」という。）の繰延べは1997年8月5日以後に始まる事業年度から原則として20年，繰戻しは2年まで認められている（IRC.sec. 172 (b)）。なお，改正前は欠損金の繰越し

は15年,繰戻しは3年であった。欠損金は個別申告に限らず,連結申告においても,一つの会社とみなして,同様の措置がとられている。ただし,連結グループに加入する前の子会社等の欠損金については,連結グループ加入年度の当該子会社の修正後の課税所得を限度としている。

(2) グループ加入前の個別申告年度における子会社の繰越欠損金の制限

① SRLY原則の適用

グループに加入する前の子会社の欠損金については,グループ加入年度の当該子会社の課税所得の累積限度額を限度として控除することができる。この原則は,SRLY原則という。SRLY原則の適用例としては,次のような例がある。

【設例3】SRLY原則の適用例

(単位:万円)

	個別申告	連結申告	
	01年	02年	03年
P(親会社)	100	150	200
S(子会社)	▲100	▲60	80
計		90	280
欠損金控除		なし	▲20
連結課税所得		90	260

(イ) 02年度においては,子会社Sの累積課税所得がないため,子会社の個別申告における繰越欠損金の控除はない。

(ロ) 03年度における子会社の繰越欠損金の控除は,子会社Sの連結期間の累積課税所得20万円(80万円−60万円)を限度とする。

【設例4】連結グループにおける繰越欠損金の連結通算の制限

1965年1月1日にP社は,S社とT社を設立した。1965年度においてP社,S社,T社は個別申告をした。1966年度から,P社,S社,T社は,連結申告をすることになった。1966年度において,P社とS社,T社との修正前の連結所得は,$30,000であった。

・T社に繰越欠損金が$10,000ある。

- P社はT社に商品を販売した。販売に伴う利益は$7,000あり，それはすべて繰延利益として次年度に繰り延べる。
- T社はS社に機械を売却した。売却に伴う$5,000は繰延利益とする。なお，そのうち$1,000はS社の減価償却控除によるものである。
- T社はその他の課税所得が$6,000ある。
- T社の益金及び損金項目を除外したP社及びS社の修正連結課税所得は$23,000である。

この事例ではT社の1965年度の欠損金が1966年度に繰り越した場合に，1966年度のT社の個別申告における課税所得を限度としてT社の欠損金の連結合算が可能となる (Reg. 1. 1502-21 (C))。

- T社の繰越欠損金$10,000は，1965年度においてSRLY原則の適用年度となり，1966年度において制限を受ける。
- 1966年度に，連結課税所得$30,000からT社以外の修正連結課税所得$23,000を控除した$7,000がT社の繰越欠損金$10,000と連結通算される。
- T社の繰越欠損金$10,000のうち残り$3,000は1967年度に繰り越される。

	1965 個別申告	1966 連結申告
P社		$23,000
S社		
T社	△$10,000	$7,000
		$30,000

3　SRLY原則における欠損金の繰越しと繰戻しの制限

　連結欠損金があるSRLY原則適用会社を含む連結グループでは，欠損金の繰越しと繰戻しとなる総額は，連結課税所得の総額を超えることはできない (Reg. 1. 1502-21 T)。ただし，連結欠損金の繰延べが対象となる会社は連結グ

ループに属していることが条件となる。繰越し又は繰戻しの額が打ちきりになれば，欠損金の繰越し又は繰戻しは適用できない。

連結適用年度において欠損金に含まれる含み損 (built-in loss) は，連結適用年度の損失として計算し，繰り延べることはできない。

欠損金の繰越額，繰戻額が SRLY 原則の対象でなく，含み損として発生した場合であっても，含み損が認められない場合には SRLY 原則が適用される。

4　SRLY 原則の制限（按分比例方式）

連結申告グループに加入する前の繰越欠損金を按分比例して連結通算する方法がある。この方法は，連結申告年度において連結グループの調整前の連結課税所得と連結通算された過年度の連結グループの欠損金の残高が，連結申告年度における調整後の連結課税所得よりも大きく，SRLY 原則の適用をうける場合に用いられる方法である。

【設例 5】組織再編成における SRLY 原則の適用例

第 1 年度において個人 A は P 社を設立した。P 社は第 1 年度において $40 の欠損金を生じた。P 社は第 2 年度に所得がなかった。第 2 年度に T 社は $50 の欠損金があった。第 3 年度に P 社は T 社の株式を買収し，P 社と T 社は個別申告し，それぞれ $120 と $60 の欠損金が生じていた。第 4 年度初めに P 社は T 社を含めた連結申告を申請した。第 4 年度における P 社グループの連結課税所得は $160 である。連結年度における T 社の連結所得は $70 であった。

　第 4 年度における計算：

　　第 4 年度における P 社の第 1 年度及び第 2 年度の連結通算

　　　$90 － $40 ＝ $50

　　第 4 年度における T 社の第 1 年度及び第 2 年度の連結通算

　　　$70 － $50 ＝ $20

　　第 4 年度における調整前連結課税所得：$50 ＋ $20 ＝ $70

T 社の第 2 年度及び第 3 年度は SRLY 原則の適用年度となる。T 社の第 3

年度の欠損金のうち第4年度に連結通算できる金額は＄20に制限される。

第4年度の調整前連結課税所得＄70は，第3年度の連結通算できる欠損金に按分される。

P社：{＄120÷(＄120＋＄20)}×＄70＝＄60

T社：{＄20÷(＄120＋＄20)}×＄70＝＄10

この結果，第5年度に繰り越されるP社の第3年度の欠損金は＄60であり，T社の欠損金は＄50である。

	個別申告 1年度	個別申告 2年度	個別申告 3年度	連結申告 4年度
P（親会社）	△＄40	0	△＄120	＄90
T（子会社）	0	△＄50	△＄60	＄70
計				＄160
欠損金控除				△＄160
連結課税所得				0

5　買収した会社のグループ加入前の繰越欠損金の制限

欠損会社が他の欠損会社を買収して連結申告した年度に連結課税所得がある場合には，グループ加入前の他の欠損会社における欠損金の控除は，連結申告年度の前年度の欠損金について欠損控除の制限がある（Reg. 1. 1502-21 (C)）。

【設例6】買収により連結グループに加入した場合の繰越欠損金の制限

P社は1966年1月1日に設立し，1966年度及び1967年度の欠損金が＄4,000，＄12,000であった。P社は1967年3月15日にS社を買収した。S社は1966年2月1日に設立し，1967年1月31日付けで個別申告した。また，1967年12月31日付けで個別申告し，それぞれの申告額は＄5,000と＄6,000の欠損金であった。1968年度にP社とS社は連結申告し，連結課税所得はP社＄9,000とS社＄7,000であった。この場合に連結グループ加入前のS社の欠損金についてはSRLY原則の制限がある。

1968年度における計算：

1968年度の連結所得 $16,000 は，1966年度の P 社の繰越欠損金 $4,000 と S 社の繰越欠損金 $5,000 と連結通算ができる。

($9,000 − $4,000) + ($7,000 − $5,000) = $7,000

連結申告年度の前年度である1967年度の子会社の欠損金は，SRLY 原則の対象となる。1968年度の子会社 S 社の累積課税所得は，$1,000 (7,000 − 6,000) となる。1967年度における子会社 S 社欠損金のうち1968年度において連結通算できる金額は，$1,000 である。これにより，1967年度における親会社 P 社の繰越欠損金のうち1968年度の連結所得と連結通算できるのは，$6,000 である。残りの1967年度の親会社 P 社の繰越欠損金は，1968年度の課税所得と連結通算ができる。また，1967年度の子会社 S 社の繰越欠損金残高 $5,000 は，1969年度の課税所得と連結通算できる。なお，1969年度においても，子会社 S 社の繰越欠損金の残高は，SRLY 原則の制限規定が適用される。

	個別申告 1966年	個別申告 1967年	連結申告 1968年
P（親会社）	△$4,000	△$12,000	$9,000
S（子会社）	△$5,000	△$6,000	$7,000
計			$16,000
欠損金控除			△$16,000
連結課税所得			0

Ⅶ 連結納税制度の改善の方向

連結納税制度において，連結親法人の繰越欠損金については連結事業年度開始日前7年以内の繰越欠損金は引き継ぐことができる。しかし，連結グループの連結子法人の繰越欠損金については，適格株式移転により子法人となった連結子法人の繰越欠損金のみ繰越控除を認め，それ以外の連結子法人の繰越欠損金は，原則として引き継ぐことは認めていない。連結親法人が完

全支配関係を有していない法人との間で，連結親法人を適格合併等とした場合は，一定の制限を認め，当該子法人の欠損金を引き継ぐべきである。

注(1) 日本経済新聞　2009年6月6日朝刊，「子会社の繰越欠損，黒字と相殺可能に，連結納税活用しやすく」
　(2) 野田秀三「連結納税制度における欠損金の取扱い」『税務事例研究』80号㈶日本税務研究センター　2004年7月　12頁〜17頁

参考文献

税理士法人トーマツ編『詳解　連結納税Q&A』清文社　2002年10月
平川忠雄「企業組織再編税制の青色欠損金と特定資産譲渡損失額の制限措置の適用上の実務事例」税務事例研究㈶日本税務研究センター　64号　2001年11月1頁〜44頁。
野田秀三「連結納税制度における欠損金等の取扱い―租税回避防止の課題―」連結納税制度特別委員会最終報告　『税務会計研究』第13号　2002年9月　227頁〜240頁
野田秀三「連結納税制度における欠損金の取扱い」『税務事例研究』80号　㈶日本税務研究センター　2004年7月
『解説平成15年度税制改正について』第一法規　2003年6月
『平成14年版改正税法のすべて』(財) 大蔵財務協会　2002年9月
武田昌輔編『コンメンタール法人税法』第一法規
Internal Revenue Code
Tncome Tax Regulations

特定株主等によって支配された欠損等法人の欠損金の繰越しの不適用

税理士 大江 晋也

I 特定株主等によって支配された欠損等法人の欠損金の繰越しの不適用等

はじめに

　法人が有する欠損金はその後の事業年度の所得金額から繰越控除（青色欠損金の繰越控除等（法法57等））される制度となっている。

　この制度を利用して，ある法人が他の法人を買収し，その繰越欠損金を利用することは，組織再編税制の適格組織再編成を用いない方法によっても繰越欠損金を活用することが可能であった。

　例えば，繰越欠損金を有する休眠状態にある法人を物色し，その株式の過半数を買収した後，その買収者がそれまで利益をあげてきた事業をその買収した法人に移行すれば，その利益をあげる事業の利益が休眠会社の繰越欠損金額と相殺されることになると税負担が発生しない（又は軽減される）ことになる。

　ただし，その休眠法人の事業に含み益があれば，移転に伴う税負担が発生するため，このような買収には税負担軽減のメリットはない。しかし，その休眠会社の事業に含み益がない場合には，このような手法は税負担軽減措置

として有効に機能することになる。

　また，休眠状態でない法人を買収する場合にも，株式買収により支配を得ることができれば，被買収会社のそれまでの事業を廃止させて，その買収者が営んできた事業を移行することにより，欠損金額を買収会社が有効に活用することにより税負担の軽減策を活用することができたのである。

　そこで，平成18年度税制改正により，このような租税回避を防止するため，欠損金を利用するための買収と認められる場合に，その買収された法人の欠損金の繰越控除を認めない措置が個別否認規定として講じられたのである。

　また，このような租税回避行為については，欠損金の繰越控除に限らず，資産の含み損を有する法人も本措置の対象とするとともに，その含み損を実現した場合についてもこれを制限する措置を講じられているのである。

　これについて，武田昌輔名誉教授は次のように述べている。

　「このような規定が創設される前において，同様の問題が生じていた場合に，どのように取り扱われていたか，あるいは，どのように取り扱うべきかについては，問題が存していたものと思われる。しかし，私見では，これはいわゆる租税回避に該当することになって，否認されるべきものと考える（同族会社の場合には，同族会社の行為計算の否認規定の適用があることになると考える。）。ただ，創設された法人税法第57条の2の規定においては，一定の要件を明確に定めているので，いかなる場合に，この規定が適用されるかの課税要件の明確性が定められたので，納税者としては，このような行為をした場合においても租税回避とされるのかどうかについての従前からの疑問が消失したといえる(注1)。」と説明しており，この制度の有用性について論じている。

　具体的内容については，単体納税制度における青色欠損金の繰越控除を認めない措置（法法57の2）及び連結納税制度における連結欠損金の繰越控除を認めない措置（法法81の9の2）並びに資産の含み損の利用を制限する措置（法法60の3①，81の9の2）が規定されている。なお，連結納税制度にお

ける連結欠損金の繰越控除規制については別途,「連結納税制度の繰越欠損金」で詳述することとしているので参照のこと。

1 特定株主等によって支配された欠損等法人の欠損金の繰越しの不適用制度の内容

1. 制度の概要

　内国法人で他の者との間に当該他の者による特定支配関係を有することとなった日(以下「支配日」あるいは「特定支配日」という①。)の属する事業年度(以下「特定支配事業年度」という②。)において特定支配事業年度前の各事業年度において生じた欠損金額又は評価損資産を有するもの(以下「欠損等法人」という。)が,その支配日以後5年を経過した日の前日までに適用事由③(欠損金の使用制限を受ける事由)に該当する場合には,その該当することとなった日(以下「該当日」という。)の属する事業年度(以下「適用事業年度」という④。)以後の各事業年度においては,その適用事業年度前の各事業年度において生じた欠損金額については,法人税法第57条第1項の規定は適用しないこととされる(法法57の2)。したがって,この場合には,適用事業年度前の青色欠損金について繰越控除ができないこととなっている。

　　(注)
　　　① 支配日あるいは特定支配日＝他の者との間に当該他の者による特定支配関係を有することとなった日
　　　② 特定支配事業年度＝特定支配関係を有することとなった日の属する事業年度
　　　③ 適用事由＝欠損金の使用制限を受ける事由
　　　④ 適用事業年度＝適用事由に該当する場合には,その該当することとなった日の属する事業年度

これを図解すると次のようになる(注2)。

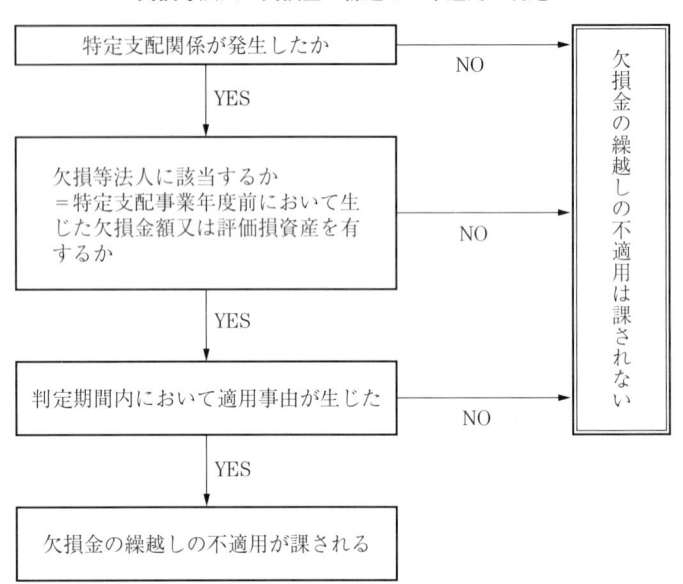

<欠損等法人の欠損金の繰越しの不適用の判定>

```
┌─────────────────────────┐  NO   ┌─────────────┐
│  特定支配関係が発生したか  ├──────→│             │
└──────────┬──────────────┘       │             │
           │ YES                   │             │
           ↓                       │             │
┌─────────────────────────┐        │  欠         │
│ 欠損等法人に該当するか    │        │  損         │
│ ＝特定支配事業年度前にお  │  NO    │  金         │
│ いて生じた欠損金額又は評  ├──────→│  の         │
│ 価損資産を有するか        │        │  繰         │
└──────────┬──────────────┘        │  越         │
           │ YES                   │  し         │
           ↓                       │  の         │
┌─────────────────────────┐        │  不         │
│ 判定期間内において適用事  │  NO    │  適         │
│ 由が生じた                ├──────→│  用         │
└──────────┬──────────────┘        │  は         │
           │ YES                   │  課         │
           ↓                       │  さ         │
┌─────────────────────────┐        │  れ         │
│ 欠損金の繰越しの不適用が  │        │  な         │
│ 課される                  │        │  い         │
└─────────────────────────┘        └─────────────┘
```

そこで,「特定株主等によって支配された欠損等法人の繰越欠損金の繰越しの不適用」となるか否かの判定をする場合の重要な要素として以下の5点をあげることができる。

(1) 特定支配関係の意義
(2) 欠損等法人の意義
(3) 制限の対象となる適用事由
(4) 適用事由が生じたか否かの判定時期
(5) 経過措置

上記の判定により,「欠損金の繰越しの不適用」が適用される場合において,制限を受ける繰越欠損金の金額は,「適用事業年度以後の各事業年度においては,当該適用事業年度前の各事業年度において生じた欠損金額については,前条第1項(法法57①)の規定は,適用しない。」(法法57の2①)と規定しているので,支配日前に発生した繰越欠損金なのか支配日後に発生した

欠損金なのかを区別せずに，適用事業年度前の繰越欠損金についてすべて制限を受けることになっている。

したがって，例えば，買収前に事業を営んでいない法人が買収後に事業を開始した場合については，繰越欠損金の使用が制限されることとなり，また，買収後に事業を開始した日の属する事業年度以後の各事業年度において繰越欠損金の使用が制限されることにもなる。すなわち，買収時点ではなく，事業を開始した時点において有する繰越欠損金の全てが制限を受けることになるため，買収時点から事業を開始する時点までの間に生じた繰越欠損金についても制限を受けることになる。

これについては，組織再編税制についての繰越欠損金の取り扱いと異なっているのである。組織再編税制においては，特定資本関係発生前と発生後の繰越欠損金についての制限を受ける繰越欠損金についてはその内容を区別しているが，「特定株主等によって支配された欠損等法人の欠損金の繰越しの不適用」においては，支配日前の繰越欠損金と支配日後の繰越欠損金を区別しないで全て制限を受けるという取扱いとなっているのである。

図解してみると以下のとおりになる(注3)。

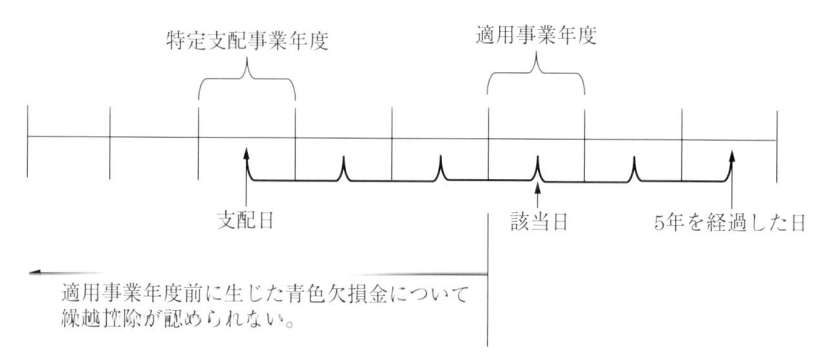

さらに，事業を開始した後において，特定支配関係が解消された場合についてであるが，上記の繰越欠損金が復活するかどうかであるが，「特定支配関係の喪失や債務処理の事実があった場合には，欠損金の利用制限をする必要がもはや無くなるため，判定期限を繰り上げることによって制限を適用し

ないこととされているものです⁽注4⁾」(法令113の2⑨⑩⑪) と解説している。

2. 特定支配関係

(1) 特定支配関係の意義

「特定株主等によって支配された欠損等法人の欠損金の繰越しの不適用」の規定は，繰越欠損金を不当に利用するために欠損等法人を買収する行為について制約を課すために設けられた制度である。

そのため，欠損等法人を新たに買収するという行為がある場合についてのみ繰越欠損金の使用制限が課されている。

具体的には，欠損等法人を他の者が支配する関係，すなわち，「特定支配関係」が生じた場合において制限を課すことになる。

この場合における特定支配関係とは，以下のいずれの関係であると規定されている（法法57の2①，法令113の2①）。

特定支配関係とは，次の①又は②のいずれかの関係であると規定されている（法令113の2①）。

① 2の法人のいずれか一方の法人（組合関連者を含む。）が他方の法人の発行済株式又は出資（自己が有する自己の株式又は出資を除く。以下「発行済株式等」という。）の総数（出資にあっては，総額。以下同じ。）の50％を超える数（出資にあっては，金額。以下同じ。）の株式（出資を含む。）を直接又は間接に保有する関係

ただし，この2の法人が同一の者によってそれぞれの法人の発行済株式等の総数の50％を超える数の株式を直接又は間接に保有される関係がある場合は除かれる（法令113の2①一）。つまり，株式の所有を通じた支配関係の頂点に立つ法人（親法人）と支配される各法人（子法人，孫法人等）との間の関係は特定支配関係に該当するが，支配される各法人間の関係は特定支配関係に該当しないということである。

なお，組合関連者とは，一の法人又は個人が締結している組合契約等（任意組合契約，投資事業有限責任組合契約，有限責任事業組合契約並びに外国におけるこれらの契約に類する契約等をいう。）に係る他の組合員である者

をいう（法令113の2⑤）。

② 一の個人（特殊の関係のある個人及び組合関連者を含む。）が法人の発行済株式等の総数の50％を超える数の株式を直接又は間接に保有する関係

　上記①の一方の法人が他方の法人の発行済株式等の総数の50％を超える数の株式を直接又は間接に保有するかどうかの判定は，その一方の法人のその他方の法人に係る直接保有の株式の保有割合とその一方の法人がその他方の法人に係る間接保有の株式の保有割合とを合計した割合により行うこととなる（法令113の2②）。上記②の判定についても同様である（法令113の2④）。

このように，特定支配関係とは，他の者によって発行済株式等の総数の50％超を支配される関係を有するものである。ただし，発行済株式総数の中に自己株式が含まれている場合には，自己株式を除いた発行済株式の50％超の支配関係があるか否かで判定することになる。

また，欠損等法人として制限の対象となる法人は内国法人だけではあるが，欠損等法人に対して特定支配関係を有する「他の者」には，内国法人だけではなく，個人や外国法人も含まれることとなっている。

さらに，「発行済株式総数」の50％超を支配しているか否かにより判定をすることとなっているが，この判定は議決権株式と無議決権株式をあわせた発行済株式総数のうち50％超を支配しているか否かで判定することになる。

(2) 間接保有関係

特定支配関係の判定は，前述したとおり直接保有関係だけでなく，間接保有関係を含めて判定を行うこととなっている（法令113の2②）。具体的に説明すると次のとおりである。

① 子会社が保有している場合

　欠損等法人の株主である甲社の発行済株式総数の50％を超える数の株式が，他の者により所有されている場合には，他の者の保有割合（直接保有割合）と甲社の保有割合（間接保有割合）の合計割合で判定する。

(イ) 甲社が「欠損等法人」の発行済株式総数の50%超を所有している場合

```
┌─────┐  51%  ┌───┐  51%  ┌──────┐
│他の者│ ────→ │甲社│ ────→ │欠損等法人│
└─────┘       └───┘       └──────┘
```

(注) このケースの場合の特定支配関係の判定においては、発行済株式総数の50%を超える数の株式を保有している甲会社の保有割合を単純に加算するということになっているため、このケースでは、甲社が欠損等法人の発行済株式総数の50%を超える数の株式を保有し、その甲社の発行済株式総数の50%を超える数の株式を他の者が所有しているため、他の者と欠損等法人との間の関係は特定支配関係があることになる。

(ロ) 甲社が複数存在する場合

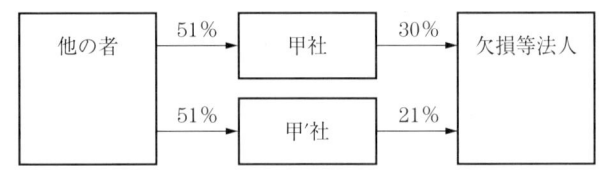

```
┌─────┐  51%  ┌───┐  30%  ┌──────┐
│他の者│ ────→ │甲社│ ────→ │欠損等法人│
│     │  51%  ├───┤  21%  │      │
│     │ ────→ │甲'社│────→ │      │
└─────┘       └───┘       └──────┘
```

(ハ) 直接保有割合と間接保有割合を合算する場合

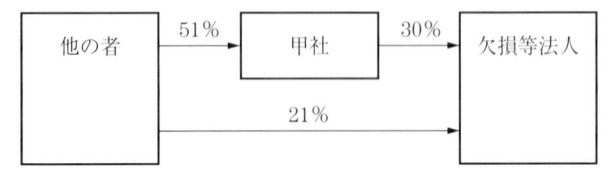

```
┌─────┐  51%  ┌───┐  30%  ┌──────┐
│他の者│ ────→ │甲社│ ────→ │欠損等法人│
│     │           21%          │      │
│     │ ──────────────────→ │      │
└─────┘                       └──────┘
```

② 孫会社が保有している場合

　欠損等法人の株主である甲社と、他の者との間にこれらの者と発行済株式の所有を通じて連鎖関係にある1又は2以上の法人（以下、「出資関連法人」という。）が介在している場合には、他の者の保有割合（直接保有割合）と甲社の保有割合（間接保有割合）の合計割合により判定する。

　なお、この場合における「出資関連法人」は、「他の者」又は「他の出資関連法人」によって発行済株式総数の50%を超える数の株式が所有されているものに限られる。

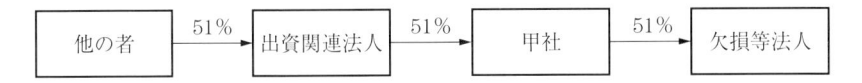

```
┌─────┐ 51%  ┌──────────┐ 51%  ┌────┐ 51%  ┌────────┐
│他の者│────▶│出資関連法人│────▶│甲社│────▶│欠損等法人│
└─────┘      └──────────┘      └────┘      └────────┘
```

　上記のように，特定支配関係の判定は直接保有割合だけでなく，間接保有割合をも含めて判定を行う。この場合，甲社が欠損等法人の発行済株式総数の50％超を保有し，他の者が甲社の発行済株式総数の50％を保有している場合において，他の者と欠損等法人との間に特定支配関係が生じることになる。

(3) 個人が欠損等法人を支配している場合

特定支配関係には個人が欠損等法人を支配する関係が含まれる。

このような個人による特定支配関係の判定においては，その者だけでなく，特殊の関係のある個人を含めて判定することとされている（法令113の2①二，③）。

「特殊の関係のある個人」とは，次の者をいう（法令4①）。

① 株主等の親族（配偶者，6親等内の血族，3親等内の姻族）
② 株主等と内縁関係にあるもの
③ 株主等個人の使用人（女中，その他の家事使用人等）
④ ①〜③以外の者で，その株主等個人から受ける金銭その他の資産によって生計を維持しているもの（いわゆる特殊関係者等）
⑤ 上記②〜④の者の親族で，その者と生計を一にしているもの

(4) 組合が欠損等法人を支配している場合

① 民法上の任意組合における取扱い

　民法上，任意組合の所有する資産は組合員が共有するものとされている（民法668）。したがって，組合そのものが所有権を有するものではないと思われる。そのため，組合が欠損等法人の株式を取得した場合には，組合員が欠損等法人の株式を取得したものと考えられる。

　その結果，任意組合への出資比率が50％を超える組合員がいない場合には，任意組合が欠損等法人の株式を取得したとしても，「特定株主

等によって支配された欠損等法人の欠損金の繰越しの不適用」の規制を行うことができないことになる。

そこで，法人税法施行令第113条の2第1項において，組合関連者が有する欠損等法人の株式を含めて特定支配関係の判定を行うことにより，任意組合が欠損等法人の発行済株式の50％超を取得した場合において，欠損金の使用制限が課せられることとなっている。

例えば，甲社がA組合への出資割合が20％であるとした場合において，A組合が乙社の発行済株式総数の60％を取得したときは，甲社の乙社に対する保有比率は12％であるが，他の組合員の保有比率と合算すると特定支配関係が生じることになると考えられる。

したがって，A組合が乙社の発行済株式総数の60％を取得したとしても，新たに特定支配関係が発生したとは考えず，A組合が乙社の発行済株式の60％を取得した時点においてすでに特定支配関係が発生していたと考えて法令の支配日の判定を行うことになるものと考える。

```
┌────┐ 20%  ┌──────┐ 60%  ┌──────────┐
│甲社│────→│  A   │────→│   乙社    │
└────┘      │任意組合│      │欠損等法人│
            └──────┘      └──────────┘
```

② 他の組合契約における取扱い

投資事業有限責任組合契約，有限責任事業組合契約についても①と同様に規制される（法令113の2⑤）。また，外国の法律により作られた組合契約についてもこれらの組合契約に類する契約であれば，同様に規制されることになる。

(5) 判定時期

発行済株式総数の50％超を支配する関係があるか否かの判定をどの時点で行うかという問題がある。

これは，有価証券の譲渡に係る法人税法の規定によることとなり，その譲渡に係る契約をした日（約定日）に株式譲渡損益の認識を行うことから（法法61の2），約定日時点で株式が引き渡されたものとして特定支配関係の判

定を行うという考え方もあるが，実際に株式の引渡しが行われるまで特定支配関係が生じないと考えられる。

(6) 名義株の取扱い

名義株については，株主名簿に記載されている株主ではなく，実際の権利者がどの株主なのかという実質所有者に基づいて特定支配関係の判定を行うことになる。

(7) 特定支配関係から除外される関係

特定支配関係が生じたとしても，繰越欠損金を不当に利用するために欠損等法人を買収したとみなされることとならない場合がある。

次の2つの場合には特定支配関係から除外されている（法令113の2⑥）。

① 適格合併，適格分割，適格現物出資，適格株式交換又は適格株式移転（法令113の2⑥一）

これは，適格合併等により生じた関係は特定支配関係とならないのであるが，しかし，既に特定の者による特定支配関係がある法人がその関連者（その特定の者による特定支配関係がある者をいう。）との間にその関連者による関係を有することとなるものは除外されない。

例えば，親法人と孫法人の間に特定支配関係がある場合に，親法人が子法人に吸収される適格合併が行われるときは，その適格合併により生ずる子法人と孫法人との関係は特定支配関係から除外されないこととなる。

② 会社更生法，民事再生法，特別清算，破産，私的整理ガイドライン，RCC企業再生スキーム等による債務処理計画に基づいて行われる欠損等法人の株式の発行又は譲渡（法令113の2⑥二）

法人についての債務処理計画（法人税法施行令第113条の2第6項における会社更生法の規定だけではなく，法人税法施行令第117条各号に掲げる事実に関して策定された債務処理に関する計画をいう。）に基づいて行われるその法人の株式の発行又は譲渡。

この場合,「法人税法施行令第117条に規定する私的整理」としては，

法人税基本通達12-3-1に定めがあるが、具体的には、私的整理ガイドライン、RCC企業再生スキームが該当すると考えられる。

したがって、上記の規定の適用のない私的整理、例えば、単なる企業再生ファンドによる支援については、上記の特例の適用を受けることができないため、特定支配関係が発生したとみなされ、適用事由に該当した場合には、繰越欠損金の使用が制限されることになる。

3. 欠損等法人

(1) 欠損等法人の意義

欠損等法人とは、法人で他の者との間に他の者による特定支配関係を有することとなったもののうち、特定支配事業年度において特定支配事業年度前の各事業年度において生じた欠損金額又は評価損資産を有するものをいう（法法57の2①）。

(2) 欠損金額

特定支配事業年度において特定支配事業年度前の各事業年度において生じた欠損金額は、青色欠損金の繰越控除の規定（法法57①）の適用を受けるものに限られている（法法57の2①）。なお、この欠損金額には、適格合併や合併類似適格分割型分割に係る被合併法人等の未処理欠損金額で引き継いだもの等も含まれる。

(3) 評価損資産

評価損資産とは、含み損を有する資産をいう。具体的には、その法人が支配日において有する固定資産、土地（土地の上に存する権利を含み、固定資産に該当するものを除く。）、有価証券（売買目的有価証券及び償還有価証券を除く。）、金銭債権及び繰延資産並びに資産調整勘定の金額に係る資産で、支配日における価額（資産を法人税法施行規則第27条の15第1項の単位に区分した後のそれぞれの資産の価額をいう。）が支配日における帳簿価額（資産区分後のそれぞれの資産の帳簿価額をいう。）に満たないものをいう（法令113の2⑦、法規26の5①）。ただし、その満たない金額がその法人の資本金等の額の2分の1に相当する金額と1,000万円とのいずれか少ない金額に満たないものは評価損資

産から除かれる。

　また，この場合における「資本金等の額」をどの時点で判定するのかについては，含み損の判定が支配日により判定することから，当然に支配日における資本金等の額であると考えられる。したがって，特定支配関係が発生した後に増資を行ったとしても，増資前における資本金等の額を基礎に評価損資産の有無を判定していくことになると思われる。

　なお，含み損が1,000万円未満か否かを判定する際の評価単位については，下表のとおりである（法規26の5①，27の15①）（注5）。

〈評価単位〉

区　　分	評　価　単　位
一　金銭債権	債務者ごと
二　減価償却資産	
イ　建物	1棟ごと
ロ　機械及び装置	1の生産設備又は1台若しくは1基（通常1組又は一式をもって取引の単位とされるものにあっては，1組又は一式）ごと
ハ　その他	上記に準じて区分する。
三　土地等	1筆（一体として事業の用に供される一団の土地等にあっては，その一団の土地等）ごと
四　有価証券	銘柄の異なるごと
五　その他の資産	通常の取引の単位を基準として区分する

4.　適用事由の範囲

　「特定株主等によって支配された欠損等法人の欠損金の繰越しの不適用」の規定は，繰越欠損金を不当に利用するために欠損等法人を買収する行為について規制をしているのである。

　法人税法第57条の2において，欠損等法人の繰越欠損金を不当に利用されるものとして，次の(1)から(5)までに掲げる事由を挙げている（法法57の2①五）。

(1) 事業を営んでいない場合
(2) 事業のすべてを廃止する場合
(3) 他の者が欠損等法人の支配株式と債権を取得する場合
(4) 上記(1)から(3)に規定する場合において欠損等法人が適格合併、合併類似適格分割型分割により解散する場合
(5) 特定役員のすべてが退任し、使用人のおおむね20％に相当する数の者が退職する場合

以下、(1)から(5)までの5つの場合の具体的な内容について述べることとする。

(1) 事業を営んでいない場合

欠損等法人が特定支配日の直前において事業を営んでいない場合において、特定支配日以後に事業を開始した場合には、「特定株主等によって支配された欠損等法人の欠損金の繰越しの不適用」の制限対象となる（法法57の2①一）。

典型的なケースとしては、全く事業を営んでいない法人で繰越欠損金だけ有する法人を買収し、事業を開始させるケースが考えられる。

(2) 事業のすべてを廃止する場合

欠損等法人が特定支配日の直前において営む事業（以下、「旧事業」という。）のすべてを特定支配日以後に廃止し、又は廃止することが見込まれている場合において、当該旧事業の当該特定支配日の直前における事業規模のおおむね5倍を超える資金の借入れ又は出資による金銭その他の資産の受入れを行った場合には、「特定株主等によって支配された欠損等法人の欠損金の繰越しの不適用」の制限対象となる（法法57の2①二）。

すなわち、このケースに該当するためには、以下の2つの要件を満たす必要がある。

① 旧事業を廃止し、又は廃止することが見込まれていること
② 新事業の事業規模が旧事業の事業規模のおおむね5倍を超える資金の借入れ又は出資による金銭その他の資産の受入れを行うこと

このうち，②の事業規模のおおむね5倍を超える資金の借入れ又は出資による金銭その他の資産の受入れを行ったか否かについては，旧事業と新事業の収益金額又は事業資金額を比較することにより判定することになり，具体的には，(イ)資産の譲渡を主な内容とする事業，(ロ)資産の貸付けを主な内容とする事業，(ハ)役務の提供を主な内容とする事業ごとに区分し，詳細に規定されている（法令113の2⑫〜⑰，法規26の5②③④）。

　なお，上記の「出資による金銭その他の資産の受入れ」については，単なる金銭出資のほか，合併，分割，現物出資による資産の受入れも含まれ（法規26の5②一イ(2)，ロ(2)，ハ(2)等），「資金の借入れ」には欠損等法人の債務を弁済するための借入れは含まれないとされている（法令113の2⑰一）。

(3)　他の者が欠損等法人の支配株式と債権を取得する場合

　他の者が欠損等法人の発行済株式総数の50％超と欠損等法人の「特定債権」を直接又は間接に取得した場合において，当該欠損等法人が旧事業の事業規模のおおむね5倍を超える資金借入れ等を行うときは，「特定株主等によって支配された欠損等法人の欠損金の繰越しの不適用」の制限対象となる（法法57の2①三）。

　この場合の特定債権とは，「他の者」が欠損等法人の債権を額面金額の50％未満で買い取り，かつ，当該債権の金額が欠損等法人の債務の金額の50％を超えている場合における当該債権を意味する（法令113の2⑲）。

　したがって，このケースに該当するためには，以下の3つの要件を満たす必要がある。

①　「他の者」が欠損等法人の債権を額面金額の50％未満で買い取ること
②　「他の者」が欠損等法人の債務総額の50％超を占める主要債権者になること
③　旧事業の事業規模のおおむね5倍を超える資金の借入れ又は出資による金銭その他の資産の受入れを行うこと

　ただし，特定支配日以後に，欠損等法人の債務の額のうち50％超が債権放棄又はデット・エクイティ・スワップによって消滅することが見込まれて

いる場合には，上記の規定が適用されないという点に留意が必要である（法令113の2⑳）。

(4) 上記(1)から(3)に規定する場合において欠損等法人が適格合併，合併類似適格分割型分割により解散する場合

欠損等法人が以下のいずれかに該当する場合において，適格合併，合併類似適格分割型分割（以下，「適格合併等」という。）により解散する場合には，「特定株主等によって支配された欠損等法人の欠損金の繰越しの不適用」の制限対象となる（法法57の2①四）。

① 欠損等法人が特定支配日の直前において事業を営んでいない場合
② 欠損等法人が特定支配日の直前において営む事業の全てを特定支配日以後に廃止し，又は廃止することが見込まれている場合
③ 他の者が欠損等法人の発行済株式総数の50％超と欠損等法人の「特定債権」を直接又は間接に取得した場合

これは，欠損等法人が(1)から(3)の適用事由に該当する前に適格合併等により解散し，繰越欠損金を合併法人等に引き継ぐという脱法行為が考えられるために，それを防止するため設けられた適用事由である。そのため，通常の解散，事業譲渡後の解散，非適格合併による解散等を行った場合についてはここでは含まれない。

なお，上記の「事業の廃止」に適格合併等により欠損等法人が解散することが見込まれていることが含まれるか否かが問題になる。なぜならば，適格合併等により欠損等法人が解散することが見込まれている場合には，被合併法人等である欠損等法人が消滅するため，事業を廃止することが見込まれていたと判断するという考え方も成り立つからである。

さらに，(2)の適用事由と異なり，事業規模のおおむね5倍を超える資金の借入れ又は出資による金銭その他の資産の受入れを行わなくても，「欠損等法人が特定支配日の直前において営む事業のすべてを廃止すること」が見込まれており，かつ，自己を被合併法人等とする適格合併等を行うのであれば適用事由に該当してしまう。そのため，適格合併等により解散することが

「事業の廃止」に該当するのであれば，繰越欠損金又は評価損資産を有する法人の発行済株式総数の50%超を取得した後に，適格合併を行った場合には，この適用事由に該当してしまうことになる。

しかしながら，そのように判定するのであれば，外部から株式を買収し，その後に適格合併を行う場合の全てにおいて繰越欠損金の引継ぎが認められなくなることから，組織再編税制において繰越欠損金の引継ぎを認めている趣旨を大きく逸脱することになる。

したがって，この場合の「廃止」には，適格合併，合併類似適格分割型分割による解散は含まれないと解される。

(5) 特定役員のすべてが退任し，使用人のおおむね20%に相当する数の者が退職する場合

特定支配関係を有することとなったことに基因して，欠損等法人の特定役員の全てが退任し，かつ，欠損等法人の使用人の総数のおおむね20%以上に相当する数の者が退職した場合において，当該欠損等法人の使用人が実質的に従事しない非従事事業の事業規模が旧事業の事業規模のおおむね5倍を超えることとなった場合には，「特定株主等によって支配された欠損等法人の欠損金の繰越しの不適用」の制限対象となる（法法57の2①五）。

すなわち，この場合に該当するためには，以下の3つの要件を満たす必要がある。

① 特定支配関係を有することとなったことに基因して，欠損等法人の特定役員の全てが退任すること
② 特定支配関係を有することとなったことに基因して，欠損等法人の使用人の総数のおおむね20%以上に相当する数の者が退職すること
③ 非従事事業の事業規模が旧事業の事業規模のおおむね5倍を超えることとなること

このうち，①の特定役員とは，社長，副社長，代表取締役，代表執行役，専務取締役若しくは常務取締役又はこれらに準ずる者で法人の経営に従事している者をいい（法令113の2㉑），これらの者のすべてが退任した場合にお

いてのみ適用されることから，1人でも残っている場合には，上記の規定は適用されない。なお，この場合の「退任」には，業務を執行しないものとなることも含まれるため，単に名前だけ役員として残る場合には，上記の規定が適用されることになる。

また，②の「退職」とは，個別の法人と使用人との関係により判定すべき問題であり，転籍後に転籍先と使用人との間で雇用契約が継続していたとしても，転籍元を退職した事実は変わらないため，グループ会社への転籍や会社分割による使用人の移転も含まれると考えられる。

しかしながら，①の「退任」についても，②の「退職」についても，特定支配関係を有することとなったことに基因する場合のみが該当するため，後発事象により特定役員が退任したり，使用人が退職したりする場合は含まれないと考えられる。

また，上記の規定は，欠損等法人の事業規模算定期間における非従事事業の事業規模が当該事業規模算定期間の直前の事業規模算定期間における非従事事業の事業規模のおおむね5倍を超えない場合には適用されないこととされている点に留意が必要である（法令113の2②）。すなわち，非従事事業の事業規模が旧事業の事業規模の5倍を超えることになった理由が非従事事業の事業規模を増加させる行為ではなく，旧事業の事業規模を減少させる行為によってもたらされた場合には，上記の規定の適用対象外とされている。

なお，この5倍基準は(2)～(3)のケースと異なり，共同事業を営むための適格組織再編成により非従事事業の事業規模が増加した場合には，当該適格組織再編成により増加した部分を除いて，事業規模が5倍を超えるか否かを判定することとなる。

5. 判定期間

本規定は，支配日後に適用事由が生じた場合には，「特定株主等によって支配された欠損等法人の欠損金の繰越しの不適用」が適用されることになるが，半永久的に制約が課されるわけではなく，一定の期間が経過した後においては，この規定は適用されない。

具体的には，支配日から以下のいずれか早い日までに適用事由が発生した場合にのみ，「特定株主等によって支配された欠損等法人の欠損金の繰越しの不適用」が適用され（法法57の2①，法令113の2⑨⑩⑪），その後の期間において適用事由が生じたとしても，上記の規定は適用されないことになる。

したがって，次の(1)～(5)の期間の経過後には適用されない。

(1) 当該支配日以後5年を経過した日の前日まで
(2) 当該特定支配関係を有しなくなった日
(3) 当該欠損等法人の債務につき一定の債務の免除その他の行為があった日
(4) 更生手続開始の決定があった日
(5) 解散の日（合併による解散を除く。）

このうち，「(3) 当該欠損等法人の債務につき一定の債務の免除その他の行為があったこと」とは，債務免除，デット・エクイティ・スワップにより生ずる債務免除益の金額が，以下のいずれかの金額を超える場合に限られている（法令113の2⑩）。

① 欠損等法人の欠損金額，含み損の金額のおおむね90％に相当する金額
② 債務免除の金額が，欠損等法人の債務の総額の50％に相当する金額を超える場合には，欠損等法人の欠損金額，含み損の金額のおおむね50％に相当する金額

なお，「債務の総額」と規定していることから，有利子負債の50％ではなく，買掛金等を含んだ債務の50％で判定することとなる。

6. 欠損等法人が組織再編成を行った場合の繰越控除の不適用

(1) 適格合併等を行った場合の未処理欠損金の引継ぎ

欠損等法人が適格合併を行った場合に，被合併法人の未処理欠損金額を引き継げないこととする取扱い等，欠損等法人が組織再編成を行った場合等に関する取扱いが次のとおり定められている。

欠損等法人が該当日以後に自己を合併法人又は分割承継法人とする適格合

併又は合併類似適格分割型分割を行う場合には，その被合併法人又は分割法人の未処理欠損金額等（その適格合併等が欠損等法人の適用事業年度開始の日以後３年を経過する日（その経過する日が特定支配日以後５年を経過する日後となる場合にあっては，同日）後に行われるものである場合には，未処理欠損金額等のうち，これらの生じた事業年度等開始の日が適用事業年度開始の日前であるもの）について，引継ぎ規定（法法57②③⑦）は，適用しないこととされている（法法57の２②一）。

つまり，欠損等法人は被合併法人等の未処理欠損金額等を引き継げないこととされている。

(2)　自己の欠損金額の制限規定の除外

欠損等法人が該当日以後に自己を合併法人，分割承継法人又は被現物出資法人とする適格合併等を行う場合には，その欠損等法人の適用事業年度前の各事業年度において生じた欠損金額について，みなし共同事業要件を満たさない適格合併等を行った場合の自己の欠損金額の制限規定（法法57⑤）は，適用しないこととされている（法法57の２②二）。

(3)　欠損等連結法人の分割型分割を行う場合

欠損等連結法人が該当日以後に分割型分割を行う場合又は連結納税の承認の取消し等の場合に該当する場合には，その欠損等連結法人の適用連結事業年度前の各連結事業年度において生じた連結欠損金個別帰属額を青色欠損金額とみなす規定（法法57⑥）は，適用しないこととされている（法法57の２③）。

(4)　適格合併等の場合の未処理欠損金の一部引継ぎ

上記(1)の適格合併等が行われる場合であっても，その未処理欠損金額等について一部引き継げる余地がある。この場合に，その適格合併等が特定資本関係があるみなし共同事業要件を満たさない適格合併等に該当する場合には，その未処理欠損金額等について引継ぎ制限を受けることになるが，この制限を受ける金額について時価純資産価額を基礎とした特例計算規定（法令113①④）を適用することはできないこととされている（法令113の２②③）。

(5) 未処理欠損金額等の引継ぎ不適用

　法人が欠損等法人との間で自己を合併法人又は分割承継法人とする適格合併等を行う場合には，その欠損等法人の適用事業年度前の各事業年度において生じた未処理欠損金額等について，引継ぎ規定（法法57②③⑦）は，適用しないこととされている（法法57の2④）。

　つまり，欠損等法人の適用事業年度前の欠損金額は，青色欠損金の繰越控除が不適用とされるだけでなく，適格合併等によって他の法人への引継ぎもできないこととされている。

7.　経過措置

　「特定株主等によって支配された欠損等法人の欠損金の繰越しの不適用」の規定は，平成18年4月1日以後に特定支配関係が発生した場合においてのみ適用されることから，それ以前において特定支配関係が生じているものについては適用されない（法法平成18年附則32）。

Ⅱ　特定株主等によって支配された欠損等法人の連結欠損金の繰越しの不適用制度

1.　制度の概要

　連結親法人で他の者との間に当該他の者による上記Ⅰの2の特定支配関係を有することとなったもの及びその連結親法人との間に連結完全支配関係がある連結子法人のうち，その特定支配関係を有することとなった日（以下「支配日」という。）の属する連結事業年度（以下「特定支配連結事業年度」という。）において特定支配連結事業年度前の各連結事業年度において生じた連結欠損金額又は上記Ⅰの3の評価損資産を有するもの（以下「欠損等連結法人」という。）が，その支配日以後5年を経過した日の前日までに適用事由に該当する場合には，その該当することとなった日の属する連結事業年度（以下「適用連結事業年度」という。）以後の各連結事業年度においては，その適用

連結事業年度前の各連結事業年度において生じた連結欠損金額のうち一定の金額については，法人税法第81条の9の2第1項の規定は適用しないこととされる（法法81の9の2）。したがって，この場合には，適用連結事業年度前の繰越欠損金額のうち一定の金額について繰越控除できないこととなる(注6)。

以下，2において規定の概要について述べることとする。

2. 不適用制度の内容(注7)

(1) 欠損等連結法人

欠損等連結法人には，上記のほか，次の法人（以下「連結前欠損等法人」という。）が含まれる（法法81の9の2①，法令155の21の2②③）。

① 次に掲げる法人のうち，各連結事業年度の連結所得に対する法人税を課される最初の連結事業年度開始の日の前日において欠損等法人であったもの

　イ　連結親法人

　ロ　法人税法第81条の9第2項第2号に規定する連結子法人

　ハ　法人税法第61条の11第1項各号に掲げる法人又は法人税法第61条の12第1項各号に掲げる法人に該当した連結子法人（すなわち連結納税の開始・加入時の時価評価の対象外となった法人）のうち，連結開始直前事業年度又は連結加入直前事業年度前の各事業年度又は各連結事業年度において，特定株主等（連結親法人が他の者との間に当該他の者による特定支配関係がある場合の当該他の者をいう。）との間にその特定株主等による特定支配関係を有することとなったもので，その連結開始直前事業年度又は連結加入直前事業年度終了の時において連結納税に係る時価評価資産（法法61の11①）を有していたもの

② 最初連結親法人事業年度開始の日において株式移転（法人税法第81条の9第2項第2号に規定する株式移転，すなわち，連結納税への欠損金の持込みができる株式移転に限ります。）が行われたこと又は同日以後に連結親法人との間に連結完全支配関係を有することとなったこと（以下「連結開

始等」という。）に基因して連結納税の承認が取り消された連結法人で，その承認に係る連結事業年度（その承認を受けた日から連結開始等の日の前日までの間の連結事業年度に該当しない事業年度を含む。）において欠損等連結法人であったもの

(2) 適用事由の範囲

適用事由は，特定支配日以後5年を経過した日の前日までに生じた次の①から⑥までの事由とされている（法令155の21の2⑤）。ただし，特定支配関係の喪失等（下記(3)参照）の事実が生じた欠損等連結法人にあっては，その事実が生じた日までに適用事由を判定することとなる。

① 事業を営んでいない場合

欠損等連結法人（欠損等連結法人との間に連結完全支配関係がある欠損等連結法人及び欠損等連結法人でない連結法人を含む。）のすべてが特定支配日の直前において事業を営んでいない場合において，欠損等連結法人のいずれかが特定支配日以後に事業を開始すること

(注) 上記の事業からは，連結親法人が当該連結親法人との間に連結完全支配関係がある連結子法人の発行済株式又は出資の全部又は一部を有することを除くこと。

② 事業をすべて廃止している場合

欠損等連結法人のすべてが旧事業の全部を特定支配日以後に廃止し，又は廃止することが見込まれている場合において，欠損等連結法人のいずれかが欠損等連結法人のすべての旧事業の特定支配日の直前における事業規模の合計額の概ね5倍を超える資金借入れ等を行うこと

③ 適格合併等を行う場合

上記①又は②に規定する場合において，欠損等連結法人である連結親法人が自己を被合併法人又は分割法人とする適格合併等を行うこと

④ 事業規模の概ね5倍を超える借入等を行う場合

他の者又は当該他の者との間に当該他の者による特定支配関係がある者（欠損等連結法人との間に連結完全支配関係がある他の連結法人を除く。以下「関連

者」という。）が当該他の者及び関連者以外の者から欠損等連結法人のいずれかに対する特定債権を取得している場合（特定支配日前に特定債権を取得している場合を含むものとし，特定債権につき特定支配日以後に債務の免除等が行われることが見込まれる場合を除く。）において，債務者である欠損等連結法人が旧事業の特定支配日の直前における事業規模の概ね5倍を超える資金借入れ等を行うこと

⑤ 債務者である欠損等連結法人の適格合併の場合

上記④の場合において，債務者である欠損等連結法人が自己を被合併法人又は分割法人とする適格合併等（欠損等連結法人が連結子法人である場合にあっては，当該連結子法人との間に連結完全支配関係がない法人を合併法人又は分割承継法人とするものに限る。）を行うこと

⑥ 特定役員のすべてが退任し，使用人のおおむね20％に相当する数の者が退職する場合

欠損等連結法人が特定支配関係を有することとなったことに基因して，欠損等連結法人の特定支配日の直前の特定役員のすべてが退任（業務を執行しないものとなることを含むこと。）をした場合で，かつ，特定支配日の直前において欠損等連結法人の業務に従事する使用人（以下「旧使用人」という。）の総数の概ね20％以上に相当する数の者がその欠損等連結法人の使用人でなくなった場合（その欠損等連結法人との間に連結完全支配関係がある他の連結法人の業務に従事することに伴って，その欠損等連結法人の使用人でなくなった場合を除くこと。）において，その欠損等連結法人の非従事事業（旧使用人（他の連結法人を被合併法人，分割法人又は現物出資法人とする適格合併，適格分割又は適格現物出資に伴い引継ぎを受けた使用人を含む。）が特定支配日以後その業務に実質的に従事しない事業をいうこと。以下同じ。）の事業規模が旧事業の当該特定支配日の直前における事業規模の概ね5倍を超えることとなること（欠損等連結法人の事業規模算定期間における非従事事業の事業規模（事業規模算定期間において欠損等連結法人を合併法人，分割承継法人又は被現物出資法人とする合併，分割又は現物出資でそれぞれ共同事業を営むための組織再編成の要件のすべてを満たすものを

行っている場合には，合併，分割又は現物出資により移転を受けた事業に係る部分を除くこと。）が事業規模算定期間の直前の事業規模算定期間における非従事事業の事業規模の概ね5倍を超えない場合は除かれる。）

(3) 適用除外（適用事由の判定期限を繰り上げる事由）

上記(2)の特定支配関係の喪失等とは，次の①から④までに掲げるものをいう（法令155の21の2⑥）。

① 特定支配関係を有しなくなった場合

他の者（連結前欠損等法人に係る他の者を含む。）が有する連結親法人の株式が譲渡されたことその他の事由により，その連結親法人が当該他の者との間に当該他の者による特定支配関係を有しなくなったこと

② 債務の消滅による利益が90％を超える場合

次に掲げる行為によって欠損等連結法人に生ずる債務の消滅による利益の額が欠損等連結法人のその行為の日の属する連結事業年度開始の時における連結欠損金個別帰属額（以下「連結欠損金個別帰属額等」という。）の概ね90％に相当する金額を超える場合（当該行為によって消滅する債務の額が当該欠損等連結法人の当該行為の直前における債務の総額の50％に相当する金額を超える場合には，その利益の額がその連結欠損金個別帰属額等の概ね50％に相当する金額を超えるとき）における当該行為

イ　欠損等連結法人がその債権者から受ける債務の免除（その債権者において免除により生ずる損失の額が寄附金の額に該当しないものに限ること。）

ロ　欠損等連結法人がその債権者から受ける自己債権（欠損等連結法人に対する債権をいう。）の現物出資

上記の連結欠損金個別帰属額は，繰越控除される連結欠損金額に係るものに限るものとし，その欠損等連結法人が当該連結事業年度の直前の連結事業年度又は事業年度終了の時において評価損資産を有している場合には，その評価損資産の評価損の合計額（その時において有する上記Ⅰの3の(3)の資産を上記Ⅰの3の(3)の単位に区分した後のそれぞれの資産のうちにその時の価額からその時の帳簿価額を控除した金額がそのいずれか少ない金額を超えるものがある場合には，

その資産の当該控除した金額の合計額を控除した金額）が含まれる。

評価損資産の評価損とは，当該連結事業年度の直前の連結事業年度又は事業年度終了の時の価額がその時の帳簿価額に満たない場合のその満たない部分の金額をいい，その金額が当該欠損等連結法人の連結個別資本金等の額の2分の1に相当する金額と1,000万円とのいずれか少ない金額に満たないものは除かれる。

③ 更生手続の開始の決定等の場合

連結親法人について生じた更生手続開始の決定等

④ 適格合併等により解散する場合

連結前欠損等法人である欠損等連結法人についての上記2の(2)に掲げる事由等（その欠損等連結法人の最初連結事業年度開始の日前に生じたものに限ること。）

(4) 制限措置の内容

制限の対象となる連結欠損金額等は，次のとおりとされている（法令155の21の2⑨）。

① 上記(2)①から③までに掲げる適用事由に該当する場合……これらの適用事由に該当することとなった日（以下「該当日」という。）の属する連結事業年度（以下「適用連結事業年度」という。）前の各連結事業年度において生じた連結欠損金額

② 上記(2)④から⑥までに掲げる適用事由に該当する場合……これらの適用事由に該当することとなった欠損等連結法人の連結欠損金額に係る連結欠損金個別帰属額（法人税法第81条の9第5項に規定する連結欠損金個別帰属額をいう。以下同じ。）

すなわち，全体判定により適用事由に該当することとなった場合には連結欠損金額の全部が，個別判定により適用事由に該当することとなった場合にはその適用事由に係る連結法人の連結欠損金個別帰属額に相当する部分が制限の対象となる。

以上(1)から(4)は規定の概要を述べているが，p217の「Ⅴ　欠損等連結法

人の繰越欠損金」も参照していただきたい。

3. 組織再編成と連結欠損金の繰越控除の不適用
(1) 規定の概要

　欠損等連結法人が適格合併を行った場合に，被合併法人の欠損金額又は連結欠損金個別帰属額を引き継げないこととする取扱い等，欠損等連結法人が組織再編成を行った場合等に関する取扱いが次のとおり定められている（法法81の9の2②~④，法令155の21の2⑩⑪）。

　欠損等連結法人である連結親法人が該当日以後に合併，分割又は現物出資を行う場合には，次のとおりの取扱いとなっている。すなわち，欠損等連結法人は，該当日以後の適格合併等により被合併法人等から欠損金額又は連結欠損金個別帰属額の全部又は一部の引継ぎを受けることができないこととされている。

① 　連結親法人が連結親法人との間に完全支配関係がない法人（以下「非支配法人」という。）との間で自己を合併法人又は分割承継法人とする適格合併又は合併類似適格分割型分割を行う場合には，その被合併法人又は分割法人である非支配法人のその適格合併等の日の前日の属する事業年度又は連結事業年度以前の各事業年度又は各連結事業年度において生じた同条第2項第3号に定める欠損金額又は連結欠損金個別帰属額（その適格合併等がその連結親法人の適用事業年度又は適用連結事業年度開始の日以後3年を経過する日（その経過する日が特定支配日以後5年を経過する日後となる場合にあっては，同日）後に行われるものである場合には，その欠損金額又は連結欠損金個別帰属額のうち，これらの生じた事業年度又は連結事業年度開始の日が適用事業年度又は適用連結事業年度開始の日前であるもの）について，引継ぎ規定（法法81の9②）は，適用しないこととされている（法法81の9の2②一）。

② 　連結親法人が連結親法人との間に連結完全支配関係がない法人との間で自己を合併法人，分割承継法人又は被現物出資法人とする適格合併等を行う場合には，その連結親法人の適用連結事業年度前の各連結事業年

度において生じた連結欠損金個別帰属額について，自己の連結欠損金個別帰属額の制限規定（法法81の9④）は，適用しないこととされている（法法81の9の2②二）。

(2) 株式移転の場合

連結親法人又は最初連結親法人事業年度開始の日前5年以内に行われた株式移転に係る株式移転完全子法人であった連結子法人が，最初連結親法人事業年度開始の日の前日において欠損等法人又は欠損等連結法人である場合には，その連結親法人又は連結子法人の適用事業年度又は適用連結事業年度前の各事業年度又は各連結事業年度において生じた法人税法第81条の9第2項第1号又は第2号に定める欠損金額又は連結欠損金個別帰属額については，同項の規定は適用しないこととされている。すなわち，単体納税において制限対象となっている欠損金額又は他の連結グループにおいて制限対象となっている連結欠損金個別帰属額は，連結欠損金にみなされないこととされている。

(3) 適格合併等の場合

連結親法人が欠損等法人又は欠損等連結法人である非支配法人との間で自己を合併法人等とする適格合併等を行う場合には，その適格合併等に係る被合併法人等であるその非支配法人の適用事業年度又は適用連結事業年度前の各事業年度又は各連結事業年度において生じた法人税法第81条の9第2項第3号に定める欠損金額又は連結欠損金個別帰属額については，同項の規定は適用しないこととされている。すなわち，この制度により制限の対象となる連結欠損金個別帰属額は，適格合併等によって他の連結親法人に引継ぎをすることができないこととされている。

(4) 連結適用前の欠損金額

法人税法施行令第155条の19第3項に規定する他の連結子法人又は同条第4項に規定する完全子会社が最初連結親法人事業年度開始の日の前日において欠損等法人又は欠損等連結法人である場合には，これらの法人の適用事業年度又は適用連結事業年度前の各事業年度又は各連結事業年度において生

じた同条第3項に規定する未処理欠損金額又は連結欠損金個別帰属額については，同項及び同条第4項の規定は適用しないこととされている。

(5) 連結個別帰属額の不適用

本制度の適用を受ける連結法人に係る法人税法施行令第155条の21第3項の規定の適用については，同項に規定する連結欠損金個別帰属額には，上記2の(4)①の制限とされる連結欠損金額等を含まないものとすることとされている。すなわち，本制度の対象となる連結欠損金額及び連結欠損金個別帰属額は，切り捨てられたのではなく，連結欠損金の繰越控除の規定の適用がないこととしているのみであるが，連結欠損金の繰越控除制度により損金の額に算入される金額の個別帰属額の計算上は，現存する連結欠損金個別帰属額を基礎とするため，制限対象となっている連結欠損金個別帰属額をないものとして計算することとされている。

Ⅲ 特定株主等によって支配された欠損等法人の資産の譲渡損失額の損金不算入制度

1. 欠損等法人の資産の譲渡等損失額の損金算入の制限

(1) 制度の概要

欠損等法人の適用期間において生ずる特定資産の譲渡等による損失の額は，その欠損等法人の各事業年度の所得の金額の計算上，損金の額に算入されないこととなる（法法60の3①）。なお，連結納税制度においても同様の取扱いとされている（法法81の3）。

この制度は，前述のⅠの欠損金の繰越しの不適用に関する規定と同様の趣旨により設けられたものであり，欠損等法人の所有する資産の含み損を利用した不当な租税回避行為を防止するために設けられたものである。

したがって，この規定については，特定支配関係の定義，欠損等法人の定義，適用事業年度の定義については，前述したⅠの「欠損等法人の欠損金の

繰越しの不適用」（法法57の2）をそのまま適用している規定となっている（法法60の3①）。

(2) 欠損等法人

欠損等法人には，特定支配日に評価損資産を有する欠損等連結法人が含まれる（法法60の3①）。

(3) 適用期間

前述したⅠの「欠損等法人の欠損金の繰越しの不適用」で述べたように，特定支配事業年度前において生じた欠損金額又は評価損資産を有する法人を欠損等法人と規定し，判定期間内に適用事由が生じた場合には，その適用事由の生じた事業年度を「適用事業年度」と規定している。

したがって，適用事由の生じた適用事業年度開始の日以後の各事業年度において生じ特定資産の譲渡等損失について損金算入の制限規定が設けられている。

また，「欠損等法人の資産の譲渡等損失額の損金算入制限（法法60の3）」は適用事業年度以後に無制限に規制されるのではなく，適用事業年度開始の日から次のいずれか早い日までの間に生じた譲渡等損失について制限が規定されている。

① 適用事業年度開始の日から3年を経過する日
② 特定支配日以後5年を経過する日
③ 連結納税の開始に伴う資産の時価評価損益の計上が必要になる場合には，連結開始直前事業年度終了の日
④ 連結納税への加入に伴う資産の時価評価損益の計上が必要になる場合には，連結加入直前事業年度終了の日
⑤ 非適格株式交換，非適格株式移転に係る株式交換完全子法人等の有する資産の時価評価損益の計上が必要になる場合には，当該時価評価損益の計上を行う事業年度終了の日

(図解)(注8)

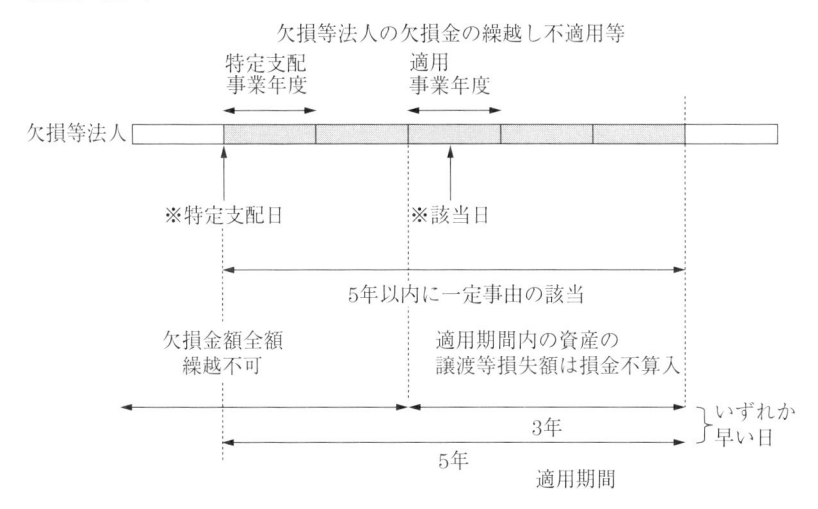

欠損等法人の欠損金の繰越し不適用等
特定支配事業年度 / 適用事業年度
※特定支配日 / ※該当日
5年以内に一定事由の該当
欠損金額全額繰越不可
適用期間内の資産の譲渡等損失額は損金不算入
3年 / 5年 いずれか早い日
適用期間

(4) 特定資産の範囲

特定資産とは,以下のいずれかの資産をいう(法法60の3①,法令118の3②)。

(1) 欠損等法人が当該特定支配日において有する資産
(2) 欠損等法人が「他の者」又は「関連者」から適格組織再編により移転を受けた資産

なお,上記のうち,「他の者」とは欠損等法人を支配している者をいい,「関連者」とは「他の者」に支配されている他の法人をいう。

ただし,上記の資産の全てが特定資産に該当するのではなく,固定資産,土地(土地の上に存する権利を含む。),有価証券,金銭債権,繰延資産,資産調整勘定に限定されており,かつ,上記の含み損益の金額が当該法人の資本金等の額の2分の1に相当する金額と1,000万円とのいずれか少ない金額に満たないものは除かれている(法令118の3①)。

すなわち,特定支配日又は適格組織再編成の日における資本金等の額が2,000万円以上である場合には,資本金等の額の2分の1に相当する金額と1,000万円とのいずれか少ない金額は1,000万円になることから,含み損益

が軽微である場合については，特定資産から除かれると考えられる。

また，含み損益が1,000万円未満か否かを判定する際の評価単位については，次表のとおりである（法規26の5①，27の15①）。

〈評価単位〉

区　　　分	評　価　単　位
一　金銭債権	債務者ごと
二　減価償却資産	
イ　建物	1棟ごと
ロ　機械及び装置	1の生産設備又は1台若しくは1基（通常1組又は一式をもって取引の単位とされるものにあっては，1組又は一式）ごと
ハ　その他	上記に準じて区分する。
三　土地等	1筆（一体として事業の用に供される一団の土地等にあっては，その一団の土地等）ごと
四　有価証券	銘柄の異なるごと
五　その他の資産	通常の取引の単位を基準として区分する

このように，含み損益の金額が資本金等の額の2分の1に相当する金額と1,000万円とのいずれか少ない金額に満たないか否かは，欠損等法人の判定における評価損資産の考え方と変わらないが，含み損がある場合だけでなく，含み益がある場合についても特定資産に該当することになっている。

(5)　譲渡損失の意義

前述したとおり，欠損等法人が制限対象期間内に行った特定資産から生ずる譲渡等損失について損金算入制限が課される。

この場合の譲渡等損失とは，「譲渡，評価換え，貸倒れ，除却その他これらに類する事由」による損失の額と規定されている。また，この場合における譲渡等損失に関する取扱いについては，法人税法施行令第118条の3第4項において，組織再編税制における特定資産譲渡等損失の損金算入制限（法法62の7）の取扱いを準用することが明らかにされている。

(6) 算定方法

特定資産の譲渡，評価換え，貸倒れ，除却その他これらに類する事由によって生じた損失について損金算入制限が課されるが，同一事業年度において特定資産の譲渡，評価換えによって利益が生じた場合には，それと相殺した金額についてのみ損金算入制限を受ける（法法60の3①）。

すなわち，特定資産の譲渡によって生じた損失が200であり，特定資産の譲渡によって生じた利益が60である場合には，差額の140についてのみ，損金算入制限が課されることになる。

2. 欠損等連結法人の資産の譲渡等損失額の損金不算入

単体納税制度における欠損等法人の資産の譲渡等損失額の損金不算入の規定（法法60の3）は，その欠損等法人が欠損等連結法人である場合においてもそのまま適用される（法法81の3）。すなわち，上記1の(2)の欠損等連結法人は，原則として適用連結事業年度開始の日から3年を経過する日までの期間（適用期間）において生ずる特定資産の譲渡，評価換え，貸倒れ，除却等による損失の額は，連結所得の計算上，損金の額に算入することができない。

また，欠損等連結法人がその適用期間内に自己を被合併法人，分割法人，現物出資法人または事後設立法人とする適格組織再編によりその有する評価損資産である特定資産を合併法人，分割承継法人，被現物出資法人または被事後設立法人に移転した場合には，その合併法人等を欠損等法人（または欠損等連結法人）とみなして，この規定が適用される（法法60の3②）。

3. 欠損等法人と時価評価

含み損のある資産を有する欠損等法人が連結納税を開始する場合または連結納税グループに加入する場合に，連結前の時価評価の規定（法法61の11，61の12）と，欠損等法人に適用される資産の評価換えによる損失額の損金不算入の規定（法法60の3，上記2参照）のどちらを優先させるのか疑問が生じる。

これについては，欠損等法人の資産の評価換えによる損失額が損金不算入となる適用期間内に連結納税の開始または連結納税への加入に伴う資産の時

価評価の規定の適用を受ける場合には，その時価評価を行う単体納税最後の事業年度の終了の日をもって適用期間が終わるものとされ（法法60の3①），その時価評価による損失は，欠損等法人の資産の評価換えによる損失額に該当するものとされている（法令118の3②）。したがって，欠損等法人の損金不算入の規定の方が優先され，連結納税を始めるに当たって資産に時価評価損が生じている場合であっても，その損失を損金算入することはできない。

4. 経過措置

「欠損等法人の資産の譲渡等損失額の損金算入制限」の規定は，平成18年4月1日以後に終了する事業年度の所得に対する法人税について適用される（法法平18附則34①）。

そのため，平成18年4月1日前に特定支配関係が成立していた場合であっても，平成18年4月1日以後に譲渡損が発生する場合には，「特定株主等によって支配された欠損等法人の資産の譲渡等損失額の損金不算入」が適用されてしまうため，留意が必要である。

おわりに

本テーマの主題である「特定株主等によって支配された欠損等法人の欠損金の繰越しの不適用等」制度の規制と趣旨についてⅠのはじめにおいて詳述している。

つぎに，制度の概要とその改正の内容については，内国法人で他の者との間に当該他の者による特定支配関係を有することとなった日（以下「支配日」あるいは「特定支配日」という。）の属する事業年度（以下「特定支配事業年度」という。）において特定支配事業年度前の各事業年度において生じた欠損金額又は評価損資産を有するもの（以下「欠損等法人」という。）が，その支配日以後5年を経過した日の前日までに適用事由（欠損金の使用制限を受ける事由）に該当する場合には，その該当することとなった日（以下「該当日」という。）の属する事業年度（以下「適用事業年度」という。）以後の各事業年度においては，その適用事由年度前の各事業年度前の各事業年度において生じた欠損金

額については，法人税法第57条第１項の青色欠損金の繰越控除を認めないこととしている。

　この規定は，同族会社の租税回避の個別否認規定として規定されたものである。

　この不適用制度の判定基準としては，次の４つに該当する場合に適用されることになる。

① 特定支配関係に該当しているか
② 欠損等法人に該当するか
③ 制限の対象となる適用事由が生じたか
④ 判定期間

したがって，上記４点の判定基準に該当しないケースにおいては本適用の対象外となるため，繰越し欠損金の控除が認められることになる。

　また，本適用は連結欠損金の繰越しについても規定されており，第Ⅱ章でその詳細な規定を紹介している。

　Ⅲにおいては，欠損等法人の適用期間において生ずる特定資産の譲渡等による損失の額は，その欠損等法人の各事業年度の所得の金額の計算上，損金の額に算入しないという規定がある。これは，Ⅰの欠損金の引継ぎを回避するために，資産の含む損失を受け継いで特定支配関係となった後に，譲渡損失を顕在化した場合の損失についても，一定の条件のもとに損金算入を規制している。なお，この規定は連結納税制度にも同様な規定が設けられている。

　このⅢの規定は，欠損等法人の所有する資産の含み損を利用した不当な租税回避行為を防止するための個別否認規定である。

　以上，本テーマは欠損法人等を利用した欠損金の活用及び含み損の利用による不当な租税回避行為を防止するための同族会社に対する個別否認規定であるといえよう。

〔脚注〕

(1) 武田昌輔「欠損金の繰越制度の検討(3)」税務事例（VoL. 40 No. 6）2008. 6 財経詳報社刊 74 頁
(2) 佐藤信祐『繰越欠損金の税務詳解（第2版）』中央経済社刊 254 頁
(3) 森秀文編『平成20年版法人税決算と申告の実務』大蔵財務協会刊 917 頁
(4) 佐々木浩他『平成18年度改正税法のすべて』大蔵財務協会刊 354 頁
(5) 佐藤信祐『前掲2』274 頁〜275 頁
(6) 佐々木浩他『前掲4』360 頁
(7) 佐々木浩他『前掲4』360 頁〜364 頁参照
(8) 新日本アーンストアンド税理士法人編『組織再編の税務ガイダンス』中央経済社刊 233 頁

〔参考文献〕

・佐々木浩他『平成18年度改正税法のすべて』大蔵財務協会刊
・佐藤信祐『繰越欠損金の税務詳解（第2版）』中央経済社刊
・新日本アーンストアンド税理士法人編『組織再編の税務ガイダンス』中央経済社刊
・武田昌輔「欠損金の繰越制度の検討(3)」税務事例（VoL. 40 No. 6）2008. 6 財経詳報社刊
・森秀文編『平成20年版法人税決算と申告の実務』大蔵財務協会刊
・金子宏『租税法第十四版』弘文堂刊
・岡村忠生『法人税法講義第3版』成文堂刊

欠損金の繰越し制度等の理論と実務

繰越欠損金額の判決例等

武田研究室・税理士 上松 公雄

取 扱 事 例

I 判決例の評釈
(1) 過年度における在庫の過大計上及び繰越欠損金額を是正したことを前提とする更正処分を行うべきかどうかについて争われた事例
　　　　　　　　平成元年4月27日長野地裁（棄却）
　　　　　　　　平成3年1月24日東京高裁（棄却）
　　　　　　　　平成3年9月27日最高裁（棄却）
(2) 合併後の合併存続法人の欠損金額を合併前の被合併法人の所得に繰り戻して法人税の還付を受けられるかどうかが争われた事例
　　　　　　　　平成13年10月4日大阪地裁（棄却）
　　　　　　　　平成14年3月29日大阪高裁（棄却）
(3) 特定外国子会社等の欠損金額を内国法人の損金に算入することができるかどうかが争われた事例
　　　　　　　　平成16年2月10日松山地裁（認容・全部取消し）
　　　　　　　　平成16年12月7日高松高裁（原審取消し・納税者敗訴）

平成19年9月28日最高裁（上告棄却・納税者敗訴）

II　判決例の紹介
（1）地方自治体が創設した法定外税の適法性及び有効性が争われた事例（いすゞ事件）

平成20年3月19日横浜地裁（認容・取消し）・第二審係争中

（2）被合併法人の欠損金額を合併法人の課税所得の計算上，損金算入することができるかどうかについて争われた事例（行田電線事件）

昭和36年3月13日大阪地裁（棄却）
昭和38年12月10日大阪高裁（棄却）
昭和43年5月2日最高裁（棄却）

（3）逆合併の場合に合併法人たる赤字会社の欠損金額の繰越控除が認められるかどうかが争われた事例

平成2年1月25日広島地裁（一部認容）

I　判決例の評釈

（1）過年度における在庫の過大計上及び繰越欠損金額を是正したことを前提とする更正処分を行うべきかどうかについて争われた事例

平成元年4月27日長野地裁（棄却）　税務訴訟資料170号225頁
平成3年1月24日東京高裁（棄却）　税務訴訟資料182号55頁
　　　　　　　　　　　　　　　　シュトイエル352号38頁
　　　　　　　　　　　　　　　　シュトイエル353号16頁
平成3年9月27日最高裁（棄却）　税務訴訟資料186号693頁

1　事件の概要

被告Y税務署長（以下「Y」という。）は，昭和59年11月30日に原告X社（以下「X社」という。）の昭和57年10月期及び昭和58年10月期に関するそ

れぞれの修正申告に対し更正・賦課決定をしたが，同決定には，昭和57年10月期及び昭和58年10月期における繰越欠損金額の当期控除額につき，昭和54年10月期からの在庫の過大計上を是正したことを前提とする更正がされていなかったこと等から，X社は，昭和60年1月24日，Yに対し異議申立をした。

　Yは，右申立てに基づきX社の経理を調査した結果，昭和60年5月9日，X社主張のとおり，昭和54年10月期から昭和58年10月期までの在庫の過大計上を認定したが，昭和54年10月期の分については，異議決定時（昭和60年5月9日）には，昭和54年10月期の法定申告期限である昭和54年12月31日から5年を経過していることから，国税通則法第70条第2項の規定により更正処分はできないことを理由に法人税の更正決定をしないこととし，昭和54年10月期分の翌期繰越欠損金額は，申告額を正当に計算されたものとして処理し，昭和55年10月期以降の在庫の過大計上分についてのみ考慮して，X社の所得金額等の計算をし，その結果，昭和57年10月期については，原処分を取り消した。さらに，Yは，右異議決定に基づき，昭和60年5月10日，X社の昭和55年10月期から昭和58年10月期までの各事業年度の法人税額について，それぞれの年度における在庫の過大計上分を否定すること等を内容(注)とする再更正決定をした。

　これに対し，X社は，昭和60年6月7日，昭和57年10月期と昭和58年10月期に関する再更正決定についてのみ審査請求をし，その後，本訴請求をした。

　要するに，本件は，納税者が在庫の過大計上を行って粉飾決算をしていたところ，土地の譲渡益が生じたので，これを減殺するため，粉飾決算による在庫の過大分を減額するための更正請求を行ったが，課税当局は，更正の期限徒過により減額の更正をしなかった。そこで，納税者は，課税当局は意識的に更正の期限を徒過せしめたものとして訴訟を行ったのである。

(注) 更正処分等の内容（異議決定後）及び繰越欠損金額の状況（単位：円）

	更正処分	再更正処分	繰越欠損金額		
			控除された額	X社主張額	過大在庫の影響額
昭54.10月期				47,636,325	29,977,000
昭55.10月期				70,676,566	54,000,000
昭56.10月期				102,321,612	54,000,000
昭57.10月期	11,457,498	—	72,324,612	28,539,502	40,053,000
昭58.10月期		18,993,320	19,027,720	9,458,782	39,999,980

　本件においては、昭和57年10月期及び昭和58年10月期における繰越欠損金額の各当期控除額が何程であるかついて主たる争点とされた。具体的には、昭和54年10月期におけるX社の在庫の過大計上29,977,000円について減額更正を行い、この更正後の金額に基づき昭和57年10月期及び昭和58年10月期における繰越欠損金額の当期控除額を算定すべきであるかどうかが争点とされた。

2　当事者の主張（第二審（東京高裁）における主張）
(1)　X社の主張

　X社は、昭和54年10月期について減額の更正処分をすることが可能であった昭和59年8月6日から同年11月30日にかけて、Yの職権の発動による更正を求めたが、Yは、右要求を無視して、国税通則法第70条第2項所定の期間を徒過した後の昭和60年5月10日に更正処分をしたのであり、このような事情の下では、信義則により、Yは、後記のような主張をすることができない。

　過大在庫の計上額は実質的には欠損額にほかならないのであるから、昭和56年10月期については、実質上の翌期繰越欠損金額は、過大在庫計上分54,000,000円を加えた102,321,612円となるべきところ、右異議決定の結果、翌期繰越欠損金額は72,324,612円に、過大在庫計上額は零にそれぞれ変更され、実質上の翌期繰越欠損金額に比し、29,977,000円の減となり、昭和

57年10月期以降の翌期繰越欠損金額及び税額にX社の不利に影響を与えた。また，右異議決定がなければ，昭和59年10月期に過大在庫計上分39,999,980円を修正し，その結果，同年度以降の法人税額を減額し得たのに，異議決定の結果それも不可能となった。このように，右異議決定は，X社に不利となるものであって違法であり，これを前提とする本件各更正処分も違法である。(下線筆者)

(2) Yの主張

X社は，昭和54年10月期ないし昭和56年10月期の法人税について，いずれも国税通則法第23条第1項所定の更正の請求をしなかったために，右各事業年度の申告における各翌期繰越欠損金額に係る部分(ただし，昭和55年10月期及び昭和56年10月期については再更正された金額。以下同じ。)は，既に確定している。したがって，右各事業年度より後の事業年度である昭和57年10月期及び昭和58年10月期の法人税の更正処分の取消訴訟において，昭和54年10月期ないし昭和56年10月期の課税標準等及び税額等についての過誤訂正を求める手続きを経ることなく，既に確定した申告に係る翌期繰越欠損金額の増額の更正を前提として，更正処分の取消しを求めることは許されない。

なお，Yは，本件調査(昭和59年8月6日～同月9日実施)において，X社主張の昭和54年10月期の在庫の過大計上を確認し得なかったし，また，Yが本件各更正処分を行うに当たり，右過大計上を確認したとか，翌期繰越欠損金額を職権で増額する旨を表示したことはないから，Yが右確定に関する主張をすることは，信義則に反するものではない。

3 判決(第二審(東京高裁))の要旨

[1] 青色申告者が，ある事業年度において申告した欠損金額に誤りがあったとして，のちにこれを増加させるには，更正の請求をしなければならないのであり，しかも，これを是正する順序として，前事業年度以前における，誤りがあった事業年度の欠損金額を先ず是正し，ついでその後の事業年度の欠損金額を順次是正することが必要である。すなわち，誤りがあった事業年度

の欠損金額を是正するための当該事業年度についての更正請求の手続を経ることなく，その誤りを前提として，後の事業年度について更正の請求をしたり，更正処分の取消しを求めることは許されないというべきである。

　成立に争いのない証拠及び弁論の全趣旨によれば，X社は，昭和54年10月期以前から継続して青色申告をしていたことが明らかであるから，X社は，申告した欠損金額を是正するには，右に説示したところに則した更正の請求等をすることを要するのである。ところが，X社は，本訴において，Yが昭和54年10月期の翌期への繰越欠損金額の増額をしないで昭和57年10月期及び昭和58年10月期についての当期控除額を認定した処理は違法であると主張して，右両期についての更正処分の取消しを求めるものである。しかし，弁論の全趣旨によれば，X社は，昭和54年10月期については，更正の請求をしていないことが明らかであり，右に説示したところによると，昭和54年10月期の翌期への繰越欠損金額の計上が過少であることを前提として，その是正のための更正の請求等をすることなく，昭和57年10月期及び昭和58年10月期についての更正処分の取消しを求めることは，許されないものである。

[2] X社は，昭和54年10月期について過大在庫を減額する更正処分をすることが可能であった昭和59年8月6日から同年11月30日までの間において，Yの職権の発動を求めたが，Yは，右要求を無視して，国税通則法第70条第2項所定の期間を徒過した後の昭和60年5月10日に更正処分をしたのであり，このような事情の下では，Yが前記の主張をすることは，信義則に反すると主張する。

　確かに，同項の規定によれば，税務署長たるYは，職権により，納税申告書に係る国税の法定申告期限から5年以内に限り，当該申告書に記載した翌期繰越欠損金額を増額するための更正決定をすることができ，前示認定のとおり，X社は，Yが右職権の発動をすることが可能な期間内に職権発動を求め，関係書類をYの担当官に手交したことが認められるが，仮に，当該関係書類がYにおいて右職権の発動をする契機とするに足りるものであっ

たとしても，なお，YがX社に対し減額更正をすることを約束した等の特段の事情のない限り，更正決定をするかどうかは，Yの裁量に属することに変りがないものというべきである。けだし，同法第23条第1項によれば，納税申告をした者は，一定の事由がある場合には，当該申告書に係る国税の法定申告期限から1年以内に限り，更正の請求をすることができるものとされ，これによれば，当該申告書に記載した翌期繰越欠損金額を増額するための更正の請求も，その期限内に限って可能であることが明らかであるところ，右期限が経過した後に，右の点について職権の発動を求められた場合においても，常に更正決定を義務づけられるものと解することは，更正の請求について設けられた期間の制限を実質上無意義なものとすることになるからである。

そして，原審及び当審における証人H（原告従業員）の証言並びに弁論の全趣旨によれば，X社の前認定の過大在庫の計上は，X社の対外的な信用の維持等のために，欠損額を圧縮して決算を粉飾する目的のもとに作為的になされたものであり，これによって昭和54年10月期から昭和58年10月期までの間において各期の欠損金額を圧縮してきた。ところが，本件調査の結果昭和57年10月期及び昭和58年10月期の各決算については，更正決定により本件土地の譲渡益が加算されて法人税が課税されるおそれが生じたことから，X社は，にわかに方針を転換し，過大在庫の計上を取り止めることによって右課税を免れる目的のもとに，Yの係官に過大在庫の計上をした事実を打ち明けたことが認められる。また，YがX社に対して減額の更正を約束した等の特段の事情を認めるに足りる証拠は存在しない。

右に説示した国税通則法第23条の法意及び右認定の経緯によれば，Yが昭和56年10月期以前の分の確定を根拠とする前記の主張をすることが信義則に反するものということはできない。

4 評釈

繰越欠損金額の是正を求める事業年度について及び期間制限を徒過した更正の請求に対する職権の発動による更正の是否に関する判示は，いずれも現行の法令の下では妥当なものと解される。

また，本事例は，作為的に行われた粉飾決算を発端とするものであるので，その他に，納税者において，配慮すべき事情，状況がなかった以上，やむを得ないものと思われる。つまり，法人税を納める以上のメリットを得るために，粉飾決算を行うことを選択したものと考えられるところであるから，その結果において，課税上，不利な取扱いとなっても，これは，いわゆる自己責任ということになるものと考える。

要するに，期間制限を徒過した更正の請求について，真に，納税者の責めに帰すことができない事情，状況によって，これが行われる場合とは明確に区別すべきものと考える。

(2) 合併後の合併存続法人の欠損金額を合併前の被合併法人の所得に繰り戻して法人税の還付を受けられるかどうかが争われた事例

平成 13 年 10 月 4 日大阪地裁（棄却）　訟務月報 49 巻 10 号 2980 頁
　　　　　　　　　　　　　　　　　　　判例タイムズ 1115 号 176 頁
　　　　　　　　　　　　　　　　　　　税務訴訟資料 251 号順号 8992
平成 14 年 3 月 29 日大阪高裁（棄却）　判例タイムズ 1115 号 174 頁
　　　　　　　　　　　　　　　　　　　税務訴訟資料 252 号順号 9097

1 事件の概要

本件は，合併存続法人（以下「本件合併法人」という。）の破産管財人である原告 X（以下「X」という。）が，被告 Y 税務署長（以下「Y」という。）に対し，法人税法（以下「法」という。）第 81 条第 4 項，第 1 項の規定に基づき，本件合併法人の合併後の事業年度の欠損金額を本件被合併法人の合併前の事業年度の所得に繰り戻して還付請求をしたところ，Y が同還付請求には理由がない旨の通知処分（以下「本件通知処分」という。）をしたので，X が同処分の取消しを求めた事案である。

すなわち，本件合併法人及び本件被合併法人は，合併期日を平成 9 年 10 月 1 日として合併を行い，同日，本件被合併法人は本件合併を理由として解散し，消滅した。

本件被合併法人は，平成9年11月28日，平成9年3月1日から同年9月30日までの事業年度（以下「本件還付所得事業年度」という。）に係る法人税について，所得金額を205,610,356円，納付すべき税額を71,094,600円として，青色申告を行った。

　本件合併法人は，平成10年10月21日，破産宣告を受け，Xが破産管財人となった。Xは，平成10年12月28日にいったん，平成9年10月1日から平成10年9月30日までの事業年度（以下「本件欠損事業年度」という。）に係る法人税について，欠損金額を417,462,434円，納付すべき税額を0円として，青色申告を行った。その後，平成11年1月4日において，XはYに対して，本件合併法人の本件欠損事業年度の欠損金額417,462,434円を，本件被合併法人の本件還付所得事業年度の所得に繰り戻し，法人税額71,095,844円の還付請求（以下「本件還付請求」という。）を行った。（下線筆者）

　これに対して，Yは，本件還付請求に理由がない旨の本件通知処分を行った。

　本件における経緯を図示すると，次のとおりである（参考）。

　本件においては，欠損を生じた合併法人が，法第81条第1項に基づいて当該欠損金額を被合併法人の事業年度の所得に繰り戻して法人税の還付を請

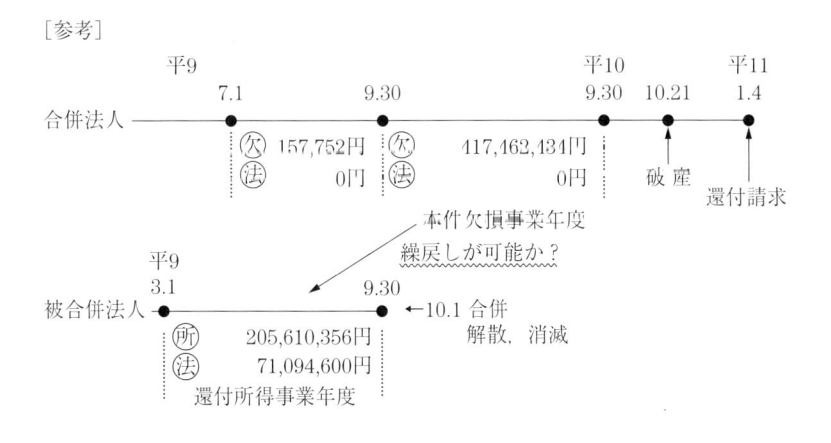

[参考]

```
                平9                                  平10          平11
                 7.1        9.30              9.30   10.21         1.4
合併法人 ─────●───────────●──────────────●──────●───────────●
                  ㊋ 157,752円  ㊋  417,462,134円        破産      還付請求
                  ㊋    0円     ㊋       0円

                                        本件欠損事業年度
                                        繰戻しが可能か？
      平9
       3.1                9.30
被合併法人 ●──────────────●← 10.1 合併
              ㊟ 205,610,356円      解散，消滅
              ㊋  71,094,600円
              還付所得事業年度
```

求することができるかどうかが争点とされた。
2 当事者の主張
(1) Xの主張
[1] 合併による存続法人が，被合併法人の確定した納税義務はもちろんのこと，未だ具体化されていない抽象的な納税義務をも承継すべきとされることの反対解釈として，合併法人は，欠損金の繰戻しによる還付請求権が合併時点では未だ具体化していない抽象的なものではあっても，当然にその承継を受けるというべきである。

また，法第71条第2項において，合併存続法人の合併後最初の事業年度の中間申告の際の法人税額には，合併存続法人のもののみならず，被合併法人のものを含める旨を規定していることからも，法第81条第1項の「当該欠損金額に係る事業年度開始の日前一年以内に開始したいずれかの事業年度」には，合併法人のもののみならず，被合併法人のものをも含むと解すべきである。

[2] 仮に上記のような繰戻しが当然には認められないとしても，本件のように合併法人と被合併法人との間に実質的な同一性が認められる場合（筆者注，後記「判決の要旨[5]参照」）には，法第11条等に現れた実質課税の原則により，合併法人の欠損金を被合併法人の所得に繰り戻すことを認めるべきである。

我が国の税法においては，収益の帰属主体の名義いかんにかかわらず，実質課税の原則がとられているところ（法11，所法12等），実質課税の原則における実質主義は，課税の場面のみならず租税還付の場面でも適用されるべきである。

(2) Yの主張
[1] 法第14条第2号は，法人が合併した場合，被合併法人は合併の日をもって消滅することから，被合併法人の事業年度を「その事業年度開始の日から合併の日までの期間」とする旨定めている。また，法は，合併があった場合，被合併法人の各種数額の合併法人への承継については個々的に規定す

る形を取っていることからすると，規定のない事項については，合併後存続する会社には一切影響を及ぼさないこととしているものと解すべきである。

ところで，欠損金の繰戻しは，シャウプ勧告書において初めて導入が勧告された企業に対する特典的性質の強い制度であって，法律上特典として明文で規定された範囲内のみにおいてのみ，その利益を享受し得るものにすぎない。

したがって，欠損繰戻還付請求の対象となる事業年度に被合併法人の合併前の事業年度を含むというためには，法第81条第1項にいう「還付所得事業年度」の範囲として，明文の規定によってその旨定めていることが必要であると解されるところ，そのような定めはない以上，被合併法人の事業年度は含まれない。

[2] 法第11条の実質所得者課税の原則は，法律上の名義と実質所得者とが乖離する場合に，実質的に直接帰属したと考えられる所得者をもって課税の目的と定める，所得の帰属に関する通則であって，法第81条による欠損金の繰戻しを合併法人と被合併法人との間に認めるか否かについては，適用場面を異にするものといわざるを得ない。したがって，本件合併法人と本件被合併法人との実質的な同一性を根拠とする原告の主張は理由がない。

3　判決の要旨

[1] 法第81条は，青色申告書を提出する法人が，各事業年度において欠損が生じた場合において，その欠損金をその欠損の生じた事業年度開始の日前1年以内に開始したいずれかの事業年度（還付所得事業年度）の所得に繰り戻し，その事業年度の所得に対する法人税の全部又は一部の還付を請求することができることを定めている。

法は，各事業年度毎に課税することを建前としているが，この原則を貫くと数年にわたり各事業年度を通じて所得計算をする場合に比して税負担が過剰となる場合が生ずるので，課税負担を合理化するために一定の条件の下に繰越欠損金の損金算入を認めている（法57）。しかし，繰越欠損金の損金算入は，欠損が生じた事業年度が先の場合を想定しているところ，逆に欠損が

生じた事業年度が後の場合には課税負担の合理化が図れないことから，シャウプ勧告に基づいて創設されたのが法第81条の繰戻還付請求制度である。このような欠損金の繰戻還付請求制度の趣旨及び法第81条の文理からすると，同条第1項にいう「当該欠損金額に係る事業年度開始の日前1年以内に開始したいずれかの事業年度」（還付所得事業年度）は，欠損を生じた当該法人の事業年度を意味すると解される。

[2] 欠損金の繰戻還付請求制度の趣旨は前記のとおりであり，同制度が青色申告者にのみ認められていること，過去において財政難を理由としてその適用が停止された時期もあることからすると，同制度は特典的性格の強いものであり，どの範囲まで繰戻しを認めるかは立法政策の問題というべきである。したがって，被合併法人の事業年度において所得が発生したからといって，将来の事業年度において欠損を生じた場合に繰戻しを行うことができる権利が発生したと解することはできない。また，所得金額自体は企業会計上の数額にすぎず，権利義務として承継の対象となるものではない。

したがって，本件合併法人が本件被合併法人の権利義務を承継するからといって，直ちに本件被合併法人の事業年度への欠損金の繰戻還付請求が認められるものではない。

[3] 法は，被合併法人については，合併によって消滅するため，合併の時点までで所得の計算を打ち切ることを原則とし，各種数額のうち合併法人に引き継がせるべきものについては，個別に規定していると解される。欠損金の繰戻しについては，法第81条の規定は前記のとおりであり，合併後の合併法人の事業年度の欠損金を被合併法人の事業年度の所得に繰り戻すことができる旨の明文の規定はない。

[4] 以上によれば，法第81条第1項にいう還付所得事業年度には，被合併法人の事業年度は含まれず，合併後の合併法人の事業年度の欠損金を被合併法人の事業年度の所得に繰り戻すことはできないと解するのが相当である。

[5] 前提事実，証拠及び弁論の全趣旨によれば，①本件合併法人は，本件合併直前にその営業を第三者に譲渡しており，本件合併時点において実質的な

資産はなかったこと，②本件合併法人は，本件合併以後に商号，会社の目的及び本店所在地を変更しており，これらは合併前の被合併法人の商号等と同一であること，③本件被合併法人の取締役4名及び監査役が本件合併前に本件合併法人の取締役及び監査役に就任していること，④本件合併は，株式の上場に備えて本件被合併法人の株式の額面金額を引き下げるために行われたものであること，以上の事実が認められる。

　しかし，どのような場合に欠損金の繰戻しを認めるかは立法政策の問題であり，合併法人と被合併法人との間に実質的な同一性や継続性が認められる場合に当然に欠損金の繰戻しを認めるべきであるとはいえない。法第81条が実質的な企業の同一性，継続性を基準として欠損金の繰戻しを認める立場をとっていないことは，先に見たとおりである。

　法第11条は，収益の法律上の帰属者と実質上の帰属者とが異なる場合に実質上の帰属者に対して課税すべきであるとの所得の帰属に関する原則を定めたものであって，同条から直ちに原告主張のような解釈が導かれるものではない。

4　評釈

[1] 合併後に生じた欠損金額を被合併法人の所得に繰り戻すことができるかどうかの点についてであるが，まず第一に，合併に際して，いずれの法人を合併法人，被合併法人とするかは当事者間において決定する事項であり，その決定にしたがって合併した結果，たとえば，繰戻還付が受けられないなどの課税上不利となる事態が発生したとしても，その責任は納税者に帰せられるべきものとする考え方が一般的であるものと思われる。

　また，法令の規定においても，被合併法人の事業年度は還付所得事業年度として規定されていないことは明確である。

　これらの点からは，本判決は法令の規定に則した判決であると考える。

　しかしながら，合併後に生じた欠損金額についても，それが被合併法人において行われていた事業である場合や，合併後に開始した新規事業であっても被合併法人の特性を活用したものである場合など，被合併法人との同一性

や継続性が認められる場合もあり得るところである。このような場合には，合併後に生じた欠損金額であっても被合併法人の所得への繰戻しを認めてもよいように思われる。

　したがって，被合併法人の合併前における事業と同一性や継続性が認められる事業において，欠損金が生じているなど一定の条件の下，法令上，被合併法人における事業年度についても還付所得事業年度の範囲に含めることは，今後の問題として検討されるべきものと考える。

[2] なお，判決においては，欠損金の繰戻還付を特典として捉えているが，この点には疑問が存する。

　期間損益計算やそれを基礎とする事業年度課税は，ゴーイングコンサーンの下での株主や出資者からの事業活動の状況や成果の報告（会計報告）や成果の配分（配当）及び国又は地方公共団体に対する納税など種々の要請に対応するため，計算期間や事業年度を人為的に区切って行われるものと解される。

　したがって，期間損益計算や事業年度課税を絶対的なものとして，欠損金の繰戻還付（及び繰越控除）の性格を考えることを適当ではない。すなわち，事業年度ごとには所得が生じたり，欠損となったりしているが，複数年度にわたって通算をすれば損益はゼロとなる，あるいは，平準化されるという状況においては，所得と欠損とを通算することによって，むしろ租税負担能力に応じた適正な課税が実現するものと解される。こうした点から，欠損金の繰戻還付（及び繰越控除）を基本的には特典的な制度と捉えるべきではないと考える。

(3) 特定外国子会社等の欠損金額を内国法人の損金に算入することができるかどうかが争われた事例

平成 16 年 2 月 10 日松山地裁（認容・全部取消し）

最高裁判所民事判例集 61 巻 6 号 2515 頁

訟務月報 52 巻 2 号 690 頁

税務訴訟資料 254 号順号 9554

平成 16 年 12 月 7 日高松高裁（原審取消し・納税者敗訴）

最高裁判所民事判例集 61 巻 6 号 2531 頁

訟務月報 52 巻 2 号 667 頁

判例タイムズ 1213 号 129 頁

税務訴訟資料 254 号

平成 19 年 9 月 28 日最高裁（上告棄却・納税者敗訴）

最高裁判所民事判例集 61 巻 6 号 2486 頁

訟務月報 54 巻 5 号 1155 頁

裁判所時報 1445 号 3 頁

判例時報 1989 号 18 頁

判例タイムズ 1257 号 69 頁

最高裁判所裁判集民事 225 号 409 頁

1 事件の概要

原告 X 社（以下「X 社」という。）は，昭和 58 年 6 月，パナマ共和国に A 社（100％子会社）を設立し，以来，A 社名義の資産，負債及び損益はすべて内国法人親会社である X 社に帰属するものとして法人税等の確定申告をしており，平成 7 年 7 月期から平成 9 年 7 月期までの各事業年度（以下「本件各事業年度」という。）においても，同様に青色申告を行った。

なお，本件各事業年度における申告された X 社の所得金額及び A 社の欠損金額は，それぞれ，次のとおりである。

事業年度	所得金額（申告額）	A 社の欠損金額
平成 7 年 7 月期	3,199,213 円	30,108,550 円
平成 8 年 7 月期	△4,471,002 円	77,371,637 円
平成 9 年 7 月期	5,701,045 円	100,653,242 円

これに対して，被告 Y 税務署長（以下「Y」という。）は，A 社が租税特別措置法（以下「措置法」という。）第 66 条の 6 第 1 項及び第 2 項に規定する特定

外国子会社等に該当し，同条の規定が適用されることを主な理由として，X社におけるA社の欠損金額の損金算入の否認その他により，本件各事業年度における所得金額をそれぞれ次のとおりとする更正処分等を行った。

　　平成7年7月期　　32,699,392円
　　平成8年7月期　　68,480,873円
　　平成9年7月期　　101,861,069円

　本件においては，特定外国子会社等の欠損金額を内国法人の損金に算入することができるかどうかが，主たる争点とされた。

2　当事者の主張（第一審（松山地裁）における主張）

(1)　X社の主張

[1] 措置法第66条の6は，課税要件として同条第1項所定のとおり，特定外国子会社等であること及び適用対象留保金額があることを規定するものであり，このうち後者の要件を充たさない本件においては，措置法第66条の6が適用されることはない。

　また，措置法第66条の6第2項第2号は，未処分所得の金額の計算方法を規定しているものに過ぎず，措置法第66条の6によって特定外国子会社等に係る欠損は翌事業年度以降の未処分所得の会社の計算において控除すべきものとして繰り越すことを強制され，単年度ごとに親会社たる内国法人の所得の金額の計算上，損金の額に算入することが禁止されるということはできない。

[2] A社は，いわゆるペーパーカンパニーであり，X社の一部門であって，A社に実質的に帰属する資産，負債及び損益はない。そのため，X社は，A社設立以来，一貫して，A社名義の資産，負債及び損益はすべて実質的にはX社に帰属するものとして，X社の決算に含めて確定申告をしてきたものであるから，X社の所得の金額の計算上，A社の損益をX社に帰属するものとすることには，何ら租税回避のおそれはない。

(2)　Yの主張

　措置法第66条の6第2項第2号及びこれを受けた措置法施行令第39条の

15 は，適用対象留保金額の基礎となる未処分所得の金額について，当該特定外国子会社等に生じている各事業年度開始の日の前5年以内の繰越欠損金について調整した上で算出するとの仕組みを採用しているが，このような欠損繰越控除規定が設けられた趣旨は，子会社に係る所得課税特例制度が，特定外国子会社等の各事業年度の留保所得がある場合にのみ，これを親会社たる内国法人の所得の金額の計算上，益金の額に算入するものであることから，特定外国子会社等に係る欠損についても一定の手当を講じるとともに，その処理につき統一的な取扱いを定める点にある。

このような欠損繰越控除規定の趣旨に鑑みれば，措置法第66条の6第2項第2号は，特定外国子会社等に係る欠損について，5年間は翌事業年度以降の未処分所得の金額の計算において控除すべきものとして繰り越すことを強制し，単年度ごとに親会社たる内国法人の所得の金額の計算上，損金の額に算入することを禁止している規定であると解すべきである。

したがって，ある事業年度において特定外国子会社等に係る欠損は，措置法第66条の6第2項第2号によって5年間は繰越しが強制されるという意味において，措置法第66条の6の適用があるということができる。

仮に，X社主張のように，特定外国子会社等が欠損を生じた事業年度には同条は全体として適用される余地はないということになれば，特定外国子会社等に係る欠損の金額について翌事業年度以降の未処分所得の金額を計算する上において差し引く旨の上記措置法第66条の6第2項第2号は，まったく無意味な規定となり，そのような規定を置くこと自体，立法政策上あるいは立法技術上も考え難い上，内国法人に対する課税上の不公平を改善することを目的として規定された同条2項第2号の立法趣旨に悖ることになる。

また，X社は，措置法第66条の6第2項第2号は単なる計算規定であるから，X社の確定申告を否認する根拠にはなり得ないと主張するが，措置法第66条の6第2項第2号が，国税通則法第24条の「国税に関する法律の規定」であることは明らかであって，同号が計算規定であるということをもって，本件更正処分等が許されないということにはならない。

以上のとおり，特定外国子会社等に欠損が生じた場合にも措置法第66条の6の適用があり，これによって上記欠損を内国法人の所得の金額の計算上，損金の額に算入することは禁止されるから，A社において各事業年度に生じた欠損の金額は，翌事業年度以降の同社の未処分所得の金額を計算する過程において差し引かれることとなるのであって，その欠損の金額を内国法人たるX社の所得の金額の計算上，損金の額に算入することは当然に否定される。

3 判決の要旨

(1) 第一審（松山地裁）判決の要旨

[1] 課税執行面の安定性を確保しながら，外国法人を利用することによる税負担の不当な回避又は軽減を防止して税負担の実質的公平を図るため，昭和53年に子会社に係る所得課税特例制度（いわゆるタックスヘイブン対策税制）が導入され，特定外国子会社等が，未処分所得の金額から留保したものとして，未処分所得に必要な調整を加えて算出される適用対象留保金額を有する場合に，そのうち一定の金額（課税対象留保金額）を内国法人の所得の金額の計算上，益金の額に算入することとされた（措置法第66条の6第1項）。

[2] 以上のような子会社に係る所得課税特例制度の立法趣旨等に照らすと，措置法第66条の6は，特定外国子会社等の所得の金額に所定の調整を加えた上でなお所得が生じていると認められる場合に，これを一定限度で内国法人の所得の計算上，益金の額に算入する取扱いを規定したものにすぎず，特定外国子会社等に欠損が生じた場合にそれを内国法人との関係でどのように取り扱うべきかということまでも規定したものではないというべきである。

[3] Yは，措置法第66条の6は，特定外国子会社等に欠損が生じた場合には，それを5年間は当該特定外国子会社等の未処分所得算出において控除すべきものとして繰り越すことを強制しており，内国法人の所得の金額の計算上，損金の額に算入することを禁止するものであると主張する。

しかし，同条が内国法人の所得の計算における特定外国子会社等に係る欠損の取扱いについて定めた規定であると解釈することは，その文理に照らし

て疑問である上，措置法は，法人税法等の特例であるところ（措置法1条），法人税法（以下「法」という。）第22条第3項は，内国法人の損金の額に算入すべき金額について，別段の定めがあるものを除き，同項第1ないし第3号所定の額と定めており，内国法人と法人格を異にする特定外国子会社等に係る欠損の金額がこれに含まれないことは明らかである。だとすれば，措置法第66条の6が，上記のような法の規定に加えて，特定外国子会社等に係る欠損の金額を内国法人の損金の額に算入することができない旨を特に規定したと解することは相当でなく，同条は，本則である法第22条第3項によって，特定外国子会社等に係る欠損の金額が内国法人の損金の額に算入されないことを前提として，特定外国子会社等に生じた所得が内国法人の益金の額に算入されることとの均衡上，特定外国子会社等の所得を算定するに当たり，5年以内に生じた欠損の額を控除することを定めたものにすぎないというべきである。

[4] 以上によれば，特定外国子会社等に係る欠損を内国法人の損金の額に算入することが，措置法第66条の6によって禁止されるとすることはできない。

[5] 以上のとおり，Yの措置法第66条の6に基づく本件更正処分等は，その余について検討するまでもなく，違法といわざるをえず，X社の請求にはいずれも理由があるから認容することとし，主文のとおり判決する。

(2) 最高裁判決の要旨

[1] 措置法第66条の6第1項は，特定外国子会社等が，各事業年度においてその未処分所得の金額から留保したものとして所定の調整を加えた適用対象留保金額を有する場合に，その金額のうちその内国法人の有する株式等に対応するものとして所定の方法により計算された金額に相当する金額をその内国法人の所得の計算上益金の額に算入する旨規定する。上記の未処分所得の金額の意義について，同条第2項第2号は，特定外国子会社等の各事業年度の決算に基づく所得の金額につき所定の基準により計算した金額を基礎として政令で定めるところにより当該各事業年度開始の日前5年以内に開始し

た各事業年度において生じた欠損の金額に係る調整を加えた金額をいうものと規定する。

同条第1項の規定は，内国法人が，法人の所得等に対する租税の負担がないか又は極端に低い国又は地域に子会社を設立して経済活動を行い，当該子会社に所得を留保することによって，我が国における租税の負担を回避しようとする事例が生ずるようになったことから，課税要件を明確化して課税執行面における安定性を確保しつつ，このような事例に対処して税負担の実質的な公平を図ることを目的として，一定の要件を満たす外国会社を特定外国子会社等と規定し，これが適用対象留保金額を有する場合に，その内国法人の有する株式等に対応するものとして算出された一定の金額を内国法人の所得の計算上益金の額に算入することとしたものである。

他方において，特定外国子会社等に生じた欠損の金額は，法第22条第3項により内国法人の損金の額に算入されないことは明らかである。以上からすれば，措置法第66条の6第2項第2号は，上記のように特定外国子会社等の留保所得について内国法人の益金の額に算入すべきものとしたこととの均衡等に配慮して，当該特定外国子会社等に生じた欠損の金額についてその未処分所得の金額の計算上5年間の繰越控除を認めることとしたものと解される。そうすると，特定外国子会社等に欠損が生じた場合には，これを翌事業年度以降の当該特定外国子会社等における未処分所得の金額の算定に当たり5年を限度として繰越して控除することが認められているにとどまるものというべきであって，当該特定外国子会社等の所得について，同条1項の規定により当該特定外国子会社等に係る内国法人に対し上記の益金算入がされる関係にあることをもって，当該内国法人の所得を計算するに当たり，上記の欠損の金額を損金の額に算入することができると解することはできないというべきである。

[2] 原審の適法に確定した事実関係によれば，A社は，本件各事業年度においてX社に係る特定外国子会社等に該当するものであり，本店所在地であるパナマに事務所を有しておらず，その事業の管理，支配及び運営はX社

が行っており，措置法第66条の6第3項所定の要件は満たさないが，他方において，パナマ船籍の船舶を所有し，X社から資金を調達した上で自ら船舶の発注者として造船契約を締結していたほか，これらの船舶の傭船に係る収益を上げ，船員を雇用するなどの支出も行うなど，X社とは別法人として独自の活動を行っていたというのである。

そうすると，本件においてはX社に損益が帰属すると認めるべき事情がないことは明らかであって，本件各事業年度においては，A社に損益が帰属し，同社に欠損が生じたものというべきであり，X社の所得の金額を算定するに当たり，A社の欠損の金額を損金の額に算入することはできない。

4　評釈

[1] 第一審においては，措置法第66条の6に基づいて，特定外国子会社等の欠損金額は内国法人の所得金額の算定上，損金の額に算入されないとした本件更正処分は違法であるとしたものであり，要するに，更正処分の理由，根拠規定が適当でないとしたのである。

そして，内国法人の損金の額に算入すべき金額に，内国法人と法人格を異にする特定外国子会社等の欠損金額が含まれないことは明らかであるとしている。

これによると，第一審においては，課税当局の行った更正処分が取り消されたものの，これは，内国法人の所得金額の算定上，特定外国子会社等の欠損金額を損金の額に算入できることを認めたものではない点に注意を要する。

[2] 最高裁においては，特定外国子会社等の欠損金額は，翌事業年度以後の特定外国子会社等の未処分所得の全額の算定上，繰越控除が認められるにとどまるものである点を明確に述べた上で，本件において，X社とは別法人であるA社の欠損金額をX社の所得金額の算定上，損金の額に算入することはできないものとし，本件更正処分は適法であるとした。

[3] タックスヘイブン対策税制は，特定外国子会社等における所得金額のうち一定の額を親会社たる内国法人の所得金額に加算する制度であり，両社の所得，欠損を通算，合算する制度とはされていない。この点からは，最高裁

判決は妥当なものと解される。

ところで、特定外国子会社等における欠損金額は、当該特定外国子会社等の内部で繰り越され、翌事業年度以後の所得金額と相殺されることになる。この点では、租税負担の調整について一定の考慮が行われているものと解される。

しかしながら、欠損金が生じた後に、特定外国子会社等において所得が生じないまま、繰越期間が経過するといった事態も想定されるところである。このような場合には、所得については課税され、欠損金については課税上考慮されないままとなり、これは適当でないと思われる。

タックスヘイブン対策税制は、外国子会社等を利用した租税回避を防止することを目的とする制度であり、その趣旨は適正な課税を行うことにあると解されるところであり、課税の強化や法人税を重課することを目的とするものではない。

それゆえに、特定外国子会社等の欠損金が打ち切られるなどの一定の場合には、特定外国子会社等における欠損金額と親会社における所得金額との相殺、通算を認める立法措置を講ずることも検討されるべきものと考える。

II　判決例の紹介

(1)　地方自治体が創設した法定外税の適法性及び有効性が争われた事例（いすず事件）

平成20年3月19日横浜地裁（認容・取消し）・ 第二審係争中

判例地方自治306号29頁

1　事件の概要

被告Y県（以下「Y県」という。）が、Y県臨時特例企業税条例（以下「本件条例」という。）を制定し、地方税法第4条第3項、第259条以下の規定に基づく道府県法定外普通税として、県内に事務所又は事業所を有し資本の金額

又は出資金額が5億円以上の法人に対し，法人の事業税（以下「法人事業税」という。）の課税標準である所得金額の計算上，繰越控除欠損金額を損金の額に算入しないものとして計算した場合の所得金額に相当する金額を課税標準とし，税率を原則3％（平成16年4月1日以降は2％）とする臨時特例企業税（以下「企業税」という。）を課すこととした。

なお，所得金額が繰越控除欠損金額を超える場合は繰越控除欠損金額に相当する金額を課税標準とする。

本件は，企業税の対象となった原告X社（以下「X社」という。）が，本件条例は法人事業税につき欠損金額の繰越控除を定めた地方税法の規定を潜脱して課税するものであり，違法・無効であるなどとして，Y県に対し，X社が納付した平成15年度分及び平成16年度分の企業税，過少申告加算金及び延滞金に相当する金額の誤納金としての還付並びにその還付加算金の支払を求めた（主位的請求。他に予備的請求がある。）事例である。

本件においては，本件条例の適法性及び有効性が主たる争点とされ，X社は，本件条例の違法・無効事由について，次のとおり主張した（(1)から(3)が中心的な主張となっている）。

(1) 法人事業税の課税標準につき欠損金額の繰越控除を定めた規定（改正前地方税法第72条の14第1項，改正後地方税法第72条の23第1項）を潜脱して課税するものであること
(2) 法人事業税につき制限税率を定めた規定（改正前地方税法72条の22第8項，改正後地方税法第72条の24の7第8項）を潜脱して課税するものであること
(3) 改正前地方税法第72条の19の規定によらずに法人事業税の課税標準の特例を設けるものであること
(4) 担税力を有しない繰越控除欠損金に課税するものであること
(5) 平成15年法律第9号による地方税法改正の際に総務大臣の同意を欠くこと
(6) 地方税法第7条の要件を満たすことなく不均一課税をするものである

こと
(7) 国民の財産権を比例原則に反して侵害するもので憲法第29条に違反すること
(8) 租税公平主義に反し，憲法第14条第1項及び第29条に反すること

これに対し，Y県は，本件条例は地方団体の課税自主権に基づき，地方税法第259条以下に規定する法定外税の新設に係る要件及び手続を満たして制定されたものであり，それ以外の法定税に係る規定は法定外税の準則となるものではないなどとして，X社主張の各違法事由に理由はなく，本件条例は適法・有効であると主張した。

2 判決の要旨

本判決は，要旨次のとおり判示して，X社の請求を認容した。

[1] 法定外税の創設により，法人事業税等の法定税に係る地方税法の規定の趣旨に反する課税をすることは，許されない。

[2] 本件条例の内容やその制定の経緯に照らせば，企業税は，実質的には，法人事業税における欠損金額の繰越控除のうち一定割合についてその控除を遮断し，その遮断した部分に相当する額を課税標準として，法人事業税に相当する性質の課税をするものである。

[3] 法人事業税についての欠損金額の繰越控除は，同税の課税標準の特例による場合のほかは，全国一律に適用されるべきものである。しかし，上述のような企業税の課税により，法人事業税につき欠損金額の繰越控除を定めた地方税法の規定の目的及び効果は，阻害されることとなる。

[4] そうすると，法定外税である企業税の課税は，法人事業税につき欠損金額の繰越控除を定めた地方税法の規定の趣旨に反し，違法である。そして，これを定める本件条例は，違法・無効であり，本件条例に基づく課税処分も無効である。

（参考） 金子宏稿「神奈川県企業税条例事件第一審判決の検討」税経通信平成21年2月号 Vol.64 No.2

(2) 被合併法人の欠損金額を合併法人の課税所得の計算上，損金算入することができるかどうかについて争われた事例（行田電線事件）

昭和 36 年 3 月 13 日大阪地裁（棄却）　最高裁判所民事判例集 22 巻 5 号 1077 頁
　　　　　　　　　　　　　　　　　　行政事件裁判例集 12 巻 3 号 409 頁
　　　　　　　　　　　　　　　　　　訟務月報 7 巻 8 号 1626 頁
　　　　　　　　　　　　　　　　　　判例時報 259 号 19 頁
　　　　　　　　　　　　　　　　　　税務訴訟資料 35 号 140 頁
　　　　　　　　　　　　　　　　　　金融法務事情 274 号 4 頁
昭和 38 年 12 月 10 日大阪高裁（棄却）　最高裁判所民事判例集 22 巻 5 号 1095 頁
　　　　　　　　　　　　　　　　　　高等裁判所民事判例集 16 巻 9 号 830 頁
　　　　　　　　　　　　　　　　　　行政事件裁判例集 14 巻 12 号 2158 頁
　　　　　　　　　　　　　　　　　　訟務月報 10 巻 1 号 195 頁
　　　　　　　　　　　　　　　　　　判例時報 369 号 16 頁
　　　　　　　　　　　　　　　　　　税務訴訟資料 37 号 1173 頁
　　昭和 43 年 5 月 2 日最高裁（棄却）　最高裁判所民事判例集 22 巻 5 号 1067 頁
　　　　　　　　　　　　　　　　　　訟務月報 14 巻 9 号 1060 頁
　　　　　　　　　　　　　　　　　　判例時報 526 号 42 頁
　　　　　　　　　　　　　　　　　　判例タイムズ 224 号 148 頁
　　　　　　　　　　　　　　　　　　金融法務事情 517 号 29 頁
　　　　　　　　　　　　　　　　　　税務訴訟資料 52 号 887 頁
　　　　　　　　　　　　　　　　　　最高裁判所裁判集民事 91 号 41 頁

1　事件の概要

　原告 X 社（以下「X 社」という。）は，昭和 28 年 7 月 30 日に M 社を合併し（登記は 9 月 18 日），本件事業年度（昭和 28 年 1 月 1 日〜同年 12 月 31 日）の課税所得の計算上，被合併法人たる M 社における昭和 26 年 10 月 1 日から昭和 27 年 9 月 30 日までの事業年度及び昭和 27 年 10 月 1 日から昭和 28 年 9 月 18 日までの事業年度において生じた欠損金額（合計 311 万円）を損金に算入

した。

これに対して，被告Y税務署長（以下「Y」という。）は，X社におけるM社の欠損金額の損金算入を否認する処分を行った。

本件においては，被合併法人の欠損金額を合併法人の課税所得の計算上，損金算入することができるかどうか主たる争点とされた。

2　判決の要旨

[1] 合併法人が被合併法人の欠損金を法人税法（昭和40年改正前。以下「旧法」という。）第9条第5項により所得の計算上，損金に算入できるかどうかについて検討すると，旧法第9条第5項の立法趣旨は，法人税は各事業年度毎の所得金額に課税することを原則とする（旧法第9条第1項）が，それゆえに，各事業年度を通じて所得計算をする場合に比べて税負担が過重となる場合が生ずるので，これを緩和するため，例外的に青色申告法人に限り，ある事業年度に欠損を生じたときは，青色申告の継続を条件に，その後第5事業年度以内の各事業年度の所得計算上，これを損金算入することができるとしたものである。つまり，この欠損金の繰越控除の適用は，課税原則の例外として，制限的に解されるべきであるから，被合併法人の欠損金を合併後の合併法人の各事業年度の所得の計算上，損金に算入することはできないと解するのが相当である。

[2] このことは，また，アメリカ，ドイツの例からも，また，わが国における歴史的経緯によっても，被合併法人の欠損金の損金算入が認められるかどうかについての規定が存しない場合には，被合併法人の欠損金を損金算入することはできないと解すべきであり，これが許されるには他の特別法において，法人税の課税に対する特別規定が存することが必要とされるものと考えられる。

[3] 次に，現実の合併は，互いに相手会社の資産内容を調査し，すべてのことがらを経済的に評価して，利害損失を慎重に考慮した上で，合併条件を定め，合併契約を結ぶという経過をとるものと考えられる。法人税法は，このような合併の経済的実態に着目して，被合併法人は合併の日に消滅し，合併

法人は合併の日に増資が行われ，被合併法人の資産が引き継がれたものとして課税する立場を採っており，被合併法人の税務所得計算は合併の日にすべて遮断されるものであるから，被合併法人に認められていた欠損金の繰越控除の特典の移転性はないといわなければならない。したがって，商法第103条によると，会社の吸収合併の場合は，被合併法人の一切の権利義務を包括的に承継するという建前になっているが，被合併法人における経理関係をもそのまま承継する趣旨ではないと解するのが相当である。

[4] 最後に，政策的観点から考えると，課税公平の見地から，脱法行為が顕著で不公平をきたすような法条の規定やその解釈は望ましくないと解される。つまり，仮に旧法第9条第5項が合併後の合併法人の所得計算上も適用があるとすれば，欠損法人を吸収合併することによって課税を逃れることが可能となるのであるから，このような脱法行為を助長するような解釈をなすことは，租税公平の原則にも違背するわけであり，このような観点から考えても，旧法第9条第5項の規定は合併後の合併法人の所得計算上，被合併法人の欠損金を繰越計算するような場合には適用がないといわねばならない。

[5] 以上のとおりであり，本件処分には法律の解釈を誤って課税した違法はないので，X社の主張は採用できない。

(3) 逆合併の場合に合併法人たる赤字会社の欠損金額の繰越控除が認められるかどうかが争われた事例

平成2年1月25日広島地裁（一部認容） 判例タイムズ736号135頁
行政事件裁判例集41巻1号42頁
訟務月報36巻10号1897頁
税務訴訟資料175号117頁

1 事件の概要

S電子（電気部品製造業。「旧S電子」という。）及びS電工（自動車整備販売業）は，昭和55年10月1日に休業中のS電工を合併法人，旧S電子を被合併法人とする合併（以下「本件合併」という。）を行い，商号をS電子とした。

S電子は，昭和56年5月期及び昭和57年5月期における課税所得の計算上，S電工が有する繰越欠損金額を損金に算入した。

これに対して，被告Y税務署長（以下「Y」という。）は，本件合併は，S電工の繰越欠損金額をS電子の課税所得の計算上，損金算入することにより租税回避を図ることを意図して，欠損法人を合併法人とした逆合併であり，これは認められないとした。

本件においては，逆合併の場合に合併法人たる赤字会社の欠損金額の繰越控除が認められるかどうかが主たる争点とされた。

なお，S電子は，X社に吸収合併されたため，X社が原告となっている。

2　判決の要旨

[1] 本件合併の実態は，旧S電子にS電工の債務を引き受けさせ，同社の清算結了を事実上行ったものであり，いわば債務超過会社清算型逆合併であると認められる。そうだとすると，本件合併は，合併の法形式とその経済的実質とがかい離しており，経済的実質においては，旧S電子がS電工を吸収合併したものと評価し得るものである。

[2] そこで，本件のような逆合併が行われた場合において，法人税法（以下「法」という。）第57条により繰越欠損金の損金算入が認められるか否かについてであるが，法第57条の立法趣旨は，法人税について各事業年度の所得によって課税する原則を採っている関係上，この原則を貫くとすると，所得額に変動のある数事業年度を通じて課税する場合に比べて税負担が過重となる場合が生ずるので，その緩和を図るため，例外的に青色申告法人に限り，一定の条件を付した上，欠損金を所得金額の計算上，損金に算入することを認めたものであって，いわば青色申告法人の特典であって，その適用は課税原則の例外として制限的に解するのが相当である。したがって，欠損金の繰越控除は，経理方法に一貫した同一性が継続維持されることが前提とされており，繰越欠損金を損金に算入することができる法人は，事業上生じた繰越欠損金を有する法人に限られるというべきである。

ところで，本件合併は，赤字法人を合併法人，黒字法人を被合併法人とす

る形式を採っているものの経済的実質においては，被合併法人の旧Ｓ電子の企業としての実体のみが存続継続しているのであって，存続会社たるＳ電工が合併の前後を通じて実質上同一性を保持しているとはいえず，企業としての実体を失ったＳ電工の事業経営上生じた繰越欠損金を合併後経営実体の存続する旧Ｓ電子の事業活動のみから生じた所得から控除することは，実質上，旧Ｓ電子がＳ電工の欠損金を損金算入することと異ならないので，法第57条の容認しないところであると解するのが相当である。

[3] また，法132条の適用の可否についてであるが，逆合併が認められるのは，たとえば，上場会社としての株式の額面を500円から50円に変更するためとか，欠損会社に資産的価値のある商号やのれんがある場合にこれを引き継ぐためなどの合理的な理由に基づくものであることが必要であり，このような合理的な理由が認められるなどの特段の事情のない限り，経済人の行為としては不合理，不自然なものであり，本件合併の法形式に従って，欠損金の損金算入を要した場合，旧Ｓ電子が本来負担すべき法人税額を不当に減少させることとなるから，法132条に該当するものというべきである。

欠損金の繰越し制度等の
理論と実務

日税研論集　第59号　（2009）

平成21年11月20日　発行

定　価　（本体2,095円＋税）

編　者　財団法人　日本税務研究センター

発行者　石　井　幸　夫
　　　　東京都品川区大崎1―11―8
　　　　　　日本税理士会館1F

発行所　財団法人　日本税務研究センター
　　　　　　電話　（03）5435―0912（代表）

製　作　株式会社　税務経理協会